贡　森
葛延风
王雄军
　　等

编　著

建立公平可持续的
社会福利体系研究

An Analysis of the Equitable and
Sustainable Welfare System

社会科学文献出版社
SOCIAL SCIENCES ACADEMIC PRESS (CHINA)

DRC
国务院发展研究中心
Development Research Center of the State Council

总报告课题组人员名单

国务院发展研究中心社会发展研究部

课题负责人：贡　森　葛延风

其 他 成 员：王列军　王雄军　余　宇　张佳慧　喻　东　张冰

联合国开发计划署

课题组成员：郑铠威（Jackie Hoi-Wai Cheng）

　　　　　　兰天莹（Einar Overbye）

　　　　　　李一清（Ilcheong Yi）

总报告执笔人：王雄军　贡　森　王列军

第一分报告作者：Einar Overbye

　　　　　　　　博士，教授

　　　　　　　　奥斯陆及阿克什胡斯大学社会科学学院

第二分报告作者：李一清（Ilcheong Yi）

　　　　　　　　联合国社会发展研究所（UNRISD）

　　　　　　　　瑞士　日内瓦

建立统一的投资性福利体系，
实现公平可持续发展
（序言）

经过 30 多年的改革发展，特别在新世纪的十多年时间里，我国社会福利体系（官方常用的是"民生保障体系"，为了国际比较，这里沿用社会福利体系）取得了显著进步。主要表现是福利项目基本齐全，且基本实现全覆盖。但是，在"皆有"的同时，现行福利体系是分人群设计、分地区实施的，这一制度安排导致了体系和项目构成的"碎片化"和差别化。为了缓解"碎片化"问题，有关部门采取了"小片拼大"和"片片有连"的路径；为了缓解片间差距所产生的社会矛盾，有关部门事实上采取了"填谷造峰"的增量做法。但是，长期维持地区间、人群间差别的路径选择，必将强化和固化社会分层；在宏观经济和财政收入增速减缓的大形势下，增量做法也难以维系。正是在这种背景下，国务院发展研究中心社会发展研究部与联合国开发计划署（UNDP）中国代表处联合成立了课题组，对福利体系的公平和可持续发展进行全面深入的研究。

从 2012 年底开始酝酿到 2014 年 6 月正式发布研究成果，历时一年半。在这期间，课题组邀请了挪威、韩国的专家，分别对欧洲、东亚国家和地区的福利体系发展历程和规律进行了系统研究。他们提交的案例报告为课题研究提供了重要的国际经验借鉴。并且，课题组对国内福利体系的发展历程和现状进行了系统梳理，并选取了广东、黑龙江、甘肃三个省份进行了实地调研。

经过一年多的研究，课题组形成了关于"建立统一的投资性福利体系，实现公平可持续发展"的政策咨询报告及相关背景报告。这份咨询报告的题目体现了本项研究对"公平"和"可持续"给出的目标选择。对于"公平"，可选方案有三个：现行的"分人群且不均等"、"分人群但均等"和"所有人均等"。本项研究建议选择不分人群的"大统一"目标设计，主要理由包括：国内外实践都证明，所有人处于一个共同体中，有利于切实维护弱势人群的利益，有利于建立改革共识。但是，在分人群待遇差距很大的现实条件下，"大统一"要向谁看齐？向最高标准看齐，经济上不可持续；向低标准看齐，政治上不可行。本项研究建议按照福利项目的经济属性，采取不同的保障标准，或者说实行"投资性福利体系"的基本思路。具体来看，对于教育和医疗卫生等投资性福利项目，建议向中高标准人群或国家看齐，尽可能实行高保障；对于养老保险和最低生活保障，建议向中低标准人群或国家看齐，实行底线保障。这充分体现了本届领导集体关于民生工作的新思路，即"守住底线、突出重点、完善制度、引导预期"。

现将有关成果结集公开发表，希望有助于更深入的专业思考和更广泛的社会讨论，以推动我国民生保障体系的建立和完善。

此项研究得到了挪威的经费支持，我代表课题组表示衷心感谢！国际案例报告的两位作者给我们提供了大量翔实的历史资料，并不厌其烦地回答了课题组的问题。另外，澳大利亚国立大学的李秉勤副教授和德国比勒菲尔德大学的刘涛博士对本项课题的研究报告提出很有价值的修改意见和建议。在此对国际专家学者的贡献一并表示感谢！在国内，我想首先感谢实地调研省市的多位政府官员、专家学者和群众代表对课题组的接待、提供的资料信息和意见建议。由于人数众多，我们就不在此列举具体人员了。其次，我想对参加课题启动会和最终成果发布会的各位专家学者提出的宝贵建议，表示由衷的感谢。最后，我特别感谢课题组的两个依托单位——国务院发展研究中心社会发展部和联合国开发计划署的领导对本项研究的支持和指导。当然，书中可能存在的错误和不当之处，应由课题组承担。

课题负责人　贡　森

目　录

总报告　建立公平可持续的社会福利体系研究

第一分报告

欧洲社会福利体系演变：从有限覆盖的
碎片化体系走向广覆盖的一体化体系

第二分报告

东亚地区发达经济体建立整合、协调和公平的社会保障体系的多样性：日本、韩国及中国台湾的经验

总报告
建立公平可持续的
社会福利体系研究

内容摘要：碎片化和差异化是中国当前福利体系的基本现状，从历史发展角度看，有其必然性。但碎片化影响福利体系的健康发展和功能发挥，促进福利体系的制度整合和平等保障，是当前及今后的重要政策目标。本报告通过对欧洲、东亚部分国家及地区福利体系的发展历程研究，以及对中国地方福利体系的调研考察，提出福利体系整合和可持续建设的基本理念、总体思路和关键性的政策方案，最终目标是减少福利体系的碎片化和差异化，建立统一协调、公平普惠的社会福利体系。

关键词：福利体系　制度整合　碎片化　公平普惠

改革开放以后，经过30多年的改革和建设，我国已经初步建立基本社会福利体系，为经济发展和社会稳定提供了重要支撑。尽管目前的社会福利制度安排强调"皆有"，但现有的社会福利体系是分地区、分城乡、分职业人群设计的，社会福利的制度模式虽然大同小异，但服务质量、待遇水平、管理机构等有很大不同。在实践中，缩小差距的努力往往演变成"填谷造峰"。在社会分层固化、城镇化和老龄化持续加速，且经济和财政增速放缓的社会经济条件下，碎片化的老问题日益突出，传统做法难以持续。针对这些问题和挑战，探索创新福利体系的发展理念和发展思路，减少福利体系的碎片化和差异化，促进福利体系的制度整合和可持续建设，成为政府关注的重要政策目标，也是亟须研究的重大问题。

一 研究范围和主要概念

（一）社会福利的概念和范围

社会福利是一个宽泛的概念。根据蒂特姆斯（R. M. Titmuss, 1958）的概括，福利主要包括三种形式，即社会福利、财政福利和职业福利。[①] 而根据詹姆斯·梅志里（James Midgley, 1995；1997）等人提出的概念框架，福利体制主要由人力资本政策、劳动力市场政策和社会保障政策等社会政策所构成。[②] 总体而言，社会福利的内涵非常丰富，也很难进行严格的界定。本报告研究的社会福利，主要是与当前中国经济社会发展紧密联系的，政策上需要优先考虑的公共服务和社会保障项目，重点是义务教育、医疗保障、养老保障和社会救助等。

（二）福利制度整合性与碎片化的分析框架

对于福利制度的统一性、协调性目前并没有统一的衡量标准，本报告对社会福利体系整合的分析框架，主要借鉴埃纳尔（Einar Overbye）等人提出的理论框架。同时，我们也兼顾以福利功能的整合

[①] 穆怀中主编《社会保障国际比较》，中国劳动社会保障出版社，2007，第276页。

[②] 贡森、葛延风等：《福利体制和社会政策的国际比较》，中国发展出版社，2012，第3页。

性/碎片化为分析视角的理论框架。

1. 埃纳尔等人提出的福利制度整合性/碎片化分析框架

根据埃纳尔等人提出的关于社会福利体系整合的分析框架，所有的社会福利制度都至少包含四个要素。

①进入标准（entry criteria），即进入福利制度体系的标准是什么。

②享受标准（eligibility criteria），即在福利制度体系中获得享受社会福利的资格标准是什么。

③衡量标准（measurement criteria），即所提供的福利体系的数量、质量等。

④财务标准（financing criteria），即福利体系的筹资标准，包括中央政府、地方政府、雇主、个人的分担比例等。[①]

根据各制度体系在以上四个要素方面的差异，以及福利体系的整合程度（或碎片化程度），把福利体系的制度整合分为四种类型和模式。

类型1：制度体系完全整合，全国采用单一的制度体系，没有碎片化问题。

类型2：制度体系不同，但是享受标准、衡量标准、财务标准等基本相同或类似，社会成员可以在各个制度体系之间顺畅地实现福利待遇的转移和接续。

类型3：尽管在上述四个标准中各个体系有所不同，但在各个体系之间存在协调机制，包括中央政府的行政干预，制度体系间达成的共同协议等。

---

① Einar Overbye, 2013. The Evolution of Social Welfare Systems in Europe：From Limited to Broad Coverage，and from Fragmented to Integrated Systems.

类型 4：不同的人群归属于不同的制度体系。以上述四个标准衡量，各个体系都有所不同，且在各个体系之间缺乏有效的协调机制。

表 1　制度体系整合/碎片化的分析框架

整合/协调程度下降，碎片化/差异化程度上升 $\longrightarrow$

制度整合/碎片化程度	完全整合、制度统一（类型1）	制度分散、标准统一（类型2）	制度标准不统一，但是有协调机制（类型3）	完全碎片化，没有协调与衔接机制（类型4）
制度整合/协调的主要方式	制度统一、标准统一，全国采用单一的制度体系	制度体系不同，但是标准体系基本相同或类似，社会成员可以在各个制度体系之间顺畅地实现福利待遇的转移和接续	制度体系不同，标准体系不同，但是具有一定的衔接协调机制。如存在中央的行政干预、制度体系间达成的共同协议等	制度体系、标准体系都不相同，也不存在有效的干预机制或协调机制
典型案例	韩国的医疗保障体系	德国的医疗保险体系	欧盟的福利体系、中国部分省市的养老保险调剂金制度	中国多数省市的养老保险、医疗保险等

2. 以福利功能的整合性/碎片化为视角的分析框架

以福利功能为视角，福利体系的整合性/碎片化主要体现在两个方面。

一是福利体系与其他经济社会制度之间的整合与协调。福利体系与整个社会的经济增长、国家构建，以及社会关系和社会结构的形成与演变，都有深远的影响。因此，福利体系与国家的行政管理体制与社会治理结构，与经济和财政制度，以及相关的社会政策体制，都有紧密联系。福利体系与其他经济社会制度的整合性与协调性，也是评价福利体系整合性/碎片化的重要维度。

二是福利体系内部各个项目组之间的整合与协调。福利体系的各类主要项目，如养老、医疗、教育、社会救助等，虽然福利功能各有侧重，但各类项目是一个整合的系统。如消费型福利（养老、社会救助等）和投资型福利（教育、医疗等）需要有整合和协调，否则很容易产生矛盾冲突。再如福利项目之间，如果缺乏整合与协调，可能产生错保、漏保、重复保障等问题，导致福利保障的低效率以及无效性等问题。

二 社会福利体系碎片化和差异化的现状、成因和影响

（一）社会福利体系碎片化和差异化的现状

中国的社会福利体系没有顶层的制度设计和整体的统筹安排。福利体系的总体水平，以及各项福利制度之间的整合配套，也没有规范界定。社会福利体系总体呈现出无序发展，缺乏统筹规划的状态。具体到各类福利项目的发展，也没有系统的制度设计，具有明显的碎片化和差异化特点。

1. 义务教育发展不平衡

义务教育的制度框架基本统一，2006 年新修订的《义务教育法》颁布，明确了国家将义务教育全面纳入财政保障范畴，真正在全国层面实现了普及和免费的义务教育。但是，义务教育的制度体系缺乏合理设计和系统整合，导致义务教育发展不平衡，区域、城乡、校际之间差距大。

（1）区域之间的义务教育发展不平衡

从财政投入看，东部地区的教育经费投入远高于中、西部地区，教师的薪酬水平和福利待遇也较好。根据《义务教育均衡发展报告·2010》数据，东部小学的生均教育事业经费是中、西部的 2 倍

多，初中的生均教育经费也是中、西部的近 2 倍。教职工的工资福利方面，东部小学的教职工年均工资福利是 41700 元，中、西部小学的教职工年均工资福利分别是 25550 元、26071 元。东部初中教师的年均工资福利，也明显高于中、西部地区。从我们的调研数据看，广东增城市 2010 年的教师年人均工资是 55380 元，甘肃永登县的教师年人均工资是 33767 元，增城教师的工资待遇是永登县的 1.64倍。此外，在基础教育的硬件配置、师资队伍的总体水平等方面，东部地区也明显好于中、西部地区。

表 2　教育经费东、中、西部地区间均衡情况

		指标值（元）			倍　率		
		东部	中部	西部	东中	东西	中西
小学	生均教育事业经费	4955	2241	2469	2.21	2.01	0.91
	生均公用经费	872	405	539	2.15	1.62	0.75
	教职工平均工资福利	41700	25550	26071	1.63	1.60	0.98
初中	生均教育事业经费	5286	2871	2998	1.84	1.76	0.96
	生均公用经费	1000	611	736	1.64	1.36	0.83
	教职工平均工资福利	40274	27325	26764	1.47	1.50	1.02

数据来源：中央教育科学研究所教育督导评估研究中心《义务教育均衡发展报告·2010》。

（2）区域内的基础教育资源分布也不平衡

从区域内部看，城乡学校之间、乡镇中心校和村级校之间，因为教育资源和教学质量差距较大，不仅影响教育的公平性，也导致"择校风"屡禁不止。根据国务院发展研究中心和世界银行联合课题组的研究报告《2030 年的中国》，在 1990～2006 年，农村孩子的普通高中入学率几乎停滞不前，升学比例估测为 20%～30%；而同期城镇孩子初中升高中的比例却在迅速提高，从 40%左右提升到 70%左右。如果考察"重点"中学的入学率，差距可能更大。在城镇地区，户籍居民、农民工和贫困家庭子女在优质"重点"学校和普通学校的入学率也明显不同。最富的1/5人群的子女入读重点学校的比例是75%，而最穷的1/5人群的子女入读重点学校的比例是54%。① 从区域内的教育资源分布情况看，东部地区的城乡基础教育经费投入差距，比中、西部更严重。东部城镇小学生均教育事业经费是6261元，而农村生均教育事业经费投入只有3544元，城乡均值比1.77。东部地区城镇中学生均教育事业经费是6064元，而农村生均教育事业经费投入只有4320元，城乡均值比是1.40。此外，城镇教职工的工资福利待遇，也明显高于农村学校教职工的待遇水平。

表3　教育经费东、中、西部地区内城乡均衡情况

		东　部			中　部			西　部		
		城镇	农村	均值比	城镇	农村	均值比	城镇	农村	均值比
小学	生均教育事业经费	6261	3544	1.77	2546	2931	1.25	2694	2315	1.16
	教职工平均工资福利	52283	29296	1.78	28535	23299	1.22	30501	26381	1.16
初中	生均教育事业经费	6064	4320	1.40	3186	2469	1.29	3280	2656	1.23
	教职工平均工资福利	46561	32165	1.45	26277	22455	1.17	29594	23189	1.28

数据来源：中央教育科学研究所教育督导评估研究中心《义务教育均衡发展报告·2010》。

此外，义务教育在校生中进城务工人员随迁子女规模不断增多，2011年，全国义务教育阶段在校生中进城务工人员随迁子女共

---

① 国务院发展研究中心、世界银行：《2030年的中国：建设现代、和谐、有创造力的社会》，中国财政经济出版社，2013，第329~331页。

1260.97 万人。其中，在小学就读 932.74 万人，在初中就读 328.23 万人。[①] 虽然国家近年来大力推进随迁子女在公办学校就读的政策，但仍有部分学生只能在各类民办学校学习，如 2011 年北京市随迁子女入读公办学校的比例只有 70%，上海和广东也分别只有 73.53% 和 50.52%。[②] 从调研情况看，也存在类似现象。如增城市因为外来务工人员较多，且多数集中在经济开发区等地区，这些地区配套的公办学位不够，所以在随迁人员子女入学方面，附加了"五年四证"[③] 的限制条件。2010 年，符合"五年四证"的外来工子女总数只有 1866 名，2011 年增加到 3253 名，2012 年增加到 5098 名。总体而言，越来越多的外来工子女可以享受就近入读公办学校的政策，但依然有部分学生只能在各类民办学校入学。这些学校硬件条件差，教学质量低，部分学校还没有办学资质，还有部分随迁子女在义务教育阶段的后期因为各种原因而辍学。

2. 医疗保障体系多元分割，既不公平也有损效率

当前，我国已经初步建立了面向城镇职工的基本医疗保险、面向城镇非就业者的城镇居民基本医疗保险和面向农村居民的新型农村合作医疗保险三大医疗保险制度，并初步建立了城乡医疗救助体系。多元并存、覆盖全民的医疗保障体系初步形成。截至 2011 年年底，我国城乡居民参加三项基本医疗保险人数超过 13 亿，覆盖率达到了 95% 以上，构建起世界上最大的基本医疗保障安全网，保障水

---

① 教育部：《2011 年全国教育事业发展统计公报》。
② 佘宇：《城镇化进程中的教育权利问题》，载王列军等著《完善城镇化进程中的社会政策》，中国发展出版社，2013，第 61~62 页。
③ "五年四证"，五年即在增城市居住五年以上。四证即《户口簿》、在本市的固定住址证明或《居住证》等有效居住证明、《广东省就业失业手册》或合法经营证明并参加社会保险的证明、计生证明。

平也在逐步提高。①

但是，当前的医疗保障制度是多元分割运行的体制，各类医疗保障体制缺乏整合和衔接机制，主要体现在几个方面：一是划分标准复杂，导致制度体系的分割化和碎片化。当前的医疗保障体制，存在户籍标准、就业标准（劳动者和居民）、行业部门标准（机关事业单位与普通企业职工）等，甚至在部分地区，还出台了通过降低职工基本医疗保险的标准向灵活就业人员扩面的做法，如浙江实行"低门槛式"，其特点是在现行城镇社会保险制度框架内，根据农民工情况降低准入门槛，实行"低门槛进入，低标准享受"。上海实行农民工"综合保险制度"，把老年补贴、工伤、住院医疗三项保险整合，由用人单位缴纳综合保险，费率为缴费基数的 12.5%，仅为城镇职工的1/4。这种做法加剧了医疗保障体制的分割化和碎片化。二是医保基金的统筹层次较低，只有个别地方能到省一级，多数地方只统筹到市一级，且有部分地区采用调剂金模式，没有实现真正的全面统筹。如增城市的医疗保险，实现了广州市市级统筹。甘肃永登县的职工医疗保险，在 2012 年实现了兰州市市级统筹，但是大部分住院报销等医疗费用依然由县医保局支付，所以出现入不敷出现象。医疗保障制度的分割化和碎片化，不仅影响制度的公平性，也不利于人口流动和统一市场建设，并影响医疗保障的谈判能力以及管理和运行效率。

3. 养老保障制度体系比较混乱，待遇水平差距悬殊

近年来，我国基本建立了养老保险的制度框架，征缴扩面工作成效显著。城乡居民社会养老保险制度从无到有，截至 2012 年 9 月，全

---

① 人民网："中国医保覆盖率 95% 初步进入全民医保国家行列"，http：//politics. people. com. cn/n/2012/0722/c1001-18569140. html。

国所有县级行政区全部开展新型农村和城镇居民社会养老保险工作，城乡居民参保总人数达到 4.49 亿，其中 1.24 亿城乡老年居民按月领取养老金。我国基本实现新型农村和城镇居民社会养老保险制度全覆盖，并实现了城乡居民养老保险制度统一。

与此同时，现行养老保障制度也存在制度体系混乱，分割化和碎片化影响实践效果等问题。从养老保障的制度体系看，当前存在城镇职工养老保险制度、机关事业单位退休养老制度、城乡居民养老保险制度几个大的制度体系。此外，各地还有农民工养老保险、计划生育夫妇养老保险、失地农民养老保险，以及老年津贴制度、农村五保户制度、优抚制度和城市孤寡老人福利制度等。制度体系过于散乱，造成养老保障制度的碎片化现象。

从待遇水平看，各类养老保障制度的待遇水平差距较大。根据 2012 年的中国统计年鉴，2012 年城镇职工养老保险平均月养老金为 1721 元，城乡居民的养老金约为 101 元，机关事业单位职工退休金估计在 3500 元左右。若以机关事业单位人均养老金为 100，三者的养老金待遇水平比例约为 100∶49∶2.9。[1] 养老保障的制度体系分割，以及待遇增长机制的差异，导致养老金待遇水平产生巨大差距，并导致群体间的不公平和攀比。

从统筹层次看，全国基本建立了养老保险省级统筹制度。但是从制度的执行效果看，根据国家审计署公布的《2012 社保基金审计报告》，截至 2011 年年底，全国有 17 个省尚未完全达到省级统筹的"六统一"标准。[2] 部分省市虽然实现了制度统一，但实际上只是一

---

[1] 国际劳工局：《关于中国深化养老保险制度改革顶层设计的研究报告》（内部报告）。

[2] 养老保险的"六统一"，即统一基本养老保险制度和有关政策，统一缴费基数和比例，统一基本养老保险待遇，统一管理基金，统一编制和实施基本养老保险预算，统一信息系统平台和相关业务流程。

种调剂金制度，实质的统筹层次依然维持在县市级。如广东省虽然实现了养老保险的省级统筹，但主要也是调剂金模式。养老制度的分割化和碎片化，损害了养老保障制度的统一性和地区之间的互济性，也限制了养老体系分担风险、跨地区资金流动以及待遇转移接续的能力。

4. 社会救助体系制度分割和体系混乱

经过多年探索和发展，以城乡居民最低生活保障制度为主体，我国已经初步形成了包括长期生活类救助、临时应急类救助和分类专项救助等多个具体社会救助项目在内的救助体系框架。社会救助的范围不断扩大，救助力度持续增强，在解除困难群众的生存危机方面发挥了重要作用。

但是，社会救助的制度体系分割化和碎片化，影响了社会效能的充分发挥。当前的社会救助项目日益增多，涉及多个政府部门，缺乏统筹安排和整合设计。民政部门作为社会救助的主管部门，没有能力对整个社会救助制度进行有效的监督管理。一些专项的社会救助制度，分属不同的职能部门，但是部门之间缺乏协作互动，各项救助制度不能很好衔接，表现出缺乏统筹和协调的特征。如教育救助、住房救助、法律救助等专项救助，分属不同的职能部门，缺乏统一监管和协调。灾害救助、最低生活保障制度、医疗救助、流浪乞讨人员救助虽然都归属民政部门，但是在民政部门内部却又分属不同的机构，彼此缺乏协作整合。制度体系的分割化和碎片化，不仅造成政策与政策之间、部门与部门之间、政府和社会之间分割与脱节，交叉重叠与残缺漏洞并存，多头救助、重复救助、救助遗漏等无序状态，也造成社会救助资源的浪费，影响社会救助体系整体效能的提高。社会救助体系的分割化和差异化，还体现在区域之间、城乡、群体之间的待遇水平差异。以我们对最低生活保障情况的调研为例，广东省增城市2012年的城镇居民低保标准是每月530元，而黑龙江省五常市的标准是每月301元，甘肃省永登县的居民低保标准是266元。当然，各地因为经济发展水平和生活水准差异，低保标准的差异有一定的合理性。但是在同一个县域范围内，城乡低保标准有很大差距，导致"一家两制"，则有明显的不合理性。如五常市2012年的农村居民低保标准是每人每年1718元（约143元/月），远低于城市居民的低保标准。根据有关研究，如果再加上城镇低保对象在教育救助、医疗救助、住房救助等方面的叠加待遇，城乡低保对象的救助待遇差距为3～4倍。[①]

（二）福利体系碎片化和差异化形成原因和综合影响

从制度设计和发展历程看，中国的福利体系碎片化和差异化，有其历史的合理性，但也对制度的公平性和可持续性产生许多负面的影响。

1. 福利体系碎片化和差异化的形成原因

福利体系碎片化和差异化在很大程度上是顺应发展格局和改革逻辑，是与中国的国情相适应的，是经济发展差异化的复制，是当前复杂国情的呈现。

---

① 郑功成主编《中国社会保障改革与发展战略（救助与福利卷）》，人民出版社，2011，第6页。

（1）顺应经济发展和改革的基本逻辑，以及当前中国区域发展不平衡、人群差异大的特点

改革开放以后，邓小平提出调动一切积极因素，让一部分地区、一部分人先富起来的非均衡发展的思路，这个思想随着市场化改革的不断推进，充分调动了各种积极因素，使生产要素在市场引导下得以充分结合和不断优化配置，极大促进了中国的经济发展，但也造成城乡之间、地区之间、群体之间的差距不断扩大。从改革开放到2010年，中国 GDP 的平均增长率接近 10%，GDP 总量成为"世界第二"。但与此同时，城乡之间、区域之间、人群之间的收入差距不断扩大。根据国家统计局的报告，2013 年中国基尼系数达到 0.473，属于收入差距较大的行列。高低收入人群差距明显，城镇居民家庭最高收入户与最低收入户人均可支配收入之比达 7.8，其中最高收入户与困难户收入之比可达 9.8。[①] 从城乡居民的收入差距看，1978 年，城镇居民人均可支配收入 343.4 元，农村居民人均纯收入 133.6 元，城乡居民收入差距是 2.57 倍。到 2013 年，城镇居民的人均可支配收入达到 26955元，农村居民人均纯收入增长到 8896 元，两者差距是 18059 元，城镇居民的人均收入是农村居民的 3.03 倍。[②] 此外，农村还有 8249 万的贫困人口。

福利体系的碎片化和差异化，适应中国的现实国情和发展阶段。如上所述，中国的经济和社会发展水平的极不平衡，导致东中西部之间、城乡之间、贫困与富裕人群之间的民生需求有很大差别。福利体系建设缺乏顶层设计和系统安排，根据经济社会的发展需求，福利体

---

① 杨家亮："2014.01：中国人文发展指数比较分析"，http：//www. stats. gov. cn/tjzs/tjsj/tjcb/dysj/201402/t20140220_ 513674. html。

② 数据来源于国家统计局 2013 年国民经济和社会发展统计公报，http：//news. xinhuanet. com/fortune/2014-02/24/c_ 119477349_ 5. htm。

系分地区、分城乡、分人群设计，逐步、逐片建立。因此，福利体系的碎片化和差异化，与经济社会的发展不平衡，总体上是相一致的。在某种程度上，还是加剧经济社会发展不平衡的重要原因之一，如福利保障方面出现的"逆向转移"特点。从西方发达国家的发展历程看，在福利体系发展早期，也出现过类似的情况。因此，这不是中国独有的问题，很大程度上这是一个发展中的问题，或者说是一个发展阶段的问题。

（2）适应福利体系发展的基本规律

福利体系是一套复杂的制度体系，要考虑到福利制度体系自身的特点和规律。福利体系既要考虑到制度的统一性和公平性，也要兼顾不同人群的特点。如养老保障制度方面，就业人群和非就业人群在缴费能力、对养老保障的需求等方面，有明显差异。以此为标准，中国的养老保险，可以分为针对就业人群的城镇职工基本养老保险和针对非就业人群的城乡居民养老保险，两类保障在缴费机制、待遇水平、制度目标等方面，都有明显差别。分开的制度设计，符合人群自身的特点和需求，也符合福利体系自身的发展特点和规律。因此，福利体系的不统一具有客观必然性，适应社会群体的多样性，社会发展的不平衡性，以及多元化的社会需求。即使在现有制度安排中，发达经济体也不是所有福利制度和项目都是大一统或者均一的。

（3）适应社会转型期"增量改革优先"的特点

中国的改革，总体上采取了"增量改革先行、以增量带动存量"的模式。增量改革优先的改革模式，最典型的就是人们常说的"老人老办法、新人新制度、中人逐步过渡"。"老人老办法"，是对存量利益不做调整，保持制度的稳定性和连续性，减少改革可能引起的社会震荡，以及可能产生的风险和阻力。"新人新制度"，是对新进入的社会人群，适用新的制度和模式。"中人逐步过渡"，是对于部分处于新旧交替阶段的人群，建立制度过渡的机制和路径，逐步消化改革的成本。中国的福利体系建设，总体上适应转型期的"增量改革优先"的模式。在这个过程中，社会福利体系的建设没有整体规划和统筹安排，而是从无到有，逐步地、一片一片地建立起来的。经济社会发展到特定阶段，针对特定的社会人群，或针对某个方面的社会福利需求，建立起相应的福利制度。如医疗保障方面，1997 年，改革城镇职工医疗保障制度，为城镇全体劳动者提供基本医疗保障；2003 年，全国开始推行新型农村合作医疗保险；2007 年，开始城镇居民基本医疗保险试点。不仅各项医疗保障制度缺乏系统整合，即使是在单项制度里面，也存在碎片化的制度设计。如"新农合"是县级统筹，一个县一个标准；同时还有各种各样的医疗救助，不同名目的医疗补贴等，这些方面的资金来源和实施办法五花八门，等等。

因此，中国的福利体系推进过程，总体上采取"做加法"的模式，对原有的福利保障，如机关事业单位和城镇职工的养老保障和医疗保障，基本保持制度体系的稳定，不做大的改革或削减。这种福利体系的发展思路，在基本不涉及存量利益的基础上，通过建立新的制度体系，不断扩展福利体系的覆盖范围，提高福利保障水平，有利于推进福利体系的建设和完善，但也会导致福利体系的碎片化和差异化。

（4）与财税管理体制及社会福利的发展模式有密切关系

我国的社会福利体系，总体上采取了以地方为主导的发展模式。与此相对应的，是中央和地方"分灶吃饭"的财税体制。由于福利体系总体上以地方为主导，各地根据自己的经济发展水平，制定相应的福利保障体系，因为经济发展水平的差异性，就导致福利保障水平的差异性。而且在这种模式下，地方政府倾向于保障本地区人口的社会福利，对新进入人口则采取排斥和抵制的态度。如在养老保险的异地转移衔接机制中，各地方都愿意转出养老保险关系，但不愿意转入养老保险关系。因此，地方主导的福利发展模式，容易导致福利体系的碎片化和差异化；而"分灶吃饭"的财税体制，则进一步固化和加剧碎片化的福利保障体系。

2. 福利体系的碎片化和差异化对经济社会发展产生多方面的不利影响

（1）影响福利体系的健康发展和功能的有效发挥

福利体系的碎片化和差异化，导致福利体系的发展缺乏总体规划，各项福利制度之间缺乏系统安排，发展很不均衡。一是福利体系的发展，缺乏科学规划，福利保障的总体水平较低，但是个别领域、个别项目的福利保障已经出现发展过快，待遇水平过高或者增长过快等问题。如部分地区的公务员、教师等群体，享受高额的退休金，同时还享有完善的社会保障。但是如非正规就业的农民工等群体，社会保障的总体水平还很低。二是福利体系发展不平衡，既有错保、漏保等问题，也有福利待遇过高，或者重复保障等问题。如在社会救助方面，因为缺乏系统的制度设计，许多社会救助功能简单叠加于低保救助体系，出现比较普遍的重复保障现象。通过调研发现，各地叠加于低保救助的项目包括住房救助、医疗救助、教育救助、临时救助、物价补贴、法律救助、供水供电补助、殡葬服务等。各项社会救助叠加，导致低保含金量不断提高，进而在享受低保家庭与低保边缘户家庭之间出现比较明显的"悬崖效应"。但与此同时，部分人群因为福利体系不完善，没有纳入福利保障，或者保障水平很低。三是福利体系的碎片化和差异化，不利于福利体系自身的健康发展，并加大了福利体系的管理难度，提高管理成本，降低保障效益。如养老保险制度虽然名义上实现省级统筹，但实际主要停留在地市层次，统筹层次较低，资金封闭运行。因为养老保障制度的碎片化，以及区域之间转移衔接制度的不完善，导致许多人，特别是流动性较大的农民工群体，不愿意加入城镇职工的养老保险体系，阻碍养老保险体系的健康发展。此外，碎片化的养老保障体系，还损害了制度的统一性和地区之间的互济性，造成部分地区的基金积累和全国范围的财政补助同时存在，资金无法调剂使用，降低了资金使用效率，而且加大了管理难度和管理成本，削弱了福利制度的保障功能。

（2）导致劳动力市场分割和福利保障"逆向转移"

福利体系的碎片化和差异化，不仅影响福利保障的系统性和公平性，还会阻碍劳动力的流动和统一市场的形成。如在养老保障方面，因为制度的分割化和碎片化，以及各项养老保障制度之间缺乏转移衔接机制，导致劳动力市场分割。如机关事业单位和企业之间，因为养老保障制度单独运行，不利于人员的相互流动。此外，不同省份之间的养老保险缺乏转移衔接机制，也阻碍劳动力的跨省、跨区域流动。

福利体系的碎片化和差异化，还导致收入分配差距的扩大，以及加剧机会的不公平。福利保障是收入再分配的重要手段，可以有效缩减收入分配差距，减少社会矛盾。但是，从我国的实践情况看，由于福利体系的碎片化和差异化，不同的社会群体面对的是完全不同的收入再分配规则，福利保障向某些强势的社会群体倾斜，导致居民收入再分配出现"逆向转移"现象。以养老金的财政补贴为例，2011年国家财政对企业离退休职工的财政补贴是每人每月258元；对领取基础养老金的农民补贴是每人每月中央财政补贴55元，地方财政补贴不低于30元。[①] 另外，根据中国人民大学宏观经济预测课题组的季度报告

---

① 王延中主编《中国社会保障发展报告（2012）》，社会科学文献出版社，2012，第34页。

《经济繁荣期的财政政策调整（2008）》：2000～2006 年，全国居民的收入分配差距，在包含转移性收入的条件下，农村内部的收入差距要比不包含转移性收入条件下的收入差距高出 1.19%；城镇内部的收入差距缩小 12.97%；城乡之间的收入差距高出 61.17%。转移性收入尽管在一定程度上降低了城镇内部居民收入差距（降幅为 12.97%），但却使农村内部和城乡收入差距提高，尤其是明显提高了城乡收入差距（平均升幅高达 61.17%）。即，收入再分配存在明显的城镇偏向，收入较高的城镇居民得到了相对更多的转移性收入。[①] 此外，福利体系的碎片化和差异化，也影响机会公平。从基础教育看，区域、城乡、校际之间的基础教育发展很不平衡，贫困地区的家庭子女，特别是农民工子女，以及部分贫困地区的留守儿童，很难得到优质的基础教育，这意味着贫困家庭子女从基础教育开始，就在社会竞争中处于弱势地位。

（3）不利于社会的和谐、改革推进和国家治理体系的构建

福利体系的碎片化和差异化，不利于社会的和谐稳定。碎片化和差异化的福利保障，加剧了群体的差别意识。如机关事业单位和城镇职工之间，城乡居民之间，因为福利保障不同，已经形成明显的群体差别意识，并且因为福利待遇的差距较大，导致群体间出现明显的社会矛盾。如机关事业单位和城镇职工之间，因为养老保障采取两个不同的制度体系，待遇差距较大，已经形成明显的社会矛盾。福利体系的碎片化和差异化，也不利于国家治理体系的构建。统一的社会福利体系，是国家意志的象征。相反，如果没有统一的社会福利体系，国家意识缺乏表征的方式和渠道。各个社会群体因为受到群体意识的影

---

① 中国人民大学经济研究所、东海证券有限责任公司研究所：《经济繁荣期的财政政策调整》，《中国宏观经济分析与预测（2008 年第一季度）》。

响，对国家缺乏认同感。甚至把对群体间福利保障缺乏公平性的不满，转嫁为对国家的不满，导致国家认同感的下降。此外，碎片化和差异化的福利体系，导致政府的机构和职能也碎片化，不仅加大了行政成本，降低了行政效率，而且导致国家治理体系的散乱，以及治理能力的下降。

三 促进社会福利体系整合与
协调的国际经验和启示[*]

发达国家在福利体系建设方面，经过较长的历史发展过程，也积累了比较丰富的经验和教训。这些经验和教训，可以为中国的福利体系建设提供重要的经验借鉴。

（一）福利体系的制度起点有较大差异，
但从发展历程看，制度模式
逐渐趋同与融合

发达国家的福利体系，都经历了逐渐扩展和完善的过程。从制度起源看，发达国家的福利体系主要有两种模式：一是俾斯麦模式；二是丹麦模式或贝弗里奇模式。① 两类模式虽然在起点上有显著差异，但是经过一百多年的发展，在欧洲各国都已经形成比较完善的制度体系。两种模式在发展过程中相互借鉴，并有逐渐融合的趋势。

俾斯麦模式的社会福利体系，通常又称为德国模式。这种模式以缴费贡献为基础，以社会保险为核心，是在劳动保险制度基础上逐渐建立起来的。以医疗保障为例，欧洲大陆国家的医疗保障体系，萌芽

---

* 国际经验资料参见第一分报告、第二分报告。

① 福利体系通常分为俾斯麦模式和贝弗里奇模式，但从制度起源看，概括为俾斯麦模式和丹麦模式更恰当。见第一分报告 1：Einar Overbye，"From fragmented to integrated systems, and from limited to broad coverage? The Evolution of social welfare systems in Europe"。

于中世纪的行业协会。法国大革命以后，行业协会被取缔，但是医疗保障体系保留下来。1883 年，俾斯麦保留了这种以行业或职业为基础的医疗保障体系，但是纳入国家的统一监管，形成欧洲大陆国家的强制性医疗保障模式。制度体系接近俾斯麦模式的国家，福利体系的发展主要有两种路径：一是逐步把新的社会群体，如蓝领工人等，纳入社会福利体系；二是为新的社会群体，如白领工人、农民等，建立平行的社会福利制度。

丹麦模式是完全建立在税收基础上的福利体系。这种模式的制度起源，可以追溯到中世纪的扶困济贫、宗教慈善等制度模式。如养老保障方面，1891 年丹麦颁布老年年金补助法，是仅次于德国的第二个养老保障制度，保障对象主要是贫困群体，并通常要附加经济状况调查（means-testing）。但是随着福利体系的逐渐完善，经济状况调查的要求逐渐弱化或取消，成为所有国民普遍可以享受的最低养老保障制度。再如瑞典、挪威、芬兰等国家的国民健康保障体系（national health care systems），可以追溯到 18 世纪，瑞典法律鼓励社区医生（全科医生的前身，GPs）根据情况，为缺乏支付能力的贫困病人提供医疗服务，这可以看作是普惠性的国民健康保障体系的最初起源，随后在芬兰、挪威等国家也建立了类似的制度。

两种模式的福利体系虽然在制度起点上有差异，但在发展过程中相互借鉴，制度模式逐渐趋同与融合。以养老保障为例，多数采用丹麦模式的国家，在最低保障体系之上，逐步引入强制性的、部分基于缴费贡献的养老保障体系。该做法与俾斯麦模式的福利体系更加接近。如瑞典在 1959 年颁布了国民附加年金的保险法规，随后芬兰（1960）、英国（1978）也先后建立类似的保障制度。在欧洲，只有丹麦和爱尔兰仍然坚持最低限度的福利保障，并辅以自愿性的——不是强制性的职业和个人养老保险制度。而实行俾斯麦模式的部分地中海国家，20 世纪 80 年代，为了把少量遗留的没有任何社会保障的老年人纳入福利保障体系，在一般性的社会救助体系之外，专门建立针对该群体的以税收为基础的低水平老年保障体系（tax-financed minimum old-age benefit systems）。该做法与丹麦模式的完全以税收为基础，侧重普惠性的最低福利保障，也具有很大的相似性。到 20 世纪 80 年代，绝大多数的欧盟/欧洲经济区国家都已经建立普惠性的最低保障（普惠性的基础养老金，或基于收入核查的普惠性的救助养老金，means-tested pension or social assistance）和强制性的与收入及缴费贡献相关的养老保障体系，两类福利体系在制度模式上逐渐趋同与融合。

（二）福利体系的整合是总体趋势，也是福利制度发展的普遍经验，但是整合的路径方式有较大差异

福利体系的整合与协调，是总的趋势。但是因为制度基础的差异，以及国情环境的不同，各国在整合与协调的路径与方式选择方面，也有不同的模式。以医疗保障为例，以瑞典、挪威、芬兰等国家为代表的公费医疗模式与德国的俾斯麦模式在制度起点有差异，也都基本实现了全覆盖，但是在整合的路径和方式方面，有较大差异。概括而言，福利体系整合主要包含三种模式。

福利体系整合的第一种模式，是建立单一的制度体系，为全体国民提供福利保障。如瑞典、挪威等国的国民健康保障体系，主要通过完善以税收为基础的、单一支付人（single-payer systems）的制度体系，实现制度整合。在福利体系发展的早期，这些国家也存在多个支付人的混合的医疗保障体系，分别覆盖不同的人群。国家通过不断扩

大国民健康体系的覆盖范围，把不同的制度体系都纳入进来，形成统一的、单一支付人的制度体系。从 1948 年到 1973 年，英国、丹麦、芬兰先后建立统一的、完全以税收为基础的国民医疗保障体系。爱尔兰也建立了类似的制度，但还附加一定的经济收入情况调查要求。1978 年以后，意大利、葡萄牙、希腊、西班牙、法国，也都转型为统一的、单一支付人的公共卫生保障体系。这类制度模式把各种不同的制度模式整合在一起，在进入标准、享受标准、衡量标准，以及财务标准（entry, eligibility, measurement and financial criteria）方面，对所有国民都是统一的、平等的。

韩国的医疗保障体系，也属于典型的第一种整合模式。在整合以前，韩国有三类医疗保障体系，分别是工人及其家属的医疗保险体系（占总人口的 36%），政府雇员、教师及家属的医疗保险体系（占总人口的 10.4%），自雇佣者以及居民（residence based）医疗保险（占总人口的 50.1%）。1998 年金大中当选总统以后，把后两者整合在一起，建立"国家健康保险公司"（National Health Insurance Corporation, NHIC），2000 年又把工人及其家属的医疗保险纳入该体系，形成统一的医疗保险制度体系。

福利体系整合的第二种模式，是虽然存在几个不同的制度体系，但是不同的制度体系在进入标准、享受标准、衡量标准，以及财务标准等方面基本相同或类似，社会成员可以在各个制度体系之间顺畅地实现福利待遇的转移和接续。如德国和大多数欧洲大陆实行俾斯麦模式的国家，福利体系的整合与协调主要采用这种模式。这些国家通过把新的社会人群纳入现行的强制性的医疗保障体系，或者为不同的社会人群建立并行的强制性的医疗保障体系，逐步建立了严格监管与政府补贴相结合的多个支付人（a multi-payer system）的医疗保险体系，并基本实现了医疗保障的全覆盖。从发展历程看，保留多个医疗保险体系的国家，也都或多或少地出现整合趋势，至少在财务、资格、衡量标准方面，逐渐整合趋同。如德国、奥地利、比利时和荷兰等国家都保留了并行的针对不同职业人群的多个医疗保险体系。但是，这种医疗保险体系的数量在减少，如在德国，20 世纪 90 年代初期有 1000个以上的医疗保险基金，但是到 2002 年减少到 355 个（Busse，Saltman and Dubois，2004b，39）。

福利体系整合与协调的第三种模式，是虽然存在不同的制度体系，制度体系之间的进入标准、享受标准、衡量标准，以及财务标准等也不统一，但是，所有的制度体系都是相互开放的，并且只要符合进入标准，都允许新人进入。新进入的社会成员虽然不能携带和接续之前的福利保障，但是也不会失去之前已经积蓄起来的福利保障。如在欧盟成员国之间，因为福利保障体系没有统一，福利待遇不能转移接续，但是成员国之间的福利保障已经建立协调制度。根据《欧盟883/2004 号条例》（Regulation EC No. 883/2004），如果欧盟成员国的公民到别的欧盟国家工作，可以在新的国家享受与其本国公民相同的福利保障。如果他们在达到养老金领取年龄之前离开这个国家，也享有与其本国公民基本相同的福利保障权利。欧盟以这种方式，在一定程度上实现了欧盟成员国之间福利体系的相互协调。

日本的医疗保险体系总体上是碎片化的，但也具有部分协调机制，与第三种模式有相似之处。2012 年，日本公立和私立的医疗保险项目大约有 3400 个，其中私立医疗保险机构占据主导地位。但是，日本通过一系列的协调机制，在某种程度上实现制度的整合和协调。如以公司为基础的医疗保险计划（company-based health insurance plans）为例，从 1982 年开始，纳入该计划的老年人的医疗保障，由多方共同筹资，即中央政府（20%），地方政府（10%），雇员医疗保险，社区医疗保险共同承担，老年人的医疗保障在一定程度上实现了整合。此外，还有一系列其他的协调机制，如日本社会保障委员会（Social Security Council）下属的医疗分会（Medical Sub-Council）和健康保险分会（Health Insurance Sub-Council），以及厚生劳动省（Ministry of Health, Labour and Welfare）下属的一个机构，共同建立了质量安全、成本控制、价格标准等方面的国家标准体系，政府和民间组织对医疗服务的质量和医院的服务能力进行标准化的评估和认证，等等。这些机制在某种程度上实现了对医疗保障体系的整合与协调。

（三）普通教育制度整合和均衡发展的国际经验

保障所有适龄人群都能接受适合的基础教育，促进义务教育均衡发展，是社会福利体系建设的重要内容，也是西方发达国家的普遍做法。

1. 日本、韩国促进义务教育均衡发展的经验

促进义务教育均衡发展，是保障机会公平，进而提高整个社会福利的公平性、有效性的重要内容。各国在促进义务教育均衡发展方面，积累了比较丰富的经验和做法。其中日本、韩国的经验比较相似，且与我国的文化背景和现实国情也都具有较大的相似性。

日本的义务教育比较均衡，其基础是日本的经济社会发展水平总体比较均衡，地区之间、城乡之间差距较小。除此以外，比较重要的措施，主要有两项：一是对农村及边缘地区的政策倾斜。如日本专门颁布了《偏远地区教育振兴法》，规定："市町村都道府县及文部大臣有义务共同振兴偏僻地区的学校教育。"在此基础上，制定了《偏僻地方教育振兴法施行令》和《偏僻地方教育振兴法施行规则》，等等。对偏远地区的教师待遇、住房保障、交通补助、学生食宿等，进行了

统筹安排和系统扶持。二是实行教师定期流动制。日本于二战后开始在公立中小学校推行教师的定期流动制度，经过半个多世纪的实践与探索，已形成了较为完备的教师"定期流动制"。该制度对教师的流动对象、流动频率、实施程序、政策支持、条件保障等方面进行了详细的规定。[①] 据日本文部省对其教师的平均流动率推算，全国教师平均每隔 6 年流动一次，大多数县的中小学校长一般 3~5 年就要换一所学校，每一名校长从上任到退休，一般要流动两次以上。[②]

韩国主要通过平准化教育，保障义务教育的均衡发展。平准化教育，是指平衡、标准化的教育，是指中小学教育质量在达到标准、均衡的基础上实现统一和公平。韩国在 20 世纪六七十年代以前，也曾经出现义务教育发展不均衡，"择校风"盛行等问题。1968 年，韩国废止小学升初中考试制度，1974 年实行"平准化教育"，即高中通过推荐、书面材料、区域配置等方式招收学生。与此同时，韩国也推行了教师流动制，要求教师每 4 年流动一次，确保学校师资水平的均衡。韩国高中阶段的平准化教育，虽然还存在一些争议，但其在推进义务教育的均衡发展，保障教育公平和机会均等方面，取得明显的成效，具有重要的借鉴意义。

2. 美国以"黑白合校"推进平等教育权的实现

美国早期的教育不公平，主要体现在黑人及其他有色人种的基本受教育权长期得不到平等保障。在奴隶制时期，黑人没有受教育权。1896 年普莱西诉弗格森案（Plessy v. Ferguson）以后，联邦最高法院

---

① 孔凡琴、邓涛：《日、美、法三国基础教育师资配置均衡化的实践与经验》，载《外国教育研究》2007 年第 10 期，第 23~27 页。

② 彭新实：《日本教师的培训和教师定期流动》，载《外国教育研究》2000 年第 10 期，第 49~52 页。

确立了"隔离但平等"的原则，在以后的半个多世纪里，"隔离但平等"原则成为美国教育平等权保护的主导理论。但事实上，黑人儿童并不能享受到真正平等的受教育权利。白人学校的课程设置总比黑人学校的合理、科学，经费也比黑人学校充足，其教师的工资总比黑人学校教师的工资高，以爱德华王子县为例，白人学生的人平均学校资产是817美元，而黑人学生的人平均学校资产仅为194美元。[①]

二战以后，随着黑人民权运动的兴起，黑人要求实现平等受教育权的呼声也日渐高涨。1954年，美国联邦最高法院在布朗诉教育委员会一案中宣告学校中的种族隔离制度违宪。"隔离但平等"原则被彻底否定，"隔离"本身被认为就是不平等的。随后，美国开始全面推进黑白合校。在南方几个历史上的蓄奴州，黑白合校遭到地方当局和白人民众的强烈反对，其中最著名的是阿肯色州的白人学校小岩城高中。为了推进黑白合校，时任总统艾森豪威尔甚至派出美国陆军101空降师的1000名士兵，强制干预并护送9名黑人学生入读该学校。布朗案不仅确立了普遍平等的受教育权利，而且对其他的种族歧视和/或种族差别政策造成很大冲击，极大地促进了福利保障的公平性，并对提升人力资本、促进国家认同、减少种族矛盾等都产生深刻影响。[②]

（四）福利体系的整合与协调是大方向，但受到复杂因素的影响

从西方发达国家的经验和教训看，促进福利体系整合，重视福利体系的可持续性，是各国福利体系发展的总体趋势。福利体系比较科

[①] 转引自张冉《布朗诉教育委员会案的微观分析》，载《全球教育展望》2012年第3期，第39~45页。

[②] 张翠：《美国黑人教育权利变迁研究》，西北师范大学硕士学位论文，2012。

学，制度比较成熟的国家，福利体系的整合和可持续建设也较好，对经济社会的促进和保障功能也较强；相反的，福利体系碎片化比较严重，群体福利待遇差距较大的国家，福利保障的功能也相对较弱，群体间达成改革共识的难度也更大，经济社会的压力较大。

但是，福利体系建设是一项系统工程，受到社会多方面因素的影响。根据欧洲和东亚部分国家和地区的福利体系整合发展的经验，我们虽然很难得出确切的结论，但是可以概括出一些抽象的理念和思路。

一是福利体系整合与发展，可以借鉴其他国家的经验和教训。从发达国家的福利体系发展经验看，都是通过相互借鉴学习，不断完善自身的福利制度。如丹麦模式和俾斯麦模式之间，已经出现借鉴和融合的趋势。

二是福利体系整合与发展，要尊重本国的国情特点。许多国家在引进其他国家的福利制度时，缺乏对本国历史传统和制度环境的考虑，导致福利制度难以实现预期效果。如巴西和墨西哥有一些成功的现金转移支付项目，移植到其他发展中国家以后，因为缺乏对当地历史传统和国情特点的考虑，最后都失败了（World Bank，1993；Soares，2012）。

三是福利体系的整合与发展，需要政治家的决心和智慧。社会福利体系整合，很少通过福利体系自身的演化自动实现，而是常常需要政治家的推动和努力。如韩国总统金大中，在执政期间，对医疗保险体系进行了重大改革，从组合方式改为整合方式，废除了近400个医疗保险组合，由国民健康保险公司进行统一管理，实现医疗保险的制度整合。

四 社会福利体系制度整合的
总体进展和地方经验

福利体系的分割化和碎片化，虽然有历史的必然性与合理性，但其负面影响日渐显现。近年来，中国政府已经意识到福利体系整合和可持续性建设的重要意义。十八届三中全会提出的深化改革《决定》，明确提出"强顶层设计和摸着石头过河相结合，整体推进和重点突破相促进，提高改革决策科学性"[①]。注重制度整合和可持续建设，已经成为制度体系建设的基本指导理念，并在制度建设、政策创新的实践中进行了积极的探索和尝试，地方也积累了比较丰富的创新和试点的经验。

（一）社会福利体系的发展理念和总体
思路日渐清晰，推进制度整合和
可持续建设成为基本共识

1. 社会福利体系的发展理念日渐清晰

"十一五"以来，社会建设获得了独立地位，并与经济建设、政治建设、文化建设以及生态文明建设"五位一体"，形成中国特色社会主义事业的总体布局。特别是以民生为重点的社会福利体系，不再

[①] 《中共中央关于全面深化改革若干重大问题的决定》。

是推进经济改革的工具或手段，而是与经济建设并行的具有独立地位的社会建设的重要内容，社会福利体系建设的意义更加凸显。相应的，社会福利体系的发展理念更加明晰，不再简单地借鉴或套用经济改革的理念和思路，而是更加尊重福利体系自身的发展规律和制度特点。

2. 社会福利的制度框架基本形成

经过改革开放以来30多年的改革与建设，传统的以单位为基础的福利保障体系逐渐解体，与市场经济相适应的新型福利体系逐步确立。特别是近年来，福利体系建设快速发展，制度体系不断完善，并初步形成覆盖城乡居民的福利保障体系。具体而言，一是社会福利的制度框架不断完善，包括教育、医疗、养老、社会救助等各主要福利项目的制度框架基本形成。二是福利制度的覆盖范围不断扩大，从城镇扩大到农村，从正规就业者扩大到各类非正规就业人群，从一般的城乡居民扩大到社会贫困人群和各类边缘群体，越来越多的人纳入社会福利体系，福利保障水平也有较大幅度提高。

3. 推进福利体系的制度整合和可持续建设，成为社会共识

在当前的制度框架基础上，推进福利体系的制度整合和可持续建设，已经成为社会共识，以及国家福利保障制度建设的政策重点。《社会保障"十二五"规划纲要》提出：坚持"广覆盖、保基本、多层次、可持续"的基本方针，以增强公平性、适应流动性、保证可持续性为重点，加快建立覆盖城乡居民的社会保障体系，使广大人民群众得到基本保障，共享经济社会发展的成果，促进社会主义和谐社会建设。习近平总书记关于《中共中央关于全面深化改革若干重大问题的决定》的说明，也从制度统筹、公平保障的角度，阐述了推进福利体系制度整合和可持续建设的重点任务，包括"统筹城乡义务

教育资源均衡配置，整合城乡居民基本养老保险制度、基本医疗保险制度，推进城乡最低生活保障制度统筹发展，稳步推进城镇基本公共服务常住人口全覆盖，把进城落户农民完全纳入城镇住房和社会保障体系"①。

（二）社会福利体系制度整合和可持续建设的创新和试点经验研究

1. 促进义务教育制度整合与均衡发展的政策和经验

（1）公共财政对义务教育的保障水平提高，城乡教育均等化逐步改善

2006 年开始，国家实施农村义务教育经费保障新机制，农村义务教育开始纳入公共财政保障范围。2007 年，"免学费、免书本费、逐步补助寄宿生生活费"的"两免一补"政策覆盖到全国农村（含县镇）学校。各地在巩固义务教育普及的基础上，进一步将义务教育均衡发展作为工作重点，在义务教育学校建设标准化、城乡教师资源统筹管理、解决外来务工子女教育等方面，都取得积极进展。

（2）农民工子女义务教育"两为主"政策基本确立，义务教育均等化持续推进

农民工子女的受教育问题，在很长时期内都是义务教育均衡发展的重点和难点。2003 年，国务院颁布《关于进一步做好进城务工就业农民工子女义务教育工作的意见》中，明确了"两个为主"的政策，

---

① 关于《中共中央关于全面深化改革若干重大问题的决定》的说明，http://news. xinhuanet. com/2013-11/15/c_ 118164294. htm。

即"以流入地为主，以公办学校为主"的政策导向，在 2006 年修订颁布的《义务教育法》中，又将此政策再次明确。通过近几年的实践，"两个为主"的政策落实情况总体较好。2010 年，已有 80% 的农民工随迁子女在城镇公办学校免费接受义务教育，吉林、浙江、湖北武汉等地达到 90% 以上[①]，基本形成了以公办学校为主接收农民工子女就学的格局。

（3）优质高中配额到校政策全面推广，并取得较好效果

优质高中指标到校政策，与韩国的平准化教育有相似之处，即将重点高中招生名额分解到区域内的所有初中，使每个初中的优秀学生都能获得进入重点高中的机会。优质高中配额到校政策是解决义务教育择校问题，促进义务教育均衡发展的重要手段。我国在 2002 年发布了《关于积极推进中小学评价与考试制度改革的通知》（教基〔2002〕26 号），首次以国家文件的形式提出要"积极探索建立招生名额分配制度"。2010 年 7 月，《国家中长期教育改革和发展规划纲要（2010—2020 年）》明确指出，试行优质高中将招生名额合理分配到区域内普通初中的办法，切实解决区域内义务教育阶段择校问题等。

同期，全国各地积极展开优质高中配额到校的政策试点，很多地方，指标到校名额已经占到重点高中招生总数的 70% 以上，部分地区甚至达到了 100%。但是在北京、上海、广州等特大城市里，只有 20%、30%，甚至更低。从我们的调研情况看，2013 年，哈尔滨市的优质高中配额比例达到了 50% 以上；兰州市的优质高中配额比例达到 40%。广州市出台了指标到校的实施方案，但是由于遭遇既得利益群

---

① 国务院发展研究中心课题组：《民生为本：中国基本公共服务改善路径》，2012，第 49页。

体的阻力,方案延期到 2016 年正式实施。从各地政策试点的情况看,该政策在较大程度上抑制了义务教育择校问题,促进了义务教育的均衡发展。

(4)均衡师资配置,促进教师流动

根据日本、韩国的经验,促进教师流动,是实现师资均衡配置的重要手段,也是促进义务教育均衡发展的重要举措。《国家中长期教育改革和发展规划纲要(2010—2020 年)》明确提出:"试行县域内教师和校长交流制度。"十八届三中全会《决定》进一步明确提出:"实行公办学校标准化建设和校长教师交流轮岗,不设重点学校重点班,破解择校难题。"

近年来,许多省市都对教师流动制度进行了探索和创新,并建立了比较完善的政策方案。广东等地,还对山区和农村教师的工资收入进行补贴,以减少城乡差距,鼓励教师流动。

2. 医疗保障制度整合和可持续建设的进展与经验

近年来,我国的医疗保障事业发展很快,基本医疗保障制度基本实现全覆盖,保障水平不断提高。但总体而言,医疗保障事业的发展重点是健全医疗保险体系,提高医疗保险的覆盖面。在减少制度体系的分割化和碎片化,促进制度整合和可持续建设方面,相对比较滞后。在政策实践方面,也有许多探索和创新,并取得初步的成效。

(1)机关事业单位公费医疗与城镇职工基本医疗保险的并轨衔接有序推动

机关事业单位的公费医疗与城镇职工基本医疗保险并轨是大势所趋。如在最新颁布的《事业单位人事管理条例》(2014 年 7 月 1 日开始执行)明确规定:事业单位及其工作人员依法参加社会保险,工作

人员依法享受社会保险待遇。而在具体的政策实践中，部分省市已经率先实现机关事业单位与城镇职工医疗保障的并轨，或者建立转移衔接机制。

北京市机关事业单位与城镇职工基本医疗保障并轨

2009 年，北京市平谷区率先启动医疗改革试点，机关事业单位公费医疗并入城镇职工基本医疗保险。全区 2 万多名行政机关、事业单位在职职工和退休人员将不再享受公费医疗，全部纳入基本医疗保险报销。2010 年，北京市公费医疗改革全面施行，各区县所属机关事业单位公务员年内将全部纳入基本医疗保险，涉及 45 万人。

资料来源：http：//news. qq. com/a/20100115/002054. htm，http：//news. qq. com/a/20090611/000137. htm。

江西省省直机关事业单位公费医疗与城镇职工基本医疗保险实现衔接

截至 2012 年 6 月 30 日，江西省省直公费医疗统管单位编制内的在职和退休职工（正厅及以下人员），全部参加城镇职工基本医疗保险、大病医疗保险和单位补充医疗保险三个层次医疗保险。

资料来源：省财政厅、省卫生厅、省人力资源和社会保障厅《关于印发省直机关事业单位公费医疗与城镇职工基本医疗保险衔接的实施意见的通知》（赣财社〔2012〕35 号）。

（2）城乡居民基本医疗保险制度整合初见成效

整合城乡居民基本医疗保险制度，是十八届三中全会《决定》提出的基本目标，也是基本医疗保障体系建设的重要内容。近年来，各地在城乡居民基本医疗保障制度整合方面已经进行了大量的探索和创新，并已经初见成效。据统计，2013 年，全国已经有 6 个省级地区和 30 多个地市，以及 150 多个县实行了城乡居民基本医疗保险的一体化。[①]

杭州市统一全市基本医疗保险制度框架和主要政策

2011 年，杭州市将城镇居民基本医疗保险和新型农村合作医疗制度整合为城乡居民基本医疗保险制度，实现全市范围内医疗保险制度框架的统一。

统一城乡居民医保主要政策。

1. 统一城乡居民个人缴费比例。城乡居民医保个人缴费额原则上不低于当地城乡居民医保年人均筹资标准的三分之一。

2. 统一城乡居民大病住院和规定病种门诊保障待遇。从 2012 年 1 月 1 日起，统一城乡居民医保政策范围内医疗费的起付标准、最高支付限额和费用报销比例。

（1）住院起付标准统一设置为三级医疗机构不高于 800 元，二级医疗机构不高于 600 元，其他医疗机构不高于 300 元。1 个年度内限支付 1 次起付标准。

（2）住院最高支付限额为当地城乡居民可支配收入的 6 倍以上。

（3）在二级及以下医疗机构就医的，住院起付标准以上最高支付限额以下（含）部分的医疗费，统筹基金支付比例不低于 70%；在三级医疗机构就医的，统筹基金支付比例由统筹地区自

---

① 中国新闻网：《中国已有多地实行城乡基本医疗保险一体化》，http：//www. chinanews. com/gn/2013/03－14/4644348. shtml。

行确定。

3. 统一建立城乡居民医保门诊统筹制度，不断提高城乡居民医疗保障水平。

资料来源：《关于统一全市基本医疗保险制度框架和主要政策的通知》（杭政办函〔2011〕242号）。

（3）医疗保险的统筹层次逐渐提高，转移衔接机制初步建立

医疗保险统筹层次低，制约了医疗保障制度的健康发展，并对人口流动和经济发展带来不利影响。2010年，《社会保险法》颁布，提出社会保险基金逐步实行省级统筹。

从各地政策试点情况看，目前全国多数地区已经从县级统筹升级为市级统筹。少数省市如海南、天津等地，已经初步实现城镇职工基本医疗保险省级统筹。

与此同时，根据国务院办公厅公布的《深化医药卫生体制改革2013年主要工作安排》，跨省异地就医即时结算机制也开始探索试点。

海南省城镇从业人员基本医疗保险省级统筹

2012年，海南省通过了《海南省城镇从业人员基本医疗保险省级统筹实施办法》，按照全省统一缴费标准、统一待遇水平、统一经办业务、统一信息管理、基金调剂使用的原则，建立保障制度规范化，抗风险能力强，与经济社会发展水平相适应和可持续发展的城镇从业人员基本医疗保险省级统筹管理体系。

资料来源：《海南省城镇从业人员基本医疗保险省级统筹实施办法》。

3. 养老保险制度整合的总体进展和地方经验

（1）机关事业单位与城镇职工养老保险制度整合开始破局

机关事业单位养老保险改革，是养老保险制度整合的焦点和难点。2008 年 2 月，国务院常务会议通过《事业单位工作人员养老保险制度改革试点方案》，确定在山西、上海、浙江、广东、重庆 5 省市先期试点。2014 年 5 月，《事业单位人事管理条例》明确提出："事业单位及其工作人员依法参加社会保险。"总体而言，机关事业单位养老保险改革虽然困难重重，但已经开始破局。十八届三中全会《决定》明确把"推进机关事业单位养老保险制度改革"作为深化改革的重要任务，相关的改革方案，也在积极研究，并有望在近期出台。

（2）城乡居民基本养老实现制度统一

根据十八届三中全会《决定》的精神和部署，国务院在 2014 年 2 月通过了《国务院关于建立统一的城乡居民基本养老保险制度的意见》（国发［2014］8 号），决定合并新型农村社会养老保险和城镇居民社会养老保险，建立全国统一的城乡居民基本养老保险制度。城乡养老保险制度并轨以后，城乡居民享受制度上无差别、水平大致相当的养老保障，并在制度模式、筹资方式、待遇支付等方面实现无差距对接。

（3）基本养老保险部分实现省级统筹，转移衔接机制逐步建立

提高养老保险统筹层次，是养老保险制度体系建设的重要内容。1998 年，《国务院关于实行企业职工基本养老保险省级统筹和行业统筹移交地方管理有关问题的通知》（国发［1998］28 号），已经提出要加快实现基本养老保险省级统筹。2005 年，《国务院关于完善企业职工基本养老保险制度的决定》（国发［2005］38 号）进一步明确提出：加快提高统筹层次，进一步加强省级基金预算管理，明确省、市、

县各级人民政府的责任，建立健全省级基金调剂制度，加大基金调剂力度。在完善市级统筹的基础上，尽快提高统筹层次，实现省级统筹，为构建全国统一的劳动力市场和促进人员合理流动创造条件。

总体而言，养老保险省级统筹的推进力度较大，但进展比较缓慢。根据2012年8月发布的《全国社会保障资金审计结果公告》显示，截至2011年底，全国仍有17个省尚未完全达到省级统筹的"六统一"标准。部分实现省级统筹的省市，采用的也是调剂金的制度模式。

此外，养老保险转移接续机制逐步建立。2009年12月，国务院办公厅发布了《城镇企业职工基本养老保险关系转移接续暂行办法》，包括农民工在内所有参加城镇企业职工基本养老保险的人员，其基本养老保险关系可在跨省就业时随同转移。

广东省建立省级调剂与预算管理相结合的省级统筹模式

2009年2月，广东省颁布实施《广东省企业职工基本养老保险省级统筹实施方案》。根据该方案，广东省实行省级调剂与预算管理相结合的省级统筹模式，实现"统一养老保险政策、统一缴费基数和比例、统一计发办法和统筹项目、统一业务经办机构和规程、统一计算机信息管理系统"等"五个统一"的省级统筹标准。基金管理方面，提高省级养老保险调剂比例，2009年1月1日起，调剂金上缴比例统一调整为企业养老保险单位缴费的9%。

资料来源：《印发〈广东省企业职工基本养老保险省级统筹实施方案〉的通知》（粤府办〔2009〕15号）。

4. 最低生活保障的有关政策进展与实践经验

最低生活保障建立时间较短，特别是在农村地区，2007年才开始全面推行该制度。总体而言，最低生活保障的制度体系很不完善，分割化和碎片化的特征比较明显。但是近年来，部分地方也对最低生活保障的制度体系进行了整合和创新。如苏州市在 2011 年 7 月，实现了城乡低保的并轨，城乡最低生活保障标准由原来的 450 元/月、400 元/月统一提高至 500 元/月。① 此外，成都、大连等地，也都相继实现了城乡居民低保标准的统一。从发展趋势看，城乡居民低保标准统一，是大势所趋。特别是在经济较发达的县市，推进的速度更快。

---

① 苏州市民政局、财政局等：《关于调整 2011 年社会保障对象生活救助（补助）标准的通知》。

五　新形势下社会福利体系
　　整合和可持续建设的
　　新理念和总体思路

社会福利体系建设是一项复杂的系统工程，对人民的基本福祉、经济社会的长期发展，以及国家的和谐稳定，都具有深远的影响。因此，必须从国家发展战略的高度，明确福利体系发展的基本理念和总体思路。

（一）社会福利体系建设的基本理念

福利体系的制度设计，要以科学的理念为指导。基于福利体系整合发展的普遍规律，以及我国经济社会发展的新形势、新要求，福利体系建设的指导理念，主要包括以下三个方面。

1. 保障国民基本权利，促进社会公平

首先，社会福利体系要保障国民的基本权利，保护个人免受重大困难和风险的冲击。社会福利制度本质是加入福利成分的风险分摊和互助共济机制。建立福利保障制度，保护国民免受贫困、灾害、年老、疾病、工伤、失业等风险冲击，是福利体系建设的基本理念，也是现代国家的基本责任。①

① 这与国际劳工大会在 2012 年通过的《关于国家社会保护底线的建议书》　（转下页注）

其次，福利保障制度是调节收入分配的重要工具，随着福利保障制度的不断建立健全，覆盖面不断扩大，保障资金不断增加，其在收入分配中的重要性也不断提高。因此，福利体系建设，应当发挥其调节收入分配、缩小收入差距的功能。

2. 促进经济参与、人力资本积累和提高生产力

良好的社会福利体系，应当提倡勤奋努力，鼓励劳动参与，减少福利依赖，并促进人力资本的积累。尽管传统上认为，社会福利项目是使人们脱离贫困的预防性、反应性措施，但已经有越来越多的研究考察了社会福利在人力资本积累、促进劳动参与和扶贫增长方面的积极作用。从欧洲最近的发展趋势看，社会福利体系已经从被动的生活水平保障，转向提升能力和意愿。社会福利体系发展具有更加清晰的社会投资的理念，这种趋势在北欧国家尤其明显。中国作为发展中国家，更应该把促进经济参与和鼓励人力资本积累，作为社会福利体系建设的基本理念。总体而言，社会福利体系要坚持"有保有控"，重点保障教育、医疗卫生等有利于人力资本积累和提升的项目；对于养老保障、最低生活保障等，侧重底线保障，鼓励劳动参与，提升参与意愿。

社会福利项目促进经济生产力提高以及包容性增长主要通过以下四个传输管道：一是投资人力资本，大量的证据显示社会保障项目可以鼓励贫困和脆弱的社会群体投资人力资本或直接通过提高入学率、

（接上页注①）（第202号）的相关原则相符合。第202号建议书第3条规定的原则包括"非歧视、性别平等和满足特殊需求；社会包容，包括非正规经济中的人员；尊重受社会保障担保覆盖人民的权利和尊严"等，都体现了对促进社会公平的重视。建议书同时也指出"基本收入保障应能够维持有尊严的生活。国家确定的最低收入水平应与一系列必需品和服务的货币价值、国际贫困线、社会救济起始标准或者与由国家法律或实践规定的其他可比标准相一致，并可考虑地区差异"。

改善营养和提供健康水平来积累人力资本。二是创造、积累、保护资产。社会保障项目能够为贫困和脆弱的社会群体提供收入让他们增加资产。社会安全网的存在能够避免弱势群体在受到外界冲击时廉价急售资产（这将对他们长期的福利发展产生不可逆的影响），来帮助他们积累和保护资产。三是激励创业和创新。通过提供社会安全网，社会保障项目能激励家庭选择从事收入水平较高但相对波动也较大的工作，从而提高长期收入。四是对就业的促进和保障。人力资本的积累有利于提高人们被雇用的可能性。社会福利以及失业保障金可以为雇员提供更好的"退路"，从而增加雇员在劳动力市场上的谈判能力，鼓励他们寻找最能发挥他们比较优势的工作，而非直接接受他们收到的第一份工作。

尽管从理论上讲，所有人都能够通过这四条通道提高生产力，但考虑到贫困和脆弱的社会群体提高生产力的潜力最大，且社会福利项目特别关注于社会弱势群体，所以他们能够获得的收益也最大。因此，如果社会福利体系能够提高整合性和协调性，使贫困和脆弱群体收益更大，社会福利体系对生产力的影响也将会被进一步加强。中国作为发展中国家，更应该把促进经济参与，鼓励人力资本积累和提高生产力，作为社会福利体系建设的基本理念之一。

3. 促进现代国家构建，保障民族团结和国家繁荣

统一的社会福利体系，是促进国家认同，构建现代国家的重要手段。俾斯麦推行社会保险法的最初目的，就是促进政治统一。通过建立国家统一的社会福利体系，把部分组织良好、影响力较大的城市工人纳入福利体系，促进他们对国家的忠诚和认同。欧盟推行社会保障一体化，也是促进欧盟国家政治融合的重要手段。中国当前正面临地区发展不平衡，群体利益分化，社会矛盾多发的社会形势，通过社会

福利体系的制度整合，提升国家认同，促进现代国家构建，保障民族团结和国家繁荣，是社会福利体系建设的重要理念。

（二）社会福利体系建设的总体思路

社会福利体系建设，要与国情相符合，与发展阶段相适应，既关注眼前的问题，也关注长远的目标；既要符合各项福利保障制度的特点，又要有整体的制度设计和宏观的统筹安排。利用我国当前福利水平较低，增量及投入优势较大的特点，积极推进理想目标的实现。

1. 社会福利的总体水平要适度，财政上具有可持续性

当前，中国的经济发展水平总体还处于发展中国家，地区之间、人群之间发展很不平衡，经济转型和社会发展的不确定性较大。此外，国际经济格局正处于大变革、大调整时期。基于以上诸多因素，社会福利的总体水平不宜过高，与我国的经济发展阶段相符合，经济上又可持续，并有利于促进经济参与和人力资源积累。

2. 福利体系的制度设计要体现统一性、协调性

优化福利体系的顶层设计，减少制度的分割化和碎片化。针对特殊人群或特殊问题，可以有差别化地制度设计，但必须是在整体的框架体系之下，并且制度之间有转移衔接机制，要有利于促进社会公平，国家构建和民族团结。

3. 国家、市场、社会（包括公民个人和家庭等）的责任要合理分担

总体而言，在中国当前的社会福利体系里面，国家承担的职能还

比较弱，尽管个别领域国家责任在快速加重。在制度设计的时候，要预防和避免部分西方福利国家政府责任过重的风险。从这个角度讲，注重市场和社会，尤其是家庭的责任分担，体现权利和义务的统一性、对等性是很重要的。

需要注意到的是，在不同的社会福利领域，国家、市场和社会间最理想的责任分担各有不同。需要通过比较每个责任分担情景的有效性、效率性、普惠性和可持续性，从而决定最理想的责任分担。一方面，私营部门和其他非政府机构能够参与提供部分的公共服务，提高服务的效率和质量。另一方面，政府在解决市场失灵，保证提供社会服务的公平性和质量方面发挥着重要作用。特别是在私营企业和其他非政府组织缺乏动机向所有人，特别是偏远农村地区的人提供公共福利和服务时，政府要保证他们获得最基本的福利和服务。

4. 适应中国的国情特点和未来的社会挑战

福利体系的制度设计，要以中国的国情为基础，适应中国未来的发展趋势和可能出现的社会挑战。具体而言，包括三个方面：一是适应经济增速减缓和人口老龄化的趋势，进入中等收入国家以后，经济增速和财政收入会减缓，但在一个时期内还会保持较高速度；与此同时，人口结构将发生巨大变化，可能面临人类历史上规模最大的老龄化问题。二是适应快速的城镇化和大规模人口迁移的特点，大量的人口需要在不同的社会保障制度之间进行转移和切换，社会保障的资金精算平衡难度很高。三是适应政府管理能力弱、国情复杂的特点，中国的人口规模大，区域、人群差异大，但是，政府的管理能力相对薄弱，难以匹配复杂的制度和国情。

六　社会福利体系建设的总体方案与主要建议

建立统一协调、公平普惠的福利体系，包含总体性的福利体系建设方案，以及对各类主要福利制度的政策建议等。

（一）总体性的福利体系建设方案

1. 优化财政支出结构，增加社会福利的财政支持力度

经合组织（OECD）的公共社会性支出与我国的社会福利支出统计口径比较接近，王列军通过将两者的统计口径进行修正调整，建立了统一的衡量口径。根据该口径数据，2010年我国的公共社会性支出占广义政府支出和GDP的比重分别为31.7%和11.1%，都分别仅为OECD平均水平61.8%和24.4%的一半左右。即使是OECD国家中社会性支出水平占比最低的韩国，其比重也达到41.2%和11.8%，略高于我国。[①] 按照该统计口径，即使人均GDP为3000～6000美元的国家，公共社会性支出占广义政府支出比重也达到了

[①] 改进后的公共社会性支出，以OECD的统计口径为基础，增加教育支出，同时剔除文化体育的支出。参见王列军《社会性支出：民生支出的替代性衡量方法》，国研专稿，2012.10.26。

54%。① 社会性支出水平与发展阶段、体制选择和文化传统有关，到底多高好不能一概而论。但根据 OECD 国家比较成熟的经验，我国福利保障的总体水平较低，要逐步优化财政支出结构，加大财政对社会福利的支持力度，建立与我国经济发展水平相匹配的福利保障体系。

2. 改革福利筹资体制，提高中央和省级政府的支出比重

我国福利筹资的高度分权化是造成福利体系碎片化和差异化的重要原因。从国际经验来看，大多数国家（特别是单一制国家）教育和卫生支出主要是中央和省级政府的责任，而且中央政府承担比例较高；社会保障和救济则基本就是中央政府的支出责任。我国提高中央和省级政府的福利支出比重的改革势在必行，这不仅有利于改善流动人口的社会权利，也是完善社会福利体系，促进基本公共服务均等化的根本性解决办法。提高中央和省级政府的支出比重，不能只是临时性的举措，必须建立明确的政府间的责任分担机制，而且各地区的分担比例安排应尽量统一。在此前提下，要求流入地政府切实承担起为外来常住人口提供公共服务和社会保障的责任。

3. 建立基本公共服务包，保障底线公平

"保基本、兜底线、促公平"，是当前我国福利保障制度发展的基本理念。整合当前部分兜底性的福利保障项目，建立基本公共服务包，为全体国民提供统一、公平、普惠的基本福利保障。基本公共服务包

---

① 贡森等：《以基本保障为重点的改善民生、拉动内需战略》，2009 年国务院发展研究中心重大课题"新形势下我国经济发展方式转变的战略重点"专题报告。

的建立可以逐步完善。早期可以把部分比较成熟的福利项目，如基础教育、传染病防治、孕产妇保健等纳入服务包。以后随着经济社会的发展和福利制度的完善，把其他的福利保障项目，如基础养老金、健康档案管理、儿童保健、高中教育（含职高）、最低生活保障等逐步纳入。

4. 大力推行全国统一、资源整合、功能兼容的社会保障卡

改革传统的以户籍为基础的权利界定和利益分配制度，建立以居住地、社保缴费年限等为基础的福利保障体系。大力推行全国统一的社会保障卡，促进社会福利体系的制度整合和资源整合，建立统一标准，实现社会保障卡跨险种、跨地区广泛应用。建立全国统一的社会保障信息系统，并逐步与医疗卫生、养老保障、社会救助等社会保障相关信息系统做好衔接，实现协同共享，为一卡通提供高效、安全的技术支持保障。

（二）分领域的福利体系建设方案

1. 推进义务教育均衡发展的政策方案

教育公平是人的全面发展和社会公平正义的客观要求，是社会公平的重要基础。当前的基础教育在制度体系上基本统一，但是教育资源分布不平衡，导致区域之间、城乡之间、校际之间，教育质量存在较大差异。政策重点是首先促进区域内部义务教育的均衡发展，相关的政策方案可以借鉴日本、韩国的教育平准化方案，具体建议主要有三个方面。

一是区域内财政资金的均衡投入。学校的硬件投入、运行经费、

人力资源配置等，要均衡保障。在当前情况下，财政资金要优先向薄弱学校倾斜，重点提高薄弱学校的资源配置。特别是在边远农村地区，考虑到人口密度下降的趋势下公共服务提供成本可能更高，如在基础设施的建设投入，校车配置及运营成本等方面，农村地区的公共服务提供成本可能高于城市地区或人口聚集区，教育经费拨付要进一步向农村地区，特别是人口密度低、经济发展较落后的地区倾斜，人均设施配置标准也要进一步提高，防止盲目地撤点并校，保障经济落后地区的学生都可以享受均等的有质量保障的义务教育。

二是推广区域内校长教师轮岗。根据十八届三中全会《决定》的精神和部署，积极推进公办学校校长教师交流轮岗制度。具体措施是总结各地校长教师轮岗的经验做法，借鉴日本、韩国的经验，推广区域内公立学校的校长教师轮岗。对义务教育的均衡发展状况进行评估，凡是义务教育发展不均衡，评估结果没有达到预期目标的，除交通条件不便利的地区外，在县区范围内全面推广该制度。同时完善相关的配套支持政策，如提供边远地区补贴、教师公寓等。

三是实施优质高中录取指标"配额到校"制度。总结山东、浙江、黑龙江等地的经验做法，尽快推广并提高"配额到校"的比例，遏制初中择校热，促进义务教育均衡发展，保障薄弱学校学生的平等受教育机会。在义务教育发展不均衡、配额到校比例较低的地区，要尽快确定实施方案，提高配额比例，扭转择校预期。

2. 推进医疗保障制度整合和公平享受的政策方案

医疗保障总体上要坚持"按能力缴费，按需要享受，使用时量力付费"的理念和思路。制度整合的方案，可以采取混合模式，即在全国层面，实现类型 3 的整合，即通过建立调剂金制度，实现基本医疗保险的全国统筹。在省市层面，近期是实现类型 2 的整合，即在医疗保险的标准体系方面首先实现整合，建立不同制度体系间的转移衔接机制；制度整合的中长期目标，是实现类型 1 的整合，即在制度体系上实现整合。

近期的制度整合，主要建议如下：

一是进一步整合城镇职工医疗保险制度和机关事业单位公费医疗制度，建立统一的职工基本医疗保险制度。改革措施是在各地实践探索的基础上，借鉴国际经验，废除机关事业单位的公费医疗制度，将其纳入城镇职工医疗保险的制度体系。同时，有条件的地区，可以把农民工、失地农民、城镇灵活就业人员等也逐步纳入职工医疗保险的覆盖范围。

二是进一步整合城镇居民基本医疗保险和新型农村合作医疗保险，建立统一的城乡居民基本医疗保险制度。制度整合的目标是实现统一参保范围、统一缴费标准、统一待遇水平、统一信息系统、统一基金预决算、统一基金管理。考虑到城乡经济发展不平衡，合并以后可能出现逆向补贴的问题，建议尽早开展相关研究，并从政府补贴等角度，对其进行矫正和平衡。

三是全面提升医疗保险的统筹层次。普遍实现地市级统筹，省级层面普遍实现类型 2 的制度整合，有条件的地方尽快实现类型 1 的整合。全国层面，建立调剂金制度，尽快实现类型 3 的整合模式。构建管理服务指标统一、流程统一、规章统一的运行管理体系，并在此基础上构建网络化、开放性的医疗保险信息管理系统，推进省内联网结算和跨省的点对点即时结算，解决异地看病报销难的问题。

四是推进医疗卫生的信息化建设，统一社会保险信息管理标准，实现相关信息指标体系和编码体系全国统一，尽快建立全国统一的信息化管理系统。在省市层面，尽快开展信息化建设的试点，及时总结经验，促进信息化系统建设和推广。

3. 推进养老保险制度整合和公平享受的政策方案

养老保险的制度整合方案，与医疗保险的制度整合方案相似，也采取混合模式，即在全国层面，实现类型 3 的整合，即通过建立养老保险的全国调剂金，实现基本养老保险的全国统筹。在省市层面，近期（5 年内）目标是实现类型 2 的整合，即实现养老保险的标准体系的统一和整合，建立不同养老保险之间的转移衔接机制；养老保险制度整合的中长期（10 年内）目标，是实现类型 1 的整合，即在省市内实现养老保险制度体系的完全整合。2014 年 2 月，我国已经实现了城乡居民养老保险的制度并轨，在此基础上，要进一步推进养老保险的制度整合，以社会保险和名义账户统一城乡各类人群基本养老制度，"提低稳中限高"，缩小群体差距。具体建议如下：

一是以社会保险模式统一城乡各类人群的养老保障制度。建立由基本养老保险、补充养老保险、个人工作收入"三支柱"组成的老年收入保障体系。综合我国文化传统、发展水平和国际经验教训，基本养老金占养老收入的50％左右，补充养老金（职业年金）占10％，就业和其他收入占40％。[①] 其他收入包括家庭内部的转移性收入，如子女亲属的赡养费等。鼓励就业和其他收入，既有利于鼓励劳动参与，

---

① 在欧洲以外的经合组织国家，就业收入占到老年收入 30％ 以上，这是一条共同经验；而在欧洲经合组织国家，就业收入只占很小比重，这是有关国家的一条教训。European Parliament（2011），*Pension Systems in the EU-Contingent Liabilities and Assets in the Public and Private Sector*，IP/A/ECON/ST/2010-26。

也有利于保持中国传统的家族互助传统，对促进经济发展、完善社会关系构建，以及减轻政府压力，都具有重要意义。

二是以个人名义账户统一城乡各类人群基本养老保险待遇计发办法。个人账户记账利率与宏观经济指标挂钩。在保障水平上，将城乡居民基本养老保险的目标提高到城乡居民家庭可支配收入的20%，相当于绝对贫困线的水平；将企业职工基本养老保险的替代率目标稳定在40%左右，相当于相对贫困线的水平；机关事业单位职工基本养老保险逐步与企业职工养老保险并轨，近期可以实现类型2的整合，即统一两者的标准体系；中长期实现类型1的整合，实现机关事业单位与城镇职工养老保险的统一。

三是通过信息化建设，推进管理与服务的统一。整合现有的社会保险经办管理和其他公共服务资源，建立统一的养老保险经办机构；通过信息化建设，整合现有的业务管理系统，大力推行全国统一的社会保障卡，实现信息资源的共享与整合。

4. 推进社会救助体系的制度整合和平等保障的政策方案

社会救助体系的制度整合，可以在县市层面，尽快实现类型1的制度整合，即实现县市内的社会救助体系统一。省级层面，可以根据各县市的经济发展状况和财力状况，进行财政的均衡配置。中央层面，可以采取针对性的补贴鼓励政策，引导各地社会救助体系的发展和完善。

具体的政策建议，主要有以下几点。

一是进一步促进城乡最低生活保障制度的整合与并轨。在同一个县（市、区）范围内，缩小城乡居民最低生活标准差距。在经济发展水平较高，城乡差距较小的县市，在最低生活保障的资金筹集、标准测算、标准调整机制等方面，尽快推动整合并轨。同时，建立全国统

一、城乡有别、标准规范的家计调查方法和家计调查内容，并以此作为最低生活保障的制度基础。

二是加强最低生活保障制度与其他社会福利体制的整合与协调。如加强低保与医疗救助、住房救助、教育救助、司法救助等专项救助制度的协调，使之与临时救助等制度互相衔接和配套，减少社会救助简单叠加现象；加强社会救助与其他社会福利制度的衔接，完善医疗、养老、教育等社会福利体系，使许多原本不应由社会救助承担的职能，回归其原有的福利保障体系。

三是促进社会救助体系的经办管理体制整合。理顺社会救助管理体制和运行机制，完善"政府主导、民政主管、部门协作、社会参与"的部门管理体制。通过整合行政资源，统一组织、协调、管理社会救助的重大事宜，实现统一的社会救助业务管理机构、统一的监督管理机构、统一的社会救助信息管理平台。

四是推进社会救助的信息化建设。在已有的社会救助信息管理和服务网络基础上，大力推进跨部门、跨领域的信息资源整合，及时、准确、动态地掌握社会救助信息，促进社会救助的规范化、科学化、信息化，提高社会救助的质量和效率。

结　语

经过30多年的改革和建设，中国初步建立了福利体系的制度框架和政策体系。但是，当前的福利体系具有明显的碎片化和差异化特征。从历史发展角度看，福利体系的碎片化和差异化是与中国的经济社会发展阶段相联系，是中国复杂国情的呈现，具有必然性和合理性。但是，在社会分层渐趋固化、城镇化和老龄化持续加速，且经济和财政增速放缓的新形势下，制度体系的碎片化，影响了福利体系的健康发展和功能发挥，并对经济社会发展产生越来越明显的负面作用。促进福利体系的制度整合和可持续建设，已经成为社会的基本共识。近年来，国家越来越重视福利体系的顶层设计和系统规划，出台了部分法律法规和政策文件，一定程度上促进了福利体系的制度整合和平等保障。与此同时，在国家和地方层面都在积极探索福利体系整合的路径和模式，广泛开展政策试点，并积累了比较丰富的经验和教训。同时，西方发达国家社会福利的发展历程也提供了大量有益的经验启示。从发展趋势看，福利体系制度整合和可持续建设的理念、思路逐渐明晰，制度设计和政策体系也日渐完善。

但是，福利体系建设本身是一项复杂的系统工程。中国的福利体系发展时间较短，制度基础比较薄弱，同时面临深厚的历史传统和复杂的现实国情，完善社会福利制度体系的任务更加艰巨和复杂。本报告提出的发展理念、思路和政策方案，总体上侧重于宏观的、框架性的制度设计。更详细的政策方案，譬如有关在确保社会福利体系的有效性、效率性、普惠性和可持续性的基础上，如何建立政府、市场、社会合理分担的责任体系；如何决定中央和省级政府在社会福利方面的合理支出比重；养老基金的统筹和管理模式；社会救助与其他社会福利项目之间的功能定位和体系整合，等等，这些问题都需要更深入的研究和更详细的论证。

建立公平可持续的社会福利体系的工作思路、具体措施、实施的主要问题，国际上的经验教训以及课题组的主要建议见附表1。

附　表

见下页。

附表

	现行制度安排		实施中的主要问题	国际经验教训	课题组的主要建议	
	工作思路	具体措施			工作思路	政策措施
福利体系建设：民生工作	基本公共服务均等化："守住底线、突出重点、完善制度、引导舆论"	不明确	工作思路的持续性和操作性大缺	过高福利影响增长，西北欧例外，控制社会消费；加大社会投资，遏制消费；二元多元不利于流动和改革共识	坚定思路，明确内容；社会投资类：义务教育、初级卫生保健和医疗保障服务；社会消费类：社会保障	社会投资类：义务教育，初级卫生保障 以及幼儿教育和养老服务；社会消费类：基本养老保险，最低生活保障
义务教育	均衡发展	校长教师交流轮岗；优质高中录取指标"配额到校"	决策中争议很大；来自既得利益的阻力很大	依靠缴费和税收搞福利，不能借债；韩国：有利于社会流动和社会融合	坚定思路	落实既定政策和目标，加强中央监督检查
初级卫生保健	预防为主	基本公共卫生服务包；基本药物及零差价	公众参与不足；小病小伤无保障	相对住院医疗，初级卫生保健的费用效果比较优，但是在西方配置的优化调整很难进行卫生资源配置的优化调整；（1）有关个人生活方式的价值观；（2）医院医生、老年病人等既得利益群体大；（3）新增卫生投入大	坚定思路	加大中央投入，实行基本免费的初级卫生保健；人口登记
基本医疗保障	二元整合，地市统筹	机关事业企业并轨；城乡居民并轨	低保障及其逆向转移支付	按能力缴费，按需享受；单一购买人更宜控制医疗费用	大整合、单一制度；省级平衡、全国调剂	按能力缴费，按需享受、按病房分担费用；提高统筹层次，建立全国调剂基金，按分省参保人口分配

续表

	现行制度安排			国际经验教训	课题组的主要建议	
	工作思路	具体措施	实施中的主要问题		工作思路	政策措施
基本养老保险		机关事业企业并轨	争议大、敏感度高，方案难以出台	要处理好退休和工作的平衡；不同人群基本保障制度走向统一	大整合、单一制度	名义账户制
						提低限高；分类补充
		城乡居民并轨		基本养老保险水平要控制、条件要严格	省级平衡、全国调剂	与领取年龄及寿命挂钩
						建立全国调剂基金，按分省参保人口特征分配
最低生活保障	缩小城乡差距、县市统筹	不明确	不适应城镇化的需要；家庭内部"二元"	要处理好保护和自助的关系	大统筹、单一制度、县级平衡	拓宽申请对象既有收入调查的口径和范围
	救助和保险是简单叠加			社会救助水平要控制、条件要严格	减少低保对象享受的附加待遇	加强管理机构收入调查能力建设

参考文献

国务院发展研究中心、世界银行：《2030 年的中国：建设现代、和谐、有创造力的社会》，中国财政经济出版社，2013。

国务院发展研究中心课题组：《民生为本：中国基本公共服务改善路径》，2012。

丁宁宁、葛延风主编《构建和谐社会：30 年社会政策聚焦》，中国发展出版社，2008。

郑功成主编《中国社会保障改革与发展战略》，人民出版社，2011。

国务院发展研究中心、世界银行：《中国：推进高效、包容、可持续的城镇化》，内部报告。

穆怀中主编《社会保障国际比较》，中国劳动社会保障出版社，2007。

贡森、葛延风等：《福利体制和社会政策的国际比较》，中国发展出版社，2012。

教育部：《全国教育事业发展统计公报》，2008～2012 年。

卫生计生委：《我国卫生和计划生育事业发展统计公报》，2010～2012 年。

人力资源和社会保障部：《人力资源和社会保障事业发展统计公报》，2010～2012 年。

王列军等：《完善城镇化进程中的社会政策》，中国发展出版社，2013。

国家统计局：《国民经济和社会发展统计公报》，2010～2013 年。

王延中主编《中国社会保障发展报告（2012）》，社会科学文献出版社, 2012。

Einar Overbye, *From Fragmented to Integrated Systems*, *and from Limited to Broad Coverage? The Evolution of Social Welfare Systems in Europe*, supporting report 1.

Ilcheong Yi, United Nations Research Institute for Social Development, *Diversity in Moving Towards Integrated*, *Coordinated and Equitable Social Protection Systems*: *Experiences of Japan*, *the Republic of Korea*, *and Taiwan*, *Province of China*, supporting report 2.

Bong Gun Chung, *A Narrative of the Leveling Policy in South Korea*, supporting report 3.

KEDI, *High School Equlization Policy and Issues in College Entrance Examinaion System in Korea and China*, 2004 KEDI-NCEDR Joint Seminar.

第一分报告
欧洲社会福利体系演变：
从有限覆盖的碎片化体系走向
广覆盖的一体化体系

Einar Overbye

博士、教授

（奥斯陆及阿克什胡斯大学社会科学学院）

前　言

本报告分为四个部分。

第一部分，对欧洲社会福利体系演变做了实证评估。首先追踪的是养老金体系，因为它是到目前为止从经济角度看最重要的现金福利体系。然后，论文将视角扩大到其他现金福利体系（失业、工伤、残疾等），探讨它们的演变轨迹是否与养老金类似。之后，论文视角进一步扩展到医疗服务，并且最后扩展到社会和保健服务。①

第二部分，分析了文献中所提到的各种原因，以解释第一部分所

---

① 感谢 Espen Dahl，Aksel Hatland，Per H Jensen，Axel West Pedersen 和 Steinar Stjernö 对部分手稿内容的意见建议。文中错误在所难免，应该与他们无关。

观察到的轨迹。这一部分中，社会福利体系的演变视作"因变量"，我们的任务是解释不同时间和不同欧洲国家之间的差异。

第三部分，问题转向在平等、整合和公正方面发生的变化的影响。在这一部分，社会福利体系的演变成为"自变量"，任务是分析更为一体化和广覆盖的社会福利体系所带来的后果。

第四部分讨论政策教训。本报告的结构如下：

> 原因（第二部分）→ 社会福利体系的改变（第一部分）→ 后果（第三部分）
> →政策教训（第四部分）

报告不是系统性的文献综述，而是基于我本人20多年来研究欧洲社会福利体系所累积的知识。我开始是在奥斯陆的挪威社会研究所，然后是在奥斯陆及阿克什胡斯大学，再加上在加州大学伯克利分校、澳大利亚国立大学、新西兰的梅西大学，以及佛罗伦萨的欧洲大学研究所等地的短期研究访问。由于这个主题很宏大，限于篇幅和写作时间，本文在内容呈现上着眼大局，省略了大量细节。我也尝试通过近乎随笔式的写作风格将其写成一个非常有趣的故事，当然我本人是觉得很有意思的。文字中间穿插了一些专栏，用于深入探究某些具体的问题。我的初衷是如果我想了解另一个大洲今天的社会福利政策背后的历史和想法，那么我需要将文章写成我自己喜欢读的那种类型。

本报告的各个部分可以单独阅读，不过我还是建议按照前后顺序来读。

2013 年 11 月 29 日课题组于奥斯陆

Einar Overbye

一 趋势

欧洲已经朝着更加一体化的社会福利体系以及更广泛的社会福利覆盖的趋势发展了吗？答案很简短：是的。不过，这个答案要加上一个说明，并且还取决于诸如"一体化"、"社会福利体系"以及"欧洲"等概念是如何定义的。第一部分对这些定义进行了解释，并且追溯了整个欧洲社会福利体系的发展，希望通过详细的阐述给出令人信服的答案。

（一）定义

与分散的社会福利体系相比，一体化的社会福利体系是什么样子的？所有的社会福利体系都至少包含四个要素，即进入条件（成为这一体系的成员需要什么条件）、申领资格（体系中的成员享受福利或服务需要什么条件）、福利标准（体系为符合申领资格的成员带来多大的福利或多高的服务质量），以及融资标准（或筹资标准，福利和服务是通过雇员缴费、雇主缴费、地方还是中央税收来进行融资？或者部分服务是通过用户收费来进行融资）。在下文中，"一体化社会福利体系"有两层含义：统一和协调。统一意味着准入条件、申领资格、福利标准和融资标准针对所有公民都是一样的。统一可以通过将几个体系合并成一个体系，或者让这些单独体系逐渐都采用更加接近的标准来实现。协调意味着这些体系保持各自的准入条件、申领资格、福利标准和融资标准，但是负责这些单独体系的人员要一起协调准入条件和权益享受。这意味着至少在成员改变职业时，可以更换体系，同时不会在此过程中失去已积累的福利权益。

协调还意味着保障已积累的权利。这在缴费制养老金体系下尤为重要，在这种体系下成员缴费的年限（及贡献）越长，通常获取的权益福利就越高。已积累的福利权益可以通过转移接续或通过延付保留得到保障。延付保留意味着成员享有推迟领取养老金的权利，即使他们在体系中待的时间很短（比如说只有一年）。此外，推迟领取的养老金权益在个人离开体系到退休期间以指数上涨（或赚取利息）。转移接续是指将个人离开原有养老金体系时的缴费年限登记为其进入的新养老金体系中的缴费年限。转移接续通常仅在两个体系统一，即融资标准、申领资格和福利标准都是相同的情况下才可以进行。而延付保留即使在体系之间存在差别的情况下也可以实现。

专栏1：一体化社会福利体系和碎片化社会福利体系的定义

统一的体系类型1：一个融合的体系服务所有公民。

统一的体系类型2：几个体系并存，但是所有体系都采用同样的（或至少非常接近的）申领资格、福利标准和融资标准。成员如果符合新体系的准入条件，则可以转到新体系中。更进一步的情况：在原体系中累积的福利权益可以直接被转移到新体系中（转移接续）。

协调的系统：几个体系并存，但是具有不同的申领资格、福利标准和融资标准。只要符合新体系的准入条件，所有体系都保障成员进入新体系的权利。新成员得不到原体系中福利权益累计的信用，但是体系规定了原成员享有推迟领取原体系中累计福利的权益，该权益不会随时间推移而受损失（延付保留）。

碎片化体系：任何一个体系都不覆盖多数的群体，几个体系之间具有不同的申领资格、福利标准和融资标准。即使改换职业或地区，也没有权利或仅有有限的权利来转到新体系中（也就是说人们会搁浅在所有体系之外）。没有转移接续的规则，同时延付保留规定方面比较薄弱或者根本不存在，这都会对那些更换单位或短暂离开体系的成员造成损失。

以上定义涉及一系列决定社会福利体系的准入、申领、融资和福利标准的规则，而不是对福利和服务的管理和实际交付。有人可能会争辩说，如果一个体系是由若干行政机构共同管理，或者如果福利和服务的实际交付是由若干供应商共同提供，则该体系也是碎片化的。这种情况在欧洲越来越多，通过外包和管理上的竞争来实现（Eriksen 和 Loftager，1996；Busse 等，2004a；Grand，2007）。不过，本文观点认为，只要买方/出资方控制该过程并且协调各个管理或提供福利和服务的相关机构，则将管理任务或实际服务交付外包给准公共或者私营机构（营利性或非营利性）的体系仍然是一体化的体系。

专栏2：社会福利体系的定义

不同学者对"社会福利体系"有不同定义。本报告采用 Ginneken（2003）的定义："社会通过公共和集体的措施提供给个人和家庭的福利和服务，用以保证他们的最低生活标准并且保护他们免受因大量基本风险和需求而引起的生活水平过低或下降。"这一定义与诸如经济、社会及文化权利国际公约等一些联合国公约相吻合。

至于"欧洲"的定义，本报告限定在作为欧洲经济区（EEA）成员的欧洲国家，包括 28 个欧盟（EU）成员国，以及挪威、冰岛和列支敦士登。这些国家在社会和卫生政策方面都遵守欧盟的法律法规。本文有些部分将焦点缩小到德国和北欧国家（甚至进一步缩小到几个国家，以解释具体观点）。

（二）以协调或统一形式进行欧盟层面一体化

在欧盟背景下，以统一还是协调的名义进行一体化，二者之间存在重要差别。欧盟有强制规定指出，如果欧盟公民在欧盟国家之间迁徙就业，他们必须以与该国本地公民相同的条件获准加入他们所在新国家的社会福利体系。如果他们在退休年龄之前再次离开该国，他们必须得到与本地公民类似的延付福利权益。因此，欧盟有绑定规则用于协调所有欧盟成员国的福利体系。对于通过欧洲经济区协议（EEA）隶属于欧盟的三个非欧盟成员，也依法授予外籍欧盟公民加入他们的福利体系，向他们的本地公民看齐。[1] 在这方面最重要的欧盟法规是"保障体系协调相关规则"（No. 883/2004，更早的是 1408/71）。

由于国家制度不统一，在欧洲各体系之间只能进行有限的转移接续。[2] 不过，每一个体系通常都有很好的延付保留规定，从而保障了那些具有较短缴费或会员记录的人们推迟领取的权利。欧盟规定，移民和本地公民享有同等条件的延付保留规定。如果他们以后再次离开该国，必须允许他们保留已积累的延付保留权利。

---

[1] 瑞士就是通过与欧盟的单独协议进行约束。

[2] 不过，当决定个人是否符合新国家福利体系的进入标准时，需要考虑其在其他成员国的贡献期限。例如，为了能够有资格享受挪威医疗保险体系的福利，个人必须在患病前至少在该国受雇工作 4 周时间。在挪威找到工作之前刚好已在自己国家受雇工作至少 4 周的欧盟公民，在挪威找到工作的当天即可申请挪威的医疗福利。

　　欧盟/欧洲经济区范围内强制性协调的争论主要不是公平或平等问题，而是源自劳动力在不同国家间充分流动的权利。劳动力的自由流动是形成欧盟最基础的四大自由之一（其他为资本、商品和服务的自由流动）。如果说一位公民从波兰移居法国并找到工作，但是不能加入法国的医疗和养老保险体系，他/她将感到不公而不会离开波兰，即使法国的工资比波兰的高。因此，为了劳动力流动，欧盟要求此人必须拥有可与法国公民看齐的加入法国体系的合法权利，以及如果今后再次返回波兰，能够主张其法国体系中积累的延付保留权利（反之亦然）。根据标准的经济学理论，劳动力流动障碍代表效率损失，而这种效率的说法（扫除劳动力流动障碍）是欧盟法规 883/2004 的主要理由支撑。① 除了效率的说法，对于欧盟内部的劳动力流动，有一个政治论点经常被遗忘：欧盟构思于第二次世界大战之后，创立者的主要动机是将欧洲各国更加紧密地联系起来，以限制未来大规模欧洲战争的风险。国家之间劳动力的高度流动将导致每个国家内部人口更加混杂，而人们希望通过更加混杂的人口来抑制两次世界大战爆发的重要诱因：民族主义情绪。因此，劳动力流动也被看作是一种手段，以促进欧洲作为一个整体进行更强有力的社会整合。

　　我们可以看到，过去关于促进效率和整合有助于公平的说法是站得住脚的。在工作年限相同的情况下，如果与一生固守在一个地方或受雇于一个雇主相比，人们在不同雇主和不同国家之间流动的结果是积累的福利权益相对更少，那么很多人会觉得这不公平。

　　欧盟范围内有些政治家想走得更远，统一欧盟内部的福利体系。一旦统一了不同的国民体系，最终在将来的某一天将完全融合，这意味着欧盟将成为一个单一和统一的福利国家。

---

　　① 协调规则也为了防止"脚踏两只船"，即一个人同时接受两个国家的福利。

"协调论者"和"统一论者"之间的冲突遵循欧盟层面政治的经典分界线。一边主要想让欧盟成为主权国家之间的自由贸易协定：他们只喜欢协调。在国家层面，英国往往采取这一立场。另一边想要深化欧盟内部合作，甚至将来可能创造一个完全成熟的联邦制欧洲国家。这一立场在德国和法国一直比较强烈。

然而在当下，欧洲没有任何重要的政治精英主张自上而下的统一。

为什么有些人把"深度"统一看作是第一位可取的东西？可以说，是因为共同的欧洲福利体系可能成为进一步推动欧洲共同身份的一种手段。正如后面将要指出的，扩大覆盖范围和统一福利体系在历史上一直为国家精英们所追求，目的是培育民族凝聚力，并将公民的忠诚度与国家联系得更紧密（见第二和第三部分）。这是通常被称为"现代福利国家之父"的19世纪德意志帝国宰相奥托·冯·俾斯麦的明确目标。同样，未来统一的欧洲福利安排会将公民的切身利益与欧洲计划延续联系起来，并且减少未来联盟分崩离析的风险。尽管脱离联盟的事情原则上不会发生，但是对于一个囊括400多万平方公里面积和5亿居民的政治实体，分崩离析的风险一直都在。

目前，自上而下的统一不在欧盟议程上。欧盟条约第137.4.1款明确规定，欧盟"不得影响成员国确定其社会保障体系基本原则的权利，不得严重影响其财政平衡"①。这意味着在准入条件、申领资格、福利标准或融资标准等方面，欧盟不能从立法上强制成员国走向统一（专栏1）。统一必须是自愿发生，或是设在卢森堡的欧洲法院长期决策积累的副产品（Davies，2006）。是否统一会自愿发生还有待观察。通过所谓的开放式协调方法（OMC），政策可能会逐步朝着这个方向

---

① 从1957年《罗马条约》以来的以前欧盟条约被内置到后来的条约中。URL：http：//eur-lex. europa. eu/LexUriServ/site/en/oj/2006/ce321/ce32120061229en00010331. pdf。

努力。OMC 是对用于收集成员国之间标准化统计数据的若干欧盟层面举措的一个统称，另外还包括有专家、管理人员和政界人士参加的、用于政策交流和政策学习的各种联合论坛。OMC 是欧盟内部所谓"软法"的重要部分，是对成员国必须遵守的、以条约和相应法规的形式存在的"硬法"的补充。

自愿统一也可以通过引入共同货币（欧元）来刺激。共同货币限制了各成员国追求差异化的社会和卫生政策的范围。共同货币对于想要加强欧盟的人来说是一个胜利，在社会政策领域也是如此（Pakaslathi，1998）。目前的欧洲经济危机可能会在这一方向上构成进一步的推动，尤其是欧盟给遭受危机的成员国提供贷款时所设定的条件限制会影响到福利和服务的提供。然而，并非所有的欧盟国家都加入了货币区。盎格鲁–斯堪的纳维亚国家还没有加入。英国、瑞典和丹麦是一直保持本国货币的欧盟成员国。挪威和冰岛仅是通过 EEA 协议依附于欧盟，同时还保持着本国货币。

自 20 世纪 90 年代以来，似乎在进行着政策转变，其中养老金体系规模在缩减，同时更加优先考虑使儿童和家庭受益的社会福利体系，还有旨在整合或再培训边缘劳动者的所谓"激活计划"。这被称为朝着社会投资型福利国家（Morel，Palier 和 Palme，2012）或能力促进型国家（Gilbert 和 Gilbert，1990）的方向转变。由欧盟成员国签署以提高欧洲竞争力的一项联合战略文件《欧盟里斯本战略（2000—2010）》说明了这种趋势。在里斯本战略中规定的 14 个目标中，包括有女性劳动参与净增加、55～64 岁人口就业净增加、学龄前儿童托儿服务机会净增加、20～24 岁人口中高中学历百分比的提高，以及重返社会方案中失业公民百分比的提高等指标。在用于指导 2010～2020 年阶段的最新欧洲 2020 年战略中，所设定的具体最终目标更少，但是包括有提高 65 岁以下人口就业率、提升 34 岁以下人口的教育，以及降低社会排斥的风险指标等。

虽然欧盟的作用不容低估，甚至在未来会更强大，但是目前欧盟本身还不是一个特别强大的政治角色。尽管欧盟是一个地区性自由贸易协定，但它还不是一个联邦国家。关于协调和最终统一，组成欧盟领导机构（部长理事会）的各国政府仍然还在前进的路上。因此，本文从历史角度来阐述各国朝着广覆盖的一体化社会福利体系的发展轨迹。

（三）走向更加一体化的国民体系发展趋势

1880～1890 年，俾斯麦的德意志帝国福利法案通常被看做是现代福利国家诞生的标志。俾斯麦针对不同的社会风险推行强制性社会福利体系：医疗保险（1883）、工伤保险（1884）、老年人和残疾人保险（1889）。在此之前，社会风险要么通过济贫法来控制（其提供税收资助的最低保障并且没有根据社会风险对穷人进行细分），要么通过由行业协会或职工志愿者协会建立的职业福利体系来解决。此外，政府雇员有自己的养老保险体系，或者即使不再工作也有继续领取工资的权利。本文首先概述走向更加一体化的国民养老金体系的发展状况，然后简要分析其他现金福利（疾病津贴、工伤津贴等）是否存在类似的发展趋势，之后将阐述医疗保健服务的发展趋势，最后将分析其他福利服务（针对非常年迈体弱人口以及幼儿的看护服务）的发展趋势。

1. 养老金体系

俾斯麦法案并未涵盖所有人。老年人和残疾人养老金计划中的会员资格最初仅限于蓝领工人，包括技工和服务员。医疗保险和工伤保

险的覆盖面更是仅限于城镇工人。最初医疗保险只覆盖 10% 的人
（Stolleis，2013，68 ff），只有满 70 岁的人才能领取养老金福利。理想
情况下俾斯麦更倾向于一个主要由税收资助的体系，以凸显国家对工
人的仁爱。然而，他不得不与那些权势集团妥协，权势集团倾向于通
过从工人工资或雇主那里进行强制性缴款进行融资。针对老年人和残
疾人，最后的妥协结果是后来大家都知道的三方融资方案：工人自己
出 1/3，雇主出 1/3，国家以一般税收的形式出 1/3。新体系被称为 so-
zialversicherung（德语"社会保障"），或叫社会保险，以便与税收资
助的贫困救济相区分。德国福利法案影响巨大，在随后的几十年中，
其不同版本在大多数欧洲大陆国家推出，包括俄罗斯。俾斯麦体系的
不同版本还被引入到其他大洲，一些拉美国家（西班牙语和葡萄牙语
的社会保险体系版本）甚至比大多数欧洲国家更早引进这种体系。
1936 年的美国社会保障法案也受到俾斯麦法案的启发，因为它采用了
会员缴款以及福利支付与收入挂钩的办法。不过，美国的 1936 年体系
覆盖了所有收入所得者，不仅限于蓝领工人。

俾斯麦 1889 年的模式并非其他国家可以借鉴的唯一模式。丹麦
是第二个建立国民养老金体系以应对老年风险的国家。丹麦的 1891
年体系为所有公民提供了一个带有条件审查的最低养老金方案，不
仅限于领取工资的人。它完全由中央政府的税收资助。养老体系的
目的是能够替代当地由市政税资助的贫困救济。这种"丹麦模式"
在其他北欧国家和许多英语国家也是有影响力的（Kuhnle and
Sander，2010）。新西兰于 1898 年建立了一个由税收资助的最低保障
体系，随后英国、爱尔兰和澳大利亚于 1908 年，加拿大于 1927 年
也采用了这一做法。在美国，一些州出台了最低养老金制度，虽然
不是在联邦（国家）层面。

专栏3：不是"俾斯麦模式或贝弗里奇模式"（Beveridge），而是"俾斯麦模式或埃斯特拉普模式"（Estrup，或称为丹麦模式）

在国际福利研究中，习惯上将以缴费为基础的强制性社会保险方案和以税收资助的最低限度保障方案之间的区别描述成"俾斯麦模式或贝弗里奇模式"。这样做虽然方便，但并不符合历史。俾斯麦想要一个部分由税收资助的社会福利体系，以彰显国家的仁慈，但是由于那些坚持完全以缴费为基础建立体系的人们的反对，他不得不接受更少税收资助的方案（Briggs，1961，249－250）。相比之下，英国公务员威廉·贝弗里奇主张完全以缴费为基础的最低福利，而不是由税收资助的最低福利。因此从俾斯麦真正的初衷看，贝弗里奇的主张是更加俾斯麦式的。此外，贝弗里奇生活和工作的时间距离俾斯麦之后已经50年了，当时大多数欧洲国家已经出台了他们的第一个福利体系。

埃斯特拉普，丹麦保守党首相，1875～1894年在任，与俾斯麦处于同一时期。1891年的丹麦养老金体系是世界上出台的第二个养老金体系。埃斯特拉普采用了完全由税收资助的最低福利。当时欧洲国家和其他国家的政策专家为设计本国的第一个福利体系而四处寻找适合的外国模式时，丹麦和德国的体系是两个最古老的，也是截然相反的体系，供他们参考借鉴。当时的情况是：在准备建立自己的第一个体系时，连远在澳大利亚的政策专家们都会对两个体系进行研究（Overbye，1997）。

因此，无论从历史角度还是从体系设计角度来看，与其说"俾斯麦模式或贝弗里奇模式"，不如说"俾斯麦模式或埃斯特拉普模式"更为确切。

由上述两个迥然不同的起点出发，可以观察到每个欧洲国家内部逐步扩大覆盖范围的过程。在接近德国模式的国家，有两种方式扩大覆盖范围。要么在为蓝领工人建立的社会保险体系中逐渐将新的群体包括进来，要么为包括白领从业人员、农民等在内的其他职业群体建立平行的社会保险体系。[①] 之后，税收资助的最低养老福利体系与一般的贫困救济（社会救助）分开建立，以容纳没有被任何社会保险计划所覆盖的少数年老居民。实质上是为他们的社会保险传统加个底层，这就是丹麦式最低养老金制度（Gordon，1988；Palme，1990；Baldwin，1990；Overbye，1994）。

在最初接近丹麦模式的国家，条件审查逐渐被软化或被完全取消，不仅让穷人，而且让大多数公民都能获得税收资助的最低养老金福利。及至后来，接近丹麦模式的大多数国家在它们的税收资助的最低福利"之上"，都出台了强制性的、以部分缴费为基础的、与收入挂钩的养老金制度——主要是用俾斯麦模式的社会保险体系来完善它们的最低养老金传统。瑞典首创这种做法（1959），然后是芬兰（1960）、挪威（1966）和英国（1978）。在欧洲，只有丹麦和爱尔兰一直坚持公共最低限度保障，并辅以自愿而非强制性的职业或个人养老金体系（有关这一趋势的事实对应关系，参见 Salminen，1993；Overbye，1994；Hinrichs，2001）。最终的结果是，在 20 世纪 80 年代末，几乎所有的欧盟/欧洲经济区国家都已将最低限度养老金和强制性收入挂钩的养老金合并成一个养老金体系。这方面发展的结果（到目前为止）在 Missoc（2013）中有述。[②]

---

① Kolb（1989）和 Stolleis（2013）都讲述了覆盖范围在德国逐渐扩大的情况。Stolleis 还考察了不同政党和执政党的不同派别是如何逐渐接受覆盖范围扩大的。

② Missoc URL：http：//www.missoc.org/MISSOC/INFORMATIONBASE/ COMPARATIVETABLES/ MISSOCDATABASE/comparativeTableSearch.jsp.

专栏 4：政策收敛的定义

Kerr（1983, 3）将收敛定义为"社会的发展趋势是在结构、过程和表现形式等方面变得越来越相似"。关于政策收敛，本文采用 Seeliger（1996, 289）的实证定义：

"要对两个国家（例如，A 国和 B 国）政策发展的趋向进行总结，我们需要对每个国家在一个时间点（t_1）有一个测量，然后在稍后的时间点（t_2）对两个国家有第二对测量。变得相似（收敛）的前提是在 t_1 时间点存在客观的也就是可测量的差异。在 t_1 和 t_2 两个时间点之间，A 国、B 国或两国采取了一些措施并且减少了 t_1 时间点所测量到的差异。"

总之，要高度关注公民之间的不平等覆盖，以及被覆盖人口在申领资格和福利标准上的巨大差别（受德国启发的国家采用较长的缴费年限和收入挂钩的养老金，受丹麦启发的国家没有缴费年限但是实行附有条件审查的福利）；几乎所有欧盟/欧洲经济区国家的政策都在朝着全覆盖的方向收敛，以形成最低限度养老金福利和收入挂钩养老金福利相结合的体系。

这种收敛趋势也是有限度的。最低限度养老金或多或少属于慷慨捐赠并且带有条件审查的性质，而他们通常需要有较长的居住年限才能申请全部的最低限度福利（在斯堪的纳维亚国家，需要 30~40 年的居住期）。强制性的、与收入挂钩的养老金体系则更加多样化。有些国家只建立了一套与收入挂钩的体系并涵盖到所有收入者（瑞典和挪威，欧洲以外国家如美国）。大多数欧洲大陆国家以及芬兰都已针对不同职业群体建立了平行方案。英国则有特别复杂的历史。首先，税收资助的最低福利在 1925 年被以缴费为基础的最低福利所取代，后者又于 1978 年被扩大为强制性收入挂钩体系。颇具英国特色的是，收入者可以退出收入挂钩体系，而选择一个职业的或个人的体系，如果这些方案并不逊色于公共的收入挂钩方案的话。

还有一些差异也进一步限制了收敛的程度：在针对不同职业群体有几个平行的强制性体系的国家中，各个体系的申领资格和福利标准等可能各不相同。这种情况在一些南欧国家特别普遍。那里的缴费率和税收资助水平可能会有不同（尽管最典型的是三方融资），在允许申请全部福利的年数、福利的计算公式、福利水平，以及允许领取收入挂钩养老金的收入上限规定等方面可能都不相同（上限较低意味着对高收入者的补偿标准较低）。领取养老金的年龄也各不相同。最常见的领取年龄是 65 岁，但是各国领取年龄在 67 岁（挪威和冰岛）和 59.5 岁（罗马尼亚，但仅限女性）之间各有不同。在许多国家，妇女最初的退休年龄较男性低（尽管妇女活得更长），这种情况目前在一些国家仍然存在（Missoc，2013）。不过，由于有观点认为不同的养老金领取年龄代表着性别歧视，目前大多数欧盟国家都在统一男性和女性领取养老金的年龄。

另外，导致差异的其他因素还包括不同的所有制和管理结构。瑞典和挪威的收入挂钩体系是完全公开的；议会决定方案的所有方面（类似于美国的 1936 年体系）。在一些欧洲大陆国家，工会和雇主双方代表与政府代表一样，都是理事会的成员，如果政府要修改准入条件、申领资格、福利标准或融资标准，他们都必须参与协商（有时甚至有否决权）。

福利的指数调整在各国也不相同。有些国家使用价格指数，这意味着在实际工资增长期间，养老金的增长是逐渐落后的。另外一些国家使用工资指数或工资和物价指数相组合。有些国家将福利的指数调整与国家统计部门提供的工资或物价专用指数相挂钩，而其他国家则通过议会正式决定每年的指数调整方案。最低福利体系和收入挂钩体系的指数调整都不相同，例如，瑞典对收入挂钩体系下的福利根据工资增长进行指数调整，而对最低福利体系下的福利则只根据物价进行调整（Missoc，2013）。

融资结构也一直存在很大的差异，盎格鲁-斯堪的纳维亚国家以一般税收为主，而欧洲大陆国家以缴费为主（例如，只对雇主和雇员征收的专项税收）。2009年，丹麦的社会保障总收入中，一般税收占64.1%，来自雇主和雇员的缴费只占31.2%（外加4.7%的"其他"）。在德国，35.2%来自税收，62.9%来自缴费，比例几乎完全相反。与丹麦相比，其他几个盎格鲁-斯堪的纳维亚国家相应的一般税收所占比例分别为55.4%（爱尔兰）、52.5%（挪威）、51.9%（瑞典）、48.9%的（英国）和45.2%（芬兰）。而在欧洲大陆国家，一般税收的占比更类似于德国，即处于较低水平：43.8%（意大利）、38.3%（西班牙）、31.9%（法国），以及仅18.9%（波兰）（参见附表1提供的详细信息）。

不过，欧洲体系一个重要的融资方面已经随着时间变化发生了收敛：几乎所有体系都已做到现收现付，也就是今年的养老金从今年的缴费和税收中支取。而在过去，尽管有些体系被建立为现收现付，但是许多体系最初是部分的或完全的基金积累制。例如，第一个（1937）芬兰养老金制度就是采用基金积累制。

专栏5：为什么只选择现收现付养老金？

政策朝着现收现付的融资方式进行收敛的原因有二。首先，这些方案通常是立即或者经过短暂的过渡期之后就开始发放福利，而不是要等到整个缴费期结束才开始发放福利，直到全部福利都支付完毕为止。这意味着，该体系从一开始就缺乏资金。相比累积的缴费，为什么福利往往开始发放得（太）早或太高呢？

因为通常第一代体系的一个重要目标就是平抑社会矛盾，提高当下被覆盖的人口对国家的忠诚度，而不是等到 30 ~ 40 年以后。为什么今天几乎所有的欧洲养老金体系都是现收现付，其另一个原因是提供养老金需要 50 年或更长的时间跨度。而欧洲历史上一直过于动荡，很难在这么长的时期内有效运作资本市场。20 世纪发生了两次世界大战和一次经济大萧条，许多欧洲国家经历了战后初期长达几十年有管制的负实际利率。在这样一个动荡的政治和经济环境下，即使是最保守管理的养老基金也很难做到免遭破坏。芬兰 1937 年养老基金的命运颇有教育意义。1945 年之后它被全部拿出来用以支持芬兰对苏联的庞大战争赔款（芬兰是唯一与轴心国一起并肩作战的北欧国家，在 1941 ~ 1944 年与苏联单独作战）。当前唯一没有采用现收现付规则的是一些欧盟新成员国中最新建立的养老金体系，例如波兰。长期来看能否维持运转，还有待观察。

1990 年以后，整个欧洲在福利体系重组以及养老金缩减方面发生了政策转向。在重组方面，瑞典一直勇于创新。瑞典在 1994 ~ 1998 年推出一套全新的养老金设计方案：名义固定缴费养老金。[①] 传统的养老金体系属于固定收益类型：养老金领取人在满足 30 年或 40 年缴费记录的情况下，按照最终收入或平均收入的一定百分比领取养老金。相比之下，名义固定缴费体系固定了缴费率而不是福利。福利的大或小取决于缴费年限，并且缴费年限不再有任何上限。瑞典的创新在一定程度上受到 1981 年智利转向强制融资和民营管理的固定缴费体系的启发。不过，瑞典的体系

---

① 该体系的原理建立于 1994 年，并于 1998 年议会投票通过，1999 年立法通过。

仍主要是现收现付制；每年缴费者都分配一个"虚拟账户"，该账户每年根据指数进行调整（相当于赚取基金的利息）①。这种与收入挂钩的新体系融合了作为补充的代表最低限度养老金福利的税收资助型养老金。瑞典在另一项创新上也走在前列：根据寿命调整福利水平。如果寿命持续增加，则一个出生队列每年领到的养老金将取决于这个出生队列的平均寿命。这样，对于一个65岁的出生队列，如果他们的平均寿命为78岁，则他们每年领取的福利会比平均寿命为79岁的另一出生队列所领取的福利多。其另一个创新是以精算中立的方式处理领取养老金的年龄。瑞典员工现在可以在60岁以后自由退休，但如果养老金支取较早，则每年的福利也相应减少。这意味着，退休早的人员要完全承担他们自己早退休的费用。

之后，意大利（1995）和挪威（2009）也调整为名义固定缴费和根据寿命调整福利，但却是在经过长期逐步实施阶段之后。

专栏6：瑞典、意大利和挪威等国名义固定缴费体系的可能影响

与固定福利体系不同，名义固定缴费体系不会随着人口的老龄化（这种情况预计至少要到2050年才在欧洲各地出现）而自动增加缴费率。之所以如此，是因为缴费率是事先确定的。而且，根据寿命调整福利意味着长寿的风险（即活得比预期寿命更长的风险）不再是将全体公民混在一起进行计算，而只针对个人所处的出生队列的成员。这也将限制未来的养老金增加。以上维系于

---

① 部分缴款被预留作为"真实的"基金，并通过竞争性基金经理来管理。这（较小的）部分更类似于智利的1981年体系。

一个可能完全错误的假设：即在将来养老金领取人实际按照约定
领取养老金时，即使需要支付更多，将来的统治者也不会再改变
该体系。

在其他欧盟/欧洲经济区国家的养老金改革，包括有更高的养老
金领取年龄、更少的指数化收益、更长的缴费期限以领取全部福利，
或者更为吝啬的缴费计算公式（Palier，2010）。另外，针对遗属已经
过了孩童阶段但是仍未达到养老金领取年龄的情况（这里主要是年轻
寡妇），斯堪的纳维亚国家取消或大幅缩减了这部分遗属养老金。在
许多国家，用于确定缴费和福利之间关系的福利计算公式（通常一直
向低收入缴费者倾斜）也更加合理，同时将低收入的缴费者转移到税
收资助的最低保障体系中。不过，在看似矛盾对立的发展中，以缴费
为基础的社会福利体系也逐渐将育儿假或看护体弱亲人的时间计为缴
费年限，尽管实际上很少正式缴费。这样做的一个目的是使看护学龄
前儿童或体弱亲人这种事情多一点经济上的回报。

缩减养老金可以被解释为所谓的社会投资转变的一部分（见前
言部分）。尽管花在家庭福利和儿童身上的支出毫无疑问具有投资方
面的意义（通过让更多妇女加入劳动力来加强基础人力资本形成和
促进劳动分工），但是养老金更类似于纯粹的“消费项目”。加之由
于战后婴儿潮出生队列现在正迅速接近养老金领取年龄（将取代较
小的但却占现在欧洲养老金领取人口大多数的1930年出生队列），
预计欧洲国家在今后几十年会经历大规模的人口老龄化。养老金会
像年幼的布谷鸟一样将其他政府开支项目（包括教育和卫生方面的
开支）挤出巢外，对这种风险的限制可以说是欧洲政治精英们普遍
关注的问题。

这些主要在增量上的削减为在强制性养老金体系之上的自愿性养

老金安排开辟了更大的市场。自愿体系主要是以职业养老金的形式，其与个人养老金合同相比行政成本更低。职业养老金有两种类型——雇主自己主动推出的职业养老金，以及雇主与当地工会协商后引入的职业养老金，它们作为更大薪酬包的一部分。

是否应该将附加的职业养老金的增长解读为欧洲养老金体系一种新的碎片化——至少在高收入者中间，这是一个问题。本文认为，这取决于职业养老金是如何管理的，特别是它依赖于延付保留和转移接续的制度安排。欧盟没有与适用收入挂钩养老金的欧盟法规883/2004 相类似的共同框架，用于职业养老金的延付保留。因此，要保障那些变换雇主的从业人员享有推迟领取职业养老金的权利，还取决于雇主自己的意志、国家的法律框架和/或当地的工会（参见专栏7）。

专栏7：职业养老金权利的延付保留

雇主有时使用职业养老金，更普遍的情况是使用职业福利，来留住有竞争力的员工。这可以通过限制延付保留权利来实现，这样员工就必须待在同一家公司直到领取养老金的年龄，以便不丧失福利。这种做法对雇主个人来说是理性的，但是累积效果是限制了劳动力流动——而这通常与效率损失是相关联的。政府有关规定（如果有的话）主要是两种形式：第一种形式是政府规定职业养老金必须符合最低限度的延付保留需求；另一种形式就是政府拒绝对职业养老金提供有利的税收待遇，除非其养老金体系符合指定的延付保留规则（这种方式对雇主的影响更温和）。以挪威为例，在其公共的收入挂钩养老金体系之上，推出了小规模的强制性固定缴费职业养老金，并且具有良好的延付保留权利。在此之上以公司为基础的职业养老金必须给予所有员工平等获取

职业养老金方案的机会，并且保证有良好的延付保留权利，以便
能获得有利的税收待遇。

2. 其他现金福利体系

其他主要的福利体系包括残疾人福利体系、遗属养老金体系、提
前退休福利体系（如果不纳入养老金体系的话）、疾病福利体系、工
伤福利退休、失业福利体系、家庭福利体系（包括带薪育儿假、儿童
福利以及有时为单亲家长提供的特殊福利），以及一般社会救助福利
体系（旧的济贫法的现代版本）。从资金规模上看，这些都不如养老
金那样重要。残疾人福利通常是继养老金之后第二大的现金福利体系。

残疾人福利和遗属福利的模式大致上与老年人福利一致。斯堪的
纳维亚和盎格鲁国家通常以附有条件审查的税收资助体系为开端，之
后在其上出台收入挂钩的体系。然而，大多数欧洲大陆国家则以面向
城镇工人的并以部分缴费为基础的体系为开端，过后则通过纳入新群
体或为其他职业群体建立平行方案来扩大该体系，及至后来再由最低
保障福利为补充。

家庭福利也是一部分源于由税收资助的济贫法法案，另一部分源
于以缴费为基础的社会保险法案。有些家庭福利完全来自税收资助
（例如儿童福利和为健在的单亲家长提供的特殊福利）；其他福利都遵
循保险逻辑（例如带薪产假和育儿假，这些往往与收入挂钩）。

工伤福利、疾病福利和失业福利在很大程度上有着共同起源。在
所有国家中，处于常规的就业状态通常是获得这些福利的一个先决条
件，不仅在欧洲大陆是这样，在北欧和盎格鲁国家也是这样。特别是
失业福利通常源于由职工或工会成立的互助协会。它们后来得到政府
税收的资助［被称为根特（Ghent）体系］，但是很少完全被政府接

管——甚至在斯堪的纳维亚也是如此。甚至在瑞典和丹麦，会针对不同的职业群体实行不同的基于自愿原则的失业方案。不过，针对所有体系已经统一了缴费率、申领资格和福利标准，因此瑞典和丹麦的所有失业人员面临着大致相同的情况。只有在挪威，政府是完全国有化（和统一）对待失业保障的。这发生在19世纪30年代，当时经济危机已经造成共同基金破产，需要政府接管才能生存下去。

欧洲国家众多，上述方案在不同国家有不同版本。例如，荷兰已经将残疾人福利体系和工伤福利合并。此外，有些体系既不归政府管理，也不归社会性机构（工会和雇主联合会）管理，而是由竞争性私营保险公司管理。挪威工伤保险就是一个例子。政府提供工伤福利，但是除此之外，还要求所有雇主都要在私人保险市场代其雇员购买工伤保险。这种一次性工伤补偿是作为工伤福利的补充。强制购买私人保险是一种尤其是英美国家社会福利方案普遍采用的社会保障策略。一个最近的例子就是美国的平价医疗法案（奥巴马医改）。

总之，在过去的100年间，越来越多的社会风险"脱离"旧的济贫法的范畴，被纳入单独的福利体系——无论是单独的税收资助的体系还是单独的（部分）以缴费为基础的体系。覆盖范围通过两种不同的路径逐步扩大到全民覆盖。在欧盟/欧洲经济区国家，目前济贫法逐渐变成覆盖那些与特定社会风险不相干的边缘群体。这项立法已经被改造成为与社会职工的治疗和/或咨询密切相关的底层社会救助体系。

自20世纪90年代以来，在为社会福利体系配备或强化一些积极的附加条件方面已经出现普遍性转变，特别是在纯粹的税收资助的体系中（Morel et al.，2012）。"积极的附加条件"是指申请人必须接受公开提供的工作才能申请到福利（劳动福利），或者必须努力接受教育或再培训才能获得福利，或者必须愿意出去活动和接受工作机会（Missoc，2013）。否则，就意味着减少或失去福利。"激活转换"是前

面提到以社会投资方式获取福利的一部分，其中福利在提升人力资本
和将申请人重新融入劳动力队伍方面越来越起到"四两拨千斤"的
作用。

3. 免费或补贴的医疗服务

全部由税收资助的社会福利体系和部分以缴费为基础的体系之间
的区别也涉及免费或补贴的医疗。后来由税收资助的、普遍的、全民
的卫生保健体系的雏形是18世纪的瑞典立法，该立法根据区医师（前
身为全科医生，即GP）为贫困患者无偿看病的意愿情况支付皇家佣
金。芬兰和挪威遵循了类似的政策。瑞典的立法是已知的第一个由国
家发起为穷人提供医疗服务的努力（Saltman and Dubois，2004，22ff）。
相比之下，欧洲大陆国家的做法则源自中世纪行会的经济实力。受法
国大革命（1789）的殃及，行会在大多数欧洲国家被禁止，但是其健
康保险的功能作为独立互助的社团留存下来。1883年，俾斯麦支持保
留这种独立的、以职业为基础的患病资金的想法，但是将其置于国家
指导之下（前面有提及），因此诞生了后来的欧洲大陆国家强制性医
疗保险的做法——医疗保障的起源。

保障的两条道路，分别实现全覆盖的体系

瑞典、挪威和芬兰后来通过国家卫生保健体系，将医保补贴从穷
人扩大到所有公民。这些公共卫生保健体系是单一支付体系，其中国
家（政府）是单一付款人。从不同的起点出发，德国以及大多数欧洲
大陆国家通过将新群体纳入到现有的强制性医疗保险体系中，或者通
过针对不同职业群体建立平行的强制性医疗保险体系，已经逐渐扩大
了医疗保健的覆盖范围。随着时间的推移，目前这些国家通过严格监
管和享受补贴的医疗保险体系网络（多付款人体系），已经实现了全
民或接近全民的医疗服务覆盖。走向全民医疗保险覆盖的两条道路与

走向全民养老金覆盖的两条道路是完全平行的（见上文）——医疗保障的两条道路，分别实现全覆盖的体系。

细究起来，大多数国家的起点有些混杂，因为其中针对穷人而建立的靠税收资助的、附带有条件审查的卫生保健体系与针对不同职业群体而建立的强制性医疗保险体系同时存在。随着时间的推移，许多起点有些混杂的国家都舍弃了多付款人的医疗保险传统，转而采取了单一付款人的国家卫生保健做法。1948～1973 年，英国、丹麦和芬兰全面实行以税收为基础的全民医疗保健（前面有提及）。爱尔兰也有税收资助的卫生体系，但是这里的保健服务在一定程度上仍然是带有条件审查式的（Missoc，2013）。1978 年以后，意大利、葡萄牙、希腊、西班牙以及（在较小程度上）法国也都改为单一付款人公共医疗保健体系（前面有提及）。这种发展模式属于类型 1，即统一（见专栏 1）：通过将原先各个体系彻底合并成一个覆盖所有公民的体系，从而统一了准入条件、申领资格、福利标准和融资标准。

德国、奥地利、比利时和荷兰保持着针对不同职业群体建立平行的强制性医疗保险体系的传统，不过平行医疗保险基金的数量已经越来越少。在德国，基金数量从 20 世纪 90 年代初的 1000 个以上减少到 2002 年的 355 个（Busse，Saltman and Dubois，2004b，39）。这在相当程度上属于类型 1，即统一，尽管并不是追求一路合并下去直到只有一个单一的国民体系。该体系具有一些共同规则，例如允许成员在改换职业时（例如，从蓝领职业改换为白领职业）也能够改换体系，并且现有的不同基金之间，服务质量不会有任何显著的差异。这属于类型 2，即协调（见专栏 1）。

与现金福利体系一样，在 20 世纪 80 年代后期，欧盟/欧洲经济区各国均已实现了全民或接近全民的卫生保健覆盖。意大利和西班牙是最后一批实现全民卫生保健覆盖的欧洲大国，这与它们向全民单一付款人体系切换有关。自那以后，虽然有更多国家引入用户付费作为一种新的收入来源，但是准入条件、申领资格或福利标准都没有大的变化。不过，自20世纪80年代以来，卫生保健服务交付体系发生了巨大变化。新公共管理理论开始流行起来，其中包括有诸如指标和绩效测评、管理竞争、服务外包以及有偿服务体系等在内的一揽子管理改革。

由于本文重点是讨论一体化体系和碎片化体系之间的区别，因此管理竞争是最为相关的一项改革。单一付款人体系中的管理竞争，意味着实际的服务交付与财务安排是分开的。相反，国家鼓励公立医疗服务机构之间，或公立和私营的医疗服务提供者之间开展竞争，或者干脆将公立医疗服务机构私有化，让其与纳入国家采购合同的其他（私营）提供商相竞争。可以从许多方面来对医疗保健服务的买方和卖方进行区别，但是最基本的一点是，国家（单一付款人）利用卖方之间的竞争作为手段来提高效率和交付更多更好的医疗保健服务（Grand，2007中对管理竞争的解释）。在多付款人体系中，职业健康保险体系作为买方，以同样的方式鼓励实际的卫生服务提供商（诊所、医院）之间展开竞争。在管理竞争体系中许多事情都可能出问题（见Propper 2006和Laegereid and Neby 2012中对经常出问题的事情所做的总结），但是由于关键性的买方仍然是一体的，并且买方相对于竞争性提供商而言处于指挥和协调的位置，因此这种竞争不会导致更为碎片化的问题。

如果政府还允许医疗保险体系之间对会员展开竞争，则局面又不一样了。这种竞争在单一付款人体系中是不可能的（国家是代表全体公民的唯一买家），但是在拥有几套职业医疗保险体系而不是一套公共体系的国家来说还是有可能的（Saltman，2004，147）。这种竞争在德国和荷兰是允许的（Figueras et al., 2004, 102）。支持的观点认为在医疗保险体系内部竞争会员可以提升效率和刺激创新。不过，大家从美国的职业健康保险体系之间的竞争可以知道，这也为"撇奶油现象"和"卸载现象"提供了可能（见专栏8）。

专栏8：公共医疗体系中的"撇奶油现象"和"卸载现象"

"撇奶油现象"是指医疗保险体系试图通过将服务人群定位于年轻人或无既往病史的人，从而获得都是健康或比较健康（低风险）的客户会员。"卸载"是指通过收取过高会费或以更微妙的手段，将可能需要医疗服务（高风险）的客户从体系中撵出。"撇奶油现象"和"卸载现象"都源自所有自愿保险体系中的经典逆向选择问题，即保险公司具有吸引那些风险低于平均水平的客户的趋势，除非设法对潜在客户进行筛选并拒绝服务，或者针对高风险客户收取更高保费（Barr, 1992）。高风险客户通常比低风险客户更穷，因此他们往往支付能力也更低。因此，他们面临不被全部覆盖的风险（也就是说没有做到全民覆盖），除非存在一个既不允许拒绝高风险客户进入，也不允许对他们收取比其他人更高保费的保底公共医疗体系。

"撇奶油现象"和"卸载现象"可以通过严厉的政府监管予以打击，包括让保险体系无权根据风险级别确定不同会费，或者判定收集潜在客户既往病史信息为非法（Dixon, Pfaff and Hermess, 2004; Wasem, Gress and Okma, 2004）。不过，这种监管的行政成本太高。严厉的监管措施也会限制供应商之间的竞争，于效率提高方面无益，而这才是引入竞争的首要目的。总之，越是加强对竞争性保险体系的监管，它们就越像完全公立的医疗保险体系，只是增加了交易成本而已。不过相反，如果维持弱监管来刺激竞争与创新，则风险在于主流的创新都会对低医疗风险的客户进行"撇奶油"并且会对高医疗风险的客户进行"卸载"。

从碎片化还是一体化的角度还要说明一下：全科医生（GP）在单一付款人体系和多付款人体系中的作用往往是不同的。回想一下最初作为瑞典起点的单一付款人卫生保健体系，这种体系中的 GP 在国家卫生保健体系中通常是自雇型的次级服务提供者，其作用是作为公民进入医疗体系的第一站。与诊所和医院中更为专业（且花费也高）的医疗保健服务相比，他们扮演着守门人的角色。在多付款人医疗保险体系中，参保居民可直接找（花费昂贵的）专家，而不用首先要咨询某个 GP（Hofmarcher and Durand-Zaleski，2004，209 ff）。

专栏 9：公立医疗体系与全私营医疗体系的衔接

欧洲公共医疗体系的医疗服务质量得到了普遍肯定。不过，针对某些昂贵的治疗种类采取排队配给的做法，为私营医疗保险（通常是一种基于公司的职业健康保险形式）创造了市场空间，以让客户免于排队。另外，还有私营医疗机构提供自付的医疗服务（特别是对那些花费不高的医疗种类来说）。如果私营体系完全由自己出资，它们就不会与公立医疗体系相整合。如果由国家来给它们一部分补贴，则政界人士就可能使用这些补贴将私营机构正式整合到大的医疗保健体系当中去（将补贴与要求承担某些特定的任务绑定起来）。目前在整个欧洲国家，有关如何解决这些问题的系统性知识仍然有限。不过可以肯定，规则比较复杂，而且在不同国家各有不同。

4. 社会服务（照顾老人、残疾人、学龄前儿童等）

人均寿命的提高增加了有医疗需求的体弱老人的数量，而且女性就业的增加也减少了家庭的护理照顾，由此催生了大量针对不能自理人口的护理服务。再者，从不同的国家中可以观察到通过税收资助的体系实现的全民覆盖服务和通过广覆盖的社会保险体系实现的全民覆盖二者之间的区别。在斯堪的纳维亚和英国，提供这种服务是市政当局的责任，部分通过地方税收以及部分通过来自中央政府的整笔拨款或专项拨款来进行融资。相比之下，德国成立了医疗保险体系（Pflegeversicherung，德语"长期护理"）来处理这种社会风险。同样的做法在奥地利、比利时、法国和荷兰也得到采用（Roo, Chambaud and Günert, 2004）。不过，"缴费"通常是指专项税收，因为缴费多少与护理质量没有任何关系（社会医疗保险的情况也是如此）。此外，体系的融资一部分还来自一般税收（前面有提及）。长期护理服务不只针对年老体弱人口，也直接针对有额外护理服务需求的所有公民，而不论年龄大小。

面向处于工作年龄的残疾人口的政策涉及面广，并不仅仅是提供医疗服务和现金福利（残疾津贴）。在欧洲，残疾越来越被看作是社会问题，而不只是医疗问题。所谓的"残疾的社会模型"强调残疾更像是在更为广泛的社会中缺乏包容和融入措施的问题，而不是身体功能受限的个人问题。因此，在去除机构收容、回归主流和正常化的倡导下，出台了一系列新的政策措施。措施包括重新设计公共基础设施以便让轮椅更好地通过、关闭特殊学校并让他们融入普通学校，以及设计便于有功能障碍的人们居住生活的房子等。不过，对欧洲各国这些日益重要的政策措施的实施情况进行评估不在本文的讨论范围（有关对残疾人政策中"回归主流"做法的评估，详见 Lollar 2009，

Priestly 2010 和 Rimmerman 2013）。

欧洲各国针对年幼人口的幼儿托管和放学后日常照顾等服务也在逐渐扩大，主要是以公立幼儿园的形式或者补贴非营利性或营利性私立幼儿园（但这些幼儿园必须遵循规定的质量标准才能领到补贴）。斯堪的纳维亚国家、法国和德国在落实这种服务方面正日益处于领先地位，不过对大多数的欧盟/欧洲经济区国家来说（如果不是全部的话），趋势是一样的（Ferragina et al.，2012；Morgan，2012）。这种服务的扩大与妇女不断涌入劳动力市场，从而导致对高品质育儿需求的增加有关，不过也与前面提到的朝向社会投资型福利国家进行转型有关。

专栏 10：新社会风险

自 20 世纪 90 年代以来，欧洲越来越关注所谓的新社会风险。新社会风险包括单亲、预期寿命延长及相应的护理服务需求、工作不稳定和职业生涯中断等情况的增加、由于忙于工作的单亲家庭和双职工家庭的增加导致的问题儿童（通常由非正规或不合格的看护人照看）的风险，以及结构性失业（由于求职者的技能和用人单位所需要的技能之间不匹配导致）。福利提供中的"社会投资转向"目的是想减缓这些新社会风险（Jessoula and Alti，2010；Morel，Palier and Palme，2012）。

（四）小结

目前政策已趋向于朝着更广泛的覆盖方向发展。直到 1990 年以前，各国的灵感主要来自作为起点的 1891 年丹麦最低保障体系，并且往往通过专项税收而不是一般税收来融资，从而将该体系从穷人扩大到覆盖全体公民。丹麦传统中的专项税收非常接近于德国传统中的"缴费",因为社会保险体系中的缴费从精算意义上讲更类似于专项税收而非缴费(在强制性社会保险体系中,缴费多少与福利大小通常没有精算上的关系)。

主要从社会保险传统出发的国家也趋向于朝着更广泛的覆盖方向发展。直至大约20世纪90年代之前,更广泛的覆盖要么通过扩大现有社会保险体系(包括医疗保险体系)的会员来实现,要么通过为新的职业群体建立平行的社会保险体系来实现——Bruno Palier(2010a)称之为"以俾斯麦的手段来达到贝弗里奇的目标"。不过,由于去工业化以及随之的转向服务业,加上非传统工作形式的崛起,社会保险覆盖在许多国家已经陷于停顿。相反,覆盖率在不断通过税收资助的最低保障体系得到维持或扩大。这些体系往往包括主动性的需求,以培育人力资本重回劳动力市场(前面有提及)。

另外政策也趋向于建立更加一体化的体系,尽管这一说法还有待商榷。有些国家已经使用一个覆盖大部分或全体公民的体系来取代现有的强制性保险体系(见专栏1中关于统一的第一种类型)。这在医疗保健方面尤其如此,在意大利、西班牙、希腊、葡萄牙和法国转向单一付款人国家医疗保健体系时也是如此。在维持多个平行保险体系的国家,做了很多工作才将它们合并成更少的体系。许多维持多个平行体系的国家至少都尽量统一了不同体系的融资标准、申领资格和福利标准(见专栏1中关于统一的第二种类型)。

在福利的慷慨程度方面,欧洲社会宪章(第12.2条)规定,成员国应当将自己的社会保障体系保持在一个至少相当于国际劳工组织(ILO)社会保障(最低标准)公约第102号决议所要求的水平。1952年通过的《国际劳工组织公约》,列出了九大社会福利领域:医疗、疾病、失业、养老、工伤、家庭状况、生育、伤残和丧偶。目前欧盟理事会 47 个成员国中的 32 个国家签署了该宪章，并已获得 27 个国家的批准，包括除保加利亚、爱沙尼亚、立陶宛、罗马尼亚和斯洛文尼亚之外的 28 个欧盟（EU）成员国。最低标准为私营福利体系提供了相当大的发展空间。

由于更替率的降低，对最低福利体系的日益依赖加上在医疗护理服务上的配给和自付，为在强制性体系之上建立自愿性职业和个人福利体系开辟了更大的空间。这些体系非常多样。本文的观点是，如果很好的延付保留权利到位的话，并且甚至更进一步，如果延付保留权利随着这些体系重要性的提高而得到加强的话，则仍可以将它们视为不断加强整合的一部分（这一次是以专栏 1 中的协调的形式）。否则，必须将其看作是高端部分的碎片化。为了阐述朝着一体化体系的发展，专栏 11 以德国为例列出了养老金改革的关键年份。

专栏 11：逐渐形成更加整合的社会福利体系：以德国养老金体系的演化为例

1889 年（德意志帝国）：老年和残疾保险。强制性为诸如工人、店员、技术工人、学徒或家政人员等低工资（低于 2000 马克）工薪人员或工资性就业人员建立。养老金领取年龄：70 岁以上。覆盖了 5600 万总人口中的 1100 万人。

1899 年：参保群体扩大到监工、技术人员、教师、教育工作者和"其他雇员"。

1911 年：疾病、意外和养老三险合并成为一个单一基本法。在该基本法中引入寡妇和孤儿抚恤金（遗属养老金）。

1911 年：针对高工资职工（收入在 2000 马克到 5000 马克之

间）推出新（平行）的强制性养老保险方案，养老金领取年龄为
65 岁。

1923 年（魏玛共和国）：低收入职工也能在 65 岁退休。

1932 年：覆盖 6600 万总人口中的 2100 万人。

1936 年（纳粹时期）：将自雇工匠纳入体系。

1957 年（德意志联邦共和国）：养老保险对有偿工作的所有
工人和受雇人员强制推行，包括自雇教师和工匠。

1957 年：针对个体农民出台新（平行）的强制性养老保险
方案。

1972 年：在一般性养老保险方案中允许所有自雇人员申请强
制养老保险。有着 45 年缴费年限的工人平均净更替率设为 70%。

1974 年，1975 年，1978 年，1979 年：针对在受保护的工厂
车间工作的残疾人规定康复津贴的领取期限，并且将领取失业救
济或生育津贴的时间计入缴费年限。

1985 年：将子女抚养所花时间计入缴费年限。

1989~1992 年（两德统一）：覆盖范围扩大到包括前德意志
民主共和国的人口。增加了联邦税收补贴（税收融资）。

2001 年：养老金领取人员遭遇生活困难时，不再寻求一般社
会救助，转而寻求专门的基本保障方案（"丹麦式"最低养老金
救助体系）。

2005 年：在 60 岁之前不允许提前退休。在 2029 年之前，将
正常退休年龄从 65 岁延长至 67 岁。启动改革以实现更替率的渐
进收缩。预计到 2030 年，标准净更替率下降到 52%。增加职业
和个人的补充养老金。

资料来源：Kolb, 1989；Börsch-Supan and Wilke, 2004；Hinrichs, 2012。

鉴于欧盟内部协调论者和统一论者之间的紧张关系，至少在 20 世纪 90 年代以前，在发展上基本呈现某种程度的统一。那么，在所有欧盟/欧洲经济区国家中是否某种程度上也出现过类型 2 的统一，即：各国在准入条件、申领资格、福利标准和融资标准方面日渐相似呢？如果站在一个足够长的时间角度，即从欧盟成立（1957）一直到今天，则答案必然是肯定的。不过，欧洲福利体系之间的巨大差异依然存在。体系的协调是通过欧盟法规 883/2004 来维持的。但是完全统一还没有实现，更遑论要从统一各国体系到走向统一的欧洲福利国家。

图 1 总结了走向一体化体系的两条轨迹，以及 1990 年后可能走向高端部分碎片化的新趋势（如果延付保留不到位的话）。

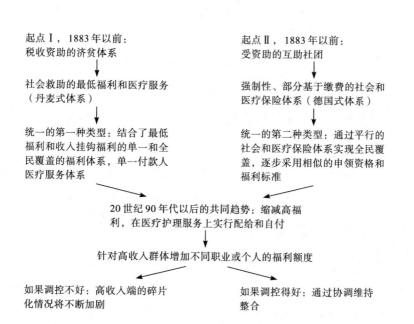

图 1　从碎片化到一体化的欧洲福利体系

这里需要给两个提醒。首先，并非所有学者都同意图1中所采取的立场，即欧洲的故事（仍然）是一个不断整合的故事。对于法国的情况，Palier（2010b）将20世纪90年代以来的发展看作是不断二元化的过程，其中高收入群体越来越多地通过各种受补贴的私营福利安排来获得服务，而低收入群体则越来越多地通过缩小版的社会保险或者通过逐渐以接受工作或再培训作为附加条件的最低福利来获得服务。对于芬兰的情况，Kautto（2012）认为，从覆盖率正变得越来越普遍这个意义上来说，整合在加强；然而从福利水平下降从而为各种私营的附加福利体系开辟了更大的空间这个意义上来说，碎片化在加剧。这些学者的说法都对，因为私营的附加福利体系的覆盖范围变大意味着一种新的碎片化。不过，这是无法避免的。如果出台足够强硬的管制法规，包括延付保留规则，则能维持如专栏1中所定义的协调。

其次，在强制性医疗保健体系中越来越多地使用服务外包，以及越来越多地使用有偿服务融资，也可以被理解为碎片化的加剧。正如前言中所提到的，本文所采取的立场是，只要体系（包括融资）的规则仍然在国家或社会保险机构的集中控制下，则该体系就仍然是协调的。只要控制住（竞争性）服务交付者的融资，就依然能够把握住问题的核心。在那些允许社会保险方案之间彼此竞争会员的国家，这种局面就不太明确（例如德国和荷兰的医疗保险）。保险市场的信息不对称，会导致"撇奶油现象"（只追求低风险客户）和"卸载现象"（向高风险客户征收过高会费）等竞争形式。这可能会造成一种局面，即那些最需要保险的客户（高风险客户）被拒绝纳入覆盖范围，否则将面临过高缴费。另外，还取决于政府为会员竞争的最终放开推出何种管制措施。对于这种做法是否会导致覆盖范围下降并且使得任何中心都难以协调整个体系各个不同部分所提供的服务，下结论还为时尚早。

有些学者认为服务外包的发展趋势将为促进欧盟层面的统一打开一扇后门。由于国家的社会福利体系在体系内部对以下两种角色进行更为明确的区分，一种是确定规则并资助体系的角色，一种是管理并提供福利和服务的角色，因此福利和服务变得更加类似于"普通"商品和服务。然后，在位于卢森堡的负责监督四大自由（即劳动力、资本、商品和服务）实施情况的欧洲法院驻地，能够更清晰地看到这些情况。可能性将增加的情况是，法院将裁定必须允许公民使用其他国家的福利提供机构以满足他们的需求（并且在他们的国家进行报销），另外还必须允许外国的福利提供机构与本国的福利提供机构一同竞争（Davies，2006）。欧洲法院将以这种方式在欧盟/欧洲经济区内推动福利提供朝着这样一个体系转变，即实际的福利供给是由竞争来提供，并且跨国机构不依赖于任何特定的欧洲民族国家，尽管这种福利供给是由该国资助的。Davies（前面有提及）认为，虽然这看似加强了那些只想要欧盟成为自由贸易区的观点，但是从长远来看，它将演变成更深层次的欧洲整合：

"从长远来看，（外包创造了）实质性统一的机会。市场本身将实现这种局面。由于跨欧洲的教育、医疗和保险机构应运而生，在波兰也有可能出现与丹麦相同的福利服务和保障。这种情况出现得越多，则在政治上就越容易建立欧盟层面的法律法规，尤其是成员国之间就越容易谈论欧洲范围内的基本福利……这样，目前这种各自为政的局面会很快过去。打破国家之间的壁垒从长期来看与其说是开创了一个新的统一市场，倒不如说是为新的欧洲大厦打下了一个地基，尽管还不是那么牢固"（Davies，2006，59）。

引号的内容揭示了那些只想要"浅"协调的人们和那些想要"深"统一的人们之间的紧张关系，这依然是目前关于欧洲讨论的非常重要的部分。

综上所述，至少从 20 世纪 90 年代早期建立第一个福利体系以来，在欧盟/欧洲经济区的国家中可以看到社会福利体系走向更广覆盖面和更加一体化的趋势。是否可以用"持续整合"作为合适的标签来描述自 1990 年以来的政策发展，也有很多争议。表 1 列出了 2013 年 9 个欧洲国家的养老金体系和卫生保健体系（在政府开支方面是两大最为重要的社会福利体系）的基本原则。

表 1   9 个欧洲国家关于强制性养老金体系和强制性医疗保健体系的设计 *

	养老金	医疗保健服务
德　国	强制性社会保险方案，融资来自缴费和税收，覆盖雇员及某些自雇群体，根据缴费和参保年限提供与收入挂钩的养老金	强制性社会保险方案，针对雇员和吸收进来的各类人员，有一定的收入限制，实行与收入挂钩的缴费，在财务过度紧张的情况下可以享受社会补偿（Sozialausgleich）。带有例外的实物福利体系。自 2009 年 1 月 1 日起，全体公民都要义务加入法定或私营的医疗保险体系
瑞　典	瑞典的公共养老金体系（ålderspension）属于强制性和全民性方案，包括三个部分：第一部分是与收入挂钩的养老金（inkomstpension）和与收入挂钩的补充养老金（tilläggspension），以"现收现付"为基础的缴费融资；第二部分是开立了个人账户的全资助保费储备养老金（premiepension）；第三部分是以税收资助的保证年金（garantipension），针对所有不享受或享受很少的与收入挂钩的养老金的居民	税收融资的公共医疗服务，覆盖责任区域内的所有常住居民（基于居住地）。该系统是全民的和强制性的
丹　麦	社会养老保险（Folkepension）：税收资助的全民保障方案，根据居住年限，以固定费率养老金的方式，覆盖所有常住居民；补充养老保险（arbejdsmarkedets Tillægspension，ATP）：适度强制性社会保险方案，缴费融资方式，覆盖了雇员和吸收进来的各个群体，养老金发放根据缴费情况	税收融资的全民公共卫生服务，覆盖所有居民

续表

	养老金	医疗保健服务
挪　威	针对 1954 年以前出生的人（适用旧规则）：以反映收入水平的年度养老金点数（pensjonspoeng）为基础的、与收入挂钩的补充养老保险（tilleggspensjon），基于居住年限的基本养老金（grunnpensjon），对不享受或享受较低的补充养老金的人口实行最低养老金（minste pensjonsnivå）； 针对 1963 年及以后出生的人（适用新规则）：基于反映其终生收入并日渐增长的养老金储蓄的、与收入挂钩的养老金（inntektspensjon），对没有或具有较低养老金储蓄的人口实行以居住年限为基础的保证年金（garantipensjon）； 针对 1954～1962 年出生的人：领取的是基于新旧两套规则、以合理比例计算得到的养老金；除了国家保险方案提供的养老金之外，还补充了强制性职业养老金（obligatorisk tjenestepensjon），此项由雇主资助	主要由税收融资的公共卫生服务（基于居住地），覆盖市或州下辖的所有常住居民
英　国	英国的缴费型国家养老金方案（适用于已经达到国家养老金领取年龄的人）：由固定费率的国家基本养老金、与收入挂钩的国家补充养老金［包括与收入挂钩的国家养老金方案（SERPS）和自 2002 年 4 月起对 SERPS 改革之后的国家第二养老金］，以及与收入挂钩的累进制退休福利。对于已经达到国家养老金领取年龄的人，可以支付由带有条件审查的和税收融资的养老金信贷，自愿性补充养老金方案可用于替换由补充性国家养老金所提供的福利	税收融资的国家卫生服务，覆盖所有居民。卫生服务权力交给苏格兰、威尔士和北爱尔兰等地区政府
荷　兰	荷兰的双体系：普通体系，服务所有常住居民，以收入为基础的缴费融资并以税收融资作为补充，提供固定费率的养老金，具体费率根据住户情况而定。强制性补充养老金方案，基于社会合作机构之间的协议，服务大多数雇员	健康保险法案（Zorgverzekeringswet，Zvw）：所有的居民都必须购买保险。主要有两类医疗保险政策：基于实物福利的政策和基于医疗费用报销的政策。通用大病保险法案（Algemene Wet Bijzondere Ziektekosten，AWBZ）：针对大病风险推出的通用保险。所有在荷兰领取工资和缴纳个税的居民和非居民都参保
法　国	强制性基础和补充社会保险方案，缴费融资方式，根据缴费情况和参保年限提供与收入挂钩的养老金	强制性社会保险方案，参保首先基于职业标准，其次基于居住地，通过缴纳社会保障费和特殊缴费来融资

	养老金	医疗保健服务
意大利	劳动保险一般强制性方案（Assicurazione Generale Obbligatoria，AGO）：缴费融资方式，覆盖私营部门的雇员，根据年龄和累计缴费情况这两个决定性因素来计算福利大小。特殊方案针对自雇人士，以及领取若干专项养老基金的特定岗位职工	税收融资的公共医疗服务（基于居住地），覆盖所有常住居民
西班牙	强制性社会保险方案：缴费融资方式，覆盖雇员和吸收进来的各个群体，根据缴费和参保年限提供与收入挂钩的退休金（pensión de jubilación）。特殊方案针对自雇人士	税收融资的公共医疗服务（asistencia sanitaria）

＊这是《MISSOC 2013》表格的简版。有关欧盟和欧洲经济区内所有国家的更为详细信息，包括其他社会福利体系的整合程度等信息，参见 MISSOC 网站。

二 解释

尽管大家广泛认同目前正朝着更加一体化体系的趋势发展（从专栏 1 中所指出并且在图 1 和表 1 中所总结的意思来看），但是对于背后的原因，以及在不同国家中原因是否相同等，共识仍然不足。本文只想对不同学者所提出的各种原因进行罗列，而无意去判断这些原因的相对重要程度（考虑到朝着一体化体系发展的国家轨迹的复杂性，这样做也是徒劳无益的）。

过去上百年时间里欧洲各民族国家的权威决策机构加上欧盟理事会（在 1957 年欧盟诞生之后）所做出的数以千计的政治决策，已经形成了通往一体化体系的轨迹。我们需要的是用理论来解释为什么不同时期的政治家在这个政策领域里做出了那样的决定，而不是做出了其他决定（或者根本没有做出决定）。这意味着要识别权威政治决策背后的因素。在文献研究中提到的因素归纳起来有三大类：远因、中因和近因。远因因素是指社会经济背景变化，这种变化会改变社会风险结构，或者改变各种风险抵御制度的能力以提供能抵御各种新旧风险的社会保障。远因因素增加了统治者考虑社会福利措施的可能性。中因因素是指政治决策体系特征、政治精英之间的思想共识重合程度、思想的国际传播情况、欧盟作为体系协调推动者的重要性，等等。中因因素可能阻碍或加速远因因素对政治决策的影响，或者通过特定机制引导远因因素的影响。近因因素是指政治领袖特点、他们的政治对手，以及无论何时做出具有里程碑意义的政治决定都不可避免要产生的各种策略考量等。近因因素对于具体政治决策的影响最为直接。例如，在德意志帝国的俾斯麦和其他强大政治势力之间发生的冲突和妥协，影响了德国第一个社会和医疗保险立法的具体设计。① 第二部分回顾了在文献中已经提到的各种远因因素和中因因素，并且简要评价了它们的作用；然后，举了几个近因因素重要性的例子——影响决策者建立统一的福利体系的三个层面的因素。

远因
增加统治者考虑社会福利措施的可能性

⇕

中因
阻碍或加速远因因素对政治决策的影响，或者通过特定机制引导远因因素的影响

⇕

近因
直接影响具体政治决策

权威欧洲决策机构决定出台或改变社会福利体系，最终结果是更广泛的覆盖和更整合的体系

图 2 影响权威政治决策的远因、中因和近因因素

（一）远因因素

1. 工业化和伴随的城镇化

这是对学生们所面临的社会福利体系基本问题的一个最为普遍

---

① 对影响权威政治决策的远因、中因、近因因素进行区分是受健康变化研究的启发。在解释健康和死亡差异时，习惯上要对决定健康的远因、中因和近因决定因素进行区分。远因健康决定因素要从宏观层面的社会结构和环境背景去找，可以将其描述为使人易受更大或更小健康风险的背景因素（这等于是说远因因素或政策决定因素增加了统治者考虑社会福利措施的可能性）。中因健康决定因素作为远因因素的缓冲，或者作为中间变量来运作，通过各种机制对远因健康决定因素的负面影响进行引导。近因健康决定因素对突然促成身体疾病或其他不良后果的生物过程或情境事件具有最直接的影响。进一步阐述参见 Dahlgren 和 Whitehead，1991。

的经典回答：为什么在根本上有相似之处呢？各个国家都建立了社
会福利体系，这些国家具有不同的历史，以不同的方式进行权威的
政治决策，并且由具有不同思想信念的政治精英们所统治。从表面
上来看，根本就不要指望这些政治精英们所追求的任何福利体系
（或更一般地说是政治动机）之间会有任何相似之处。然而正如这篇
短文的第一部分以及关于这一话题的大量著作所证明的，各个国家
（不仅限于欧洲国家）社会福利体系的大致轮廓有着惊人的相似之
处，当然，尽管没有哪两个国家的体系是百分之百相同的。为什么
在根本上有相似之处，而不是五花八门呢？工业主义逻辑的观点认
为，工业化和伴随的城镇化通过引入新的风险（例如工业意外伤害）
或通过切断工人和他们农村故土之间的联系（在农村他们可以依赖
非正式的社会保障安排来应付风险）改变了人口的风险结构。这些
变化刺激了对诸如社会福利体系等新的风险抵御制度的普遍需求。
讨论这一理论的经典文献包括 Wilensky 和 Lebeaux 1956，Wilensky
1975，以及 Flora 和 Heidenheimer，1981。

2. 传统风险抵御制度的弱化

与工业主义逻辑的观点紧密相连的是这样一个假设，即工业化
和伴随的城镇化给人们带来了"文化现代化"，这会削弱对传统社团
中的风险抵御制度提供有力支持的社会规范，而传统社团中最重要
的就是大家庭和村社。这些非正式制度通过将个人风险分散到一个
更大的风险池（家庭和村庄）来防范社会风险，这与以市场为基础
的私营保险体系将风险分散到所有付费会员，或者强制性公共体系
将风险分散到所有参保人（或者更一般地说是公民）是一样的方式。
当传统风险抵御体系变弱，对替代品的普遍需求就会上升，想要维
护或夺取权力的政治精英就会推出社会福利体系来响应这种需求。

Baldwin（1990）针对 1875—1975 年斯堪的纳维亚国家、德国、法国和英国等国社会政策发展的分析，正是以这一假设为基本前提，但是 Baldwin 主要关注政治精英们实际上是如何对这种日益增长的需求做出反应的。

3. 福利需求对 GDP 增长和收入的弹性大于 1

这也是同一主题的另一版本。工业化的成功通常导致国内生产总值（GDP）的增长和平均收入的提高。随着食物和住房等直接需求得到满足，人们越来越希望防备未来的不确定性（例如失业、患病或年老体弱等）。在经济学家们中间，将这种偏好表示为福利需求的收入弹性（或叫恩格尔弹性，德国经济学家恩格尔首先发现了这种偏好）大于 1：收入增加百分之一会导致社会保障需求增加超过百分之一。这一理论用于解释福利开支上升这一令人费解的规律，即"瓦格纳定律"：随着国家变得更加富裕，GDP 中用于社会福利的比例有增加的趋势（Kuckuck，2012）。

4. 私人保险市场的市场缺陷

这是同一主题的另一个特色。从理论上讲，增加的社会保障需求可以交由私营保险市场（自愿性养老保险、医疗保险等）而非国家（以强制性社会福利体系的形式）来解决。不过，正如 Nicholas Barr（1992，1993）所述，保险市场存在市场缺陷，从而妨碍了人们对这种需求的满足。Barr 关于市场缺陷的完整列表因为太长而无法在此一一罗列，但最重要的有逆向选择、风险的相互依存和风险近乎等于 1。逆向选择倾向于吸引高风险而将低风险客户逐出市场，从而导致有限覆盖或保险公司破产（健康保险就是一个例子）。风险的相互依赖使得无法准确计算个人保险缴费，而这则是建立一个良好运行市场的先决

条件（失业风险和传染病风险就是例子）。风险近乎等于 1 也使得很
难提供保险服务，因为保险只能在风险已经显现之前购买（既往病
史、遗传性疾病或先天性障碍就是风险近乎等于 1 的例子）。在自愿
的、以市场为基础的体系下，人们（人口中不容忽视的相当大一部
分）会转而直接诉求于政治舞台。政治家因为拥有采取强制性覆盖的
权力，加上收税的权力而不必依赖自愿性缴费，因此能够避免这些
问题。

5. 更强大的国家和日益货币化的经济

这个因素涉及日渐增强的国家实力，它与前面三个因素也有很大
关系。为了向空前扩大的公民群体提供社会福利（即全民覆盖），国
家必须具有这样做的组织能力和制度能力。国家实力的增强是由经济
货币化的提高促成的，另外也是工业化和城市化的副产品。在货币化
的经济中拿出必要的收入来资助社会福利安排比在传统自给自足的经
济中这样做要容易得多，因为对收入现金流征税比对例如农庄里的几
只羊或几个胡萝卜进行征税要容易得多。在国家具有财政和行政能力
来运作社会福利体系（或至少对其进行监督，或交给私人进行管理）
之前，国家无法满足对社会福利体系日渐增长的普遍需求。这种说法
不但有助于解释社会福利体系的兴起，而且还可以解释它们为什么没
有遍地开花。弱国乃至失败国家缺乏运作社会福利体系的制度能力，
或至少不会达到广泛的（全民的）规模。

6. 人口结构转型

世界上几乎所有国家都出现了生育率下降和寿命增加（Lindstrand
等人，2006，124 ff）。2012 年，在有数据可查的 199 个国家中，有 79
个国家的总和生育率低于 2.1（Gapminder. org），其中包括除冰岛之外

的所有欧洲国家。生育率低于2.1，意味着从长远来看人口将开始下降，在俄罗斯等一些欧洲国家已经出现人口下降（前面有提及）。出生队列变小和寿命延长推高了平均年龄。在德国，1992～2012年平均年龄由38岁增加到45岁（前面有提及）。欧洲人口的老龄化意味着老年性失业、生活不能自理和年老体弱等风险的增加。同时，家庭变小也减小了家庭抵御上述风险的能力，从而带动了对其他社会福利服务提供机构的需求。女性寻求正规就业的趋势目前也是一个世界性的现象，可以通过加强劳动分工来提高经济效益，但是同时也进一步降低了家庭的护理能力，刺激了对其他护理服务提供机构的需求。

7. 去工业化：转向服务经济

特别是在1990年以后，这成为一个影响欧洲福利政策的最新因素。整个欧洲的传统行业都在下滑，取而代之的是一小部分高回报的知识型产业，以及包括卫生、教育和社会服务等在内的较大部分中低回报服务行业。从工业化转向去工业化给欧洲大陆国家的社会保险传统带来了挑战。衰退产业往往是那些具有成熟社会保险体系的产业，因此相比其他产业有着更高的间接劳动力成本。去工业化威胁着缴费制社会保险体系的财务生存能力，特别是当他们的职业基础建立在旧有的下滑性产业上（Baldwin，1990；Palier，2010a）。也就是说，除非新的未来职业（在新兴产业和服务业中）愿意被纳入或可以被强制纳入到旧的社会保险体系中，才不会威胁到缴费制社会保险体系。

8. 第二次人口结构转型

一些人口学家声称，在第一次人口结构转型（以每名妇女生育2.1个孩子的生育率）完成后，国家进入第二次人口结构转型（Kaa，1987）。第二次转型以持续下降的生育率和不断变化的家庭形式为特征。婚外生育增加，离婚率上升，同居（其比婚姻的分手比例更高）增多，非传统家庭形式增多，孩子们的成长环境越来越趋向于更加多样化且经常变化的家庭形式中。所谓"第二次人口结构转型"是有争议的，因为其特征更多是社会特征而非人口特征。不过，所有的欧洲国家越来越多地经历了这些变化。无论将其打上什么标签，这些社会变化毫无疑问改变了人口各个群体（尤其是儿童）的风险，并进一步降低了家庭的保障能力。

上述因素的重要性在研究福利体系的学者们中间几乎毫无争议。它们既是政治精英们为自己实现当选或连任需要努力解决的挑战，同时也是他们由于国家实力提升而赶上的机遇。不过，为什么统治精英选择了某一特定的社会福利体系而非其他，以及为什么各国面临着似乎类似的社会和经济挑战但却有着不同的改革时机。关于以上这些，上述这些因素还不能很好地解释。这是中因因素研究的目的。

（二）中因因素

1. 政治精英们之间的共识——尤其是关于国家整合

欧洲各个国家由不同思想派别的政治精英们所统治。长期以来，代表着不同世界观的保守派、基督教民主派、自由派和社会民主派的精英们最终都无一例外地出台或支持覆盖大部分或全体公民的强制性社会福利体系。这表明精英们除了坚持自我世界观的判断以外，还存在不同世界观之间的共同判断。限于篇幅，这里仅对存在的共同判断进行讨论。这涉及为什么大家都倾向于进行国家整合，而这是出台或支持社会福利体系的一个驱动因素。

从德国开始，对国家整合的诉求推动了俾斯麦最初针对蓝领工人的社会保险立法。俾斯麦的外在动机是为了提升强大的并组织良好的城市产业工人对国家的忠诚度，并且借以打击当时的革命社会民主党。鲜为人知的是，其动机也是为了将德国这样团结起来（Kuhnle 和 Sander，2010）。通过与丹麦的 1864 年战争和与法国的 1870 年战争，一直到 1871 年德国才实现以柏林为首都的国家统一，而俾斯麦是负责推进国家统一的关键人物。德意志帝国由 27 块领土构成，其中大多数领土此前是由自己的王室家族统治。国家面临重回分裂甚至混战的危险。一套国家层面的社会保险方案就像给了原有领地的公民一颗定心丸，有助于维系新建立的国家。

社会民主派的精英们开始时反对社会立法，将其视为保守派精英们打击工人阶级革命热情的图谋——这当然是一个动机。不过，当他们自己手中有了权力（通常是在选举权的全面铺开之后），他们又进一步扩大了社会福利体系，且往往以团结所有社会下层公民（不仅包括工人）为名义（Stjernö，2009）。瑞典的社会民主党（例如瑞典的首相 Tage Erlander，1946—1965 年在任）使用"人民之家"（folkhemmet）一词来描述他们关于福利国家的愿景。将国家建成"人民之家"毫无疑问是对国家整合的诉求，但它是基于社会民主派而非保守派的表述。

在德国南部以及南欧，天主教社会教义的影响也引发了同样的方向。在罗马，仅仅在俾斯麦立法颁布的两年之后，教皇利奥十三世便推出了颇具影响的 1891 年通谕（即罗马教皇的信件）"新通谕"（Rerum Novarum）。在通谕中，利奥在英式曼彻斯特自由主义和资本主义的社会主义批判之间走中间路线（Coleman，1991）。利奥关注的是国家与个人之间的中间机构，如家庭、工会、行会，以及天主教会本身。利奥认为，这些位于层级状态和原子化市场之间的中间机构在提供社会保障，从而促进社区和社会融合方面具有重要意义。"新通

谕"以及后来以同样模式出炉的通谕，例如 Quadragesimo Anno
（1931），为允许工会、雇主联合会以及其他自愿性组织运行社会保险
体系提供了依据，而非认为它只是国家或市场的责任。天主教社会教
义对基督教民主党的影响最大，而该党在意大利和德国都很有势力。
它还影响西班牙和葡萄牙的佛朗哥和萨拉查的独裁政权。相比之下，
北欧的统治者，特别是斯堪的纳维亚国家和英国，早在 16 世纪就已经
与天主教会决裂并转而建立了新教国家控制的教会。这表明当现代社
会政策出现在 19 世纪末和 20 世纪的政治议程上时，天主教社会教义
的影响对北欧国家来说可以忽略不计。这可以部分解释为什么相比于
在南部欧洲大陆特别强势的社会保险传统，国家提供的全民社会福利
体系在（新教徒的）斯堪的纳维亚国家特别流行。促进社会整合是两
种欧洲社会福利体系类型的共同目的，但是"整合"准确解释有所不
同，区别在于是南欧的更多以社会团体为中心，还是北欧的更多以国
家为中心。

　　罗马北部和西柏林，活动于巴黎的教授 Emile Durkheim（埃米
尔·涂尔干）——现代社会学毫无争议的创始人——有着他自己的政
治影响力。某种程度上，可以将涂尔干的观点看作是天主教社会教义
的世俗版本。在他最有名的一部著作《自杀》（1897）的最后一章，
涂尔干提出要加强处于国家与个人之间的工会和其他中间机构的作
用，赋予它们养老保险和相关社会保障体系的职责。在他几乎是同样
有名的著作《社会中的劳动分工》的第二序言中，他重申了社会工程
中这种有意为之的想法。涂尔干认为，工业化和伴随的文化现代化趋
向于破坏社会结构，把个人变成自由流动的社会原子。这意味着社会
规范被削弱并导致"失范"：这种精神状态会增强反社会行为和自杀
的风险。根据涂尔干所述，失范的发生率在新教社区尤其大，因为新
教与天主教相比是基督教中一个更加个人主义的分支（在《自杀》中

最有名的发现是新教徒往往比天主教徒更频繁地自杀）。将历史时钟拨回到更加面向社会团体的宗教观点很难作为一个选择，但是提升处于国家和个人之间的"现代"中间机构可以成为一种手段，来修复围绕每个个体的社会网络。涂尔干关于社会整合的版本，其观点在共享一个世俗世界而不是天主教世界观的政治精英们中间是有影响力的，并且帮助了在文化上较少由天主教占主导地位的国家（比如法国）巩固其社会保险传统。

最后在英国，威廉·贝弗里奇和 T. H. 马歇尔有着类似的影响，但是他们的建议更多是以国家为导向。在战时的伦敦，身为公务员（也是自由党成员）的威廉·贝弗里奇提交了政府工作报告《社会保险及相关服务》，呼吁由国家提供涵盖所有主要社会风险的全民最低福利。该报告影响巨大。1942 年，排队索要这份报告复印本的民众塞满了几条街道。战后，伦敦经济学院社会科学系主任 T. H. 马歇尔写下了可能是社会政策学者有史以来写过的最有影响的一篇文章《公民与社会阶层》（1950）。在这篇文章里，马歇尔认为，贝弗里奇福利法案代表的是早在几个世纪以前就开始的一个历史进程的最后阶段，这一进程先是赋予公民权利，继而是赋予政治权利，最终是赋予经济和社会权利。马歇尔的理想范式是自主公民，即：人不依赖于对一些（封建）统治者的支持而生活。作为贝弗里奇，他强调社会福利和服务（包括教育）作为公民合法权利的重要性，这种权利不会因为统治者的一时好恶而被随意撤回，也不会让权利的接受方成为依赖于国家机器中的统治阶层的善意的下等顾客。马歇尔的理想社会是由独立公民组成的，独立公民有权让他们的统治者负起责任，而且他们不依赖于统治者的任何善意而过活——即使他们需要从同样的统治者所提供的福利体系中拿钱生活。这是一个具有明显个人主义风格的社会图景，但它更是一个一体化社会的图景。对福利和服务方面强制性合法权利的强调（相比于向有此需求的人们任意施舍），意味着马歇尔完全认同国家对社会福利体系的直接责任——即需要出台强大的法律制度。这与在斯堪的纳维亚国家的福利体系中发现的国家倾向是一致的，并且在北欧的体系中更为普遍。

冒着讽刺根深蒂固的信仰体系的风险，天主教社会思想强调的是，穷人总是与我们同在（马可福音14：7；马太福音26：11）。穷人的一个需要履行的社会角色，就是向社会中的其他成员展示对自己同胞同情的必要性。给穷人施舍（慈善），无论是通过个人还是国家，都是社会成员之间表达同情的标志，因此也是社会整合的标志。然而在新教的社会思想中，接受施舍是让人感到羞辱的一件事情。这表明你是受别人的意愿所支配，而不是一个独立的个体。一体化的社会意味着要通过尽可能地消灭贫困来消除对慈善的需要，或者至少要给予公民有关福利和服务的合法权利以防他们变穷，从而不损害他们的独立自主。这种（略带讽刺的意味）差别说明了天主教和新教在信仰体系上分别具有的社会倾向和个人主义倾向。①

总之，以促进国家整合为目标是欧洲社会福利体系演变的共同主题，不过"一体化"的确切含义与优选的制度安排是不同的。最近，消除社会排斥已经成为欧盟层面社会政策文件的明确目标。这一概念在20世纪90年代初的欧盟委员会报告中首次出现（Atkinson 和 Davoudi，2000）。欧盟内部关于"社会排斥"含义的说法相差很大，但它是一个比贫穷更加多维的概念。排斥不仅是经济上的，还有社会上、文化上和政治上的内涵。欧盟对社会排斥的关注与它对劳动力市

---

① 从神学上讲，贫穷可以解释为是不被上帝所眷顾，特别是新教的加尔文教派一支。这种说法对现代社会学另一位创始人马克斯·韦伯（Max Weber）的名著《新教伦理与资本主义精神》（1904）一书中观点的形成非常重要。韦伯认为，早期的（新教徒的）欧洲资本家甚至在已经变得富有之后仍然继续投资和积累资本，而不是放松身心和享受生活，是为了死后得到上帝的眷顾。

场整合的关注有关。其假定是工作会促进个人独立（马歇尔式的说法），而且相比于日常生活，工作能够更好地将个人与社会网络紧密联系起来（涂尔干式的说法）。这一假定是否正确实际上是一个实证问题。不过，这一假定表明了欧盟对社会排斥的关注与欧盟对"积极的"社会福利政策和社会投资的支持有关（参见第一部分）。

2. 竞争选票

这是对走向一体化体系和更广泛覆盖的更加老套的解释，尽管它是对上述共识的补充而不是否定。这一说法最初是由瑞典学者沃尔特·科皮（Walter Korpi）在他的著作《民主的阶级斗争》（1983）中提出，也就是随着普选时代的到来，大多数选民都能自己投票决定社会福利方案。政治精英们通过对自己的思想世界观进行微调或再安排以满足大多数选民的需求，从而能够实现当选或连任，谁不这样做就不会被再次选上。科皮认为，强大而统一的社会民主党（像在瑞典那样）在这方面尤其成功。不过，实际上并没有任何理论上的原因支持"除社会民主党之外，其他派别的政治精英们应该都无法做到这样"的假设。事实上，如第一部分所述，福利体系的整合和覆盖范围的扩大也发生在社会民主党派不发挥主导作用的欧洲国家（Schmidt, 2010）。特别是欧洲的基督教民主党派，往往与社会民主党派一样热衷于扩大社会福利的覆盖面和提高体系的整合度（Stjernö, 2009）。随着人口中较为贫困的阶层也掌握了选票，从政治精英们的角度来看，他们控制了权力资源。因此，对关心当选和连任的精英们来说，为贫穷和无组织的群体提供资助以换取他们的支持就显得非常重要。随着建立在不同思想观点之上的各个党派将他们的思想框架"拓展"到能够吸引大多数的选民，我们也可能观察到这一过程中政治理念某种程度上的混杂。关于这种解释的进一步研究，参见 Overbye, 1995 以及参考 Meltzer/Richard 和 Mueller 1989 的假设（另见第三部分）。

3. 第二次世界大战留下的长久阴影

战争是富有戏剧性且通常无法预测的事件，它能颠覆社会科学关于历史轨迹的预测（Castles，2010；Kuhnle and Sander，2010）。第二次世界大战（1939~1945）对欧洲福利政策的影响是在战前很难预见到的。本文已经提到，成立欧盟以及建立欧盟法规以协调整个欧盟国家的社会福利权利，部分是源于希望能够限制欧洲境内下一场灾难性的战争风险。是否欧盟会一直存在而不会发生战争仍值得怀疑。再举一个例子：战争结束后，威廉·贝弗里奇（William Beveridge）在1942 年报告中对建立从摇篮到坟墓的福利国家的呼吁，也在除英国之外的其他欧洲国家产生了巨大影响力。造成这种情况的部分原因是，大多数战后的欧洲精英们在战争中曾流亡伦敦，因此更加受到英国社会政策辩论的影响；否则，可能会是另外一番景象。

战争还会增加对社会福利体系的普遍需求。在战争中，人们面临受伤、残疾和死亡的风险增加，而且对于整个社会阶层来说风险更加随机。这促成了"我们都在同一条船上"的意识，并且加强了社会福利措施的普及（Titmuss，1955）。战争还颠覆或摧毁了市场化的保险体系所依赖的金融市场，进一步刺激了对公共福利的需求。战争还能增加国家满足这种需求的能力，为了帮助国家赢得战争的胜利，对战时高税收的接受程度增加了。一旦公民习惯了高税收，也就更能在战后将其维持在高位。Peacock 和 Wiseman（1961）通过对战后英国的研究对这种假设提供了实证支持，尽管最新研究对战争和战后税收增加两者间的直接联系提出了质疑（Nullmeier 和Kaufmann，2010）。

以下是对"我们都在同一条船上"这一说法的有趣补充。公共社会福利体系以相同的费率向每个人收费，并且以相同的方式来对待每一个人，在长期的和平时期这种做法的受欢迎程度最终会下降。如果长时间持续和平，社会风险变得更加可预测，人们就更能够判断他们或他们家人存在的风险高低，从而会刺激由于认为所受风险降低因而应当降低缴费或税收的需求，或者想要接受更高质量的服务和福利。长时间的和平也会让私营保险市场做得更加精致，能够满足大部分人的安全保障需求——特别是对低风险群体。欧洲正在经历这一大陆有历史记录以来的最长和平时期之一（从1945年直到2013年），只有一些局部例外（如1991~1995年和1998~1999年的南斯拉夫战争）。巧合的是，自20世纪90年代初期以来的这一时期，目睹了政治家们对社会福利体系进行大力调整以适应多样化需求，而不是采取千人一面的方式，并且在提供社会、医疗和教育服务的制度类型方面还允许更大程度的多样化（Anttonen等人，2012；同时参见第一部分）。虽然有主观臆断的风险，这可能是第二次世界大战的长久阴影行将结束的标志。

4. 经济衰退的影响

大的经济衰退是另一种类型的"黑天鹅"事件（Taleb，2007）。至于战争则通常无法事先预知，但却可以对后续的政府政策产生巨大而持久的影响。20世纪30年代的经济衰退对公共福利政策的影响是有据可查的。正如第一部分所提及的，挪威的失业保险体系在工会成立的共同失业基金因不可预测的失业率上升而破产后，被收归国有。凯恩斯主义的反周期支出，包括失业福利作为自动稳定器的想法，都是走出经济危机的办法。1936年的美国综合社会保障立法是经济危机如何改变政府福利政策的最为波澜壮阔的案例。

5. 已经建成的社会福利体系的影响

国家建立第一个福利体系的同时，也形成了一套处理社会问题的方式。这些体系由管理人员来运作，他们以"自己"处理社会问题的方式而成为这方面的专家。这些管理人员通常是执政的政治精英们在必须应对新的社会问题时所要寻找的重要顾问。因此形成一个趋势，即第一个体系生成了特定的认知观，它会影响后来在其他福利领域的政策。它可以解释（如第一部分所示）例如为什么当寿命延长和女性就业增加导致 20 世纪 80 年代期间补贴性老年护理需求不断增长时，斯堪的纳维亚国家的反应是扩大市政当局提供的税收资助的护理服务（与他们传统上以税收为基础的福利做法是一致的），而德国的反应则是针对养老护理建立强制性社会保险体系（与德国传统上基于保险的福利做法相一致）。

第一个福利体系也产生了第一批的利益相关群体，包括维持体系的缴费者和受益者。这也会影响后来的发展。例如，将覆盖扩大到更大群体，这对以丹麦式税收资助的、附带审查条件的最低福利体系为发展起点的国家来说相对容易一些，而对德国式以缴费为基础的强制性社会保险体系为发展起点的国家来说相对要难一些。为什么呢？因为在丹麦式体系中，最贫穷、最边缘的群体（即保险术语中的"高风险"）已经在体系内，而体系外想努力加入的群体是更有权力和更好组织的群体。后者通过游说弱化或取消条件审查以使自己可以享受税收资助的福利和服务，另外还最终游说实行与收入挂钩的福利体系（Overbye，1996）。而在德国式体系中，强大和最好组织的工人群体从一开始就在体系中，任何想要扩大覆盖范围以纳入更多边缘群体（与体系内的人相比往往风险更高）的政治意图，通常都必须冲破不情愿的体系内部成员的阻力。尤其针对法国的情况，Baldwin（1990）认为之所以通过在社会保险体系中纳入新群体来扩大覆盖面是成功的，主要是因为当时的历史背景是最初的体系成员所处的行业在走下坡路。因此，他们希望纳入新兴的职业群体，以增大他们日渐萎缩的缴费人群，并且通过利用代表成熟社会保险体系的完全缴费权利，来资助大量的养老金领取人口。医疗保险体系的逻辑与此类似，而且以缴费为基础的社会福利体系尤甚。

政治家们对现有社会福利体系进行重新设计的能力也受到了现有体系中相关利益结构的影响。例如，一个颇有影响的说法认为，欧洲大陆国家的社会保险体系相比斯堪的纳维亚和盎格鲁国家的福利设计更难改革（Esping-Andersen，1996；Palier，2010a）。因为它们是部分以缴费为基础的，因此与基于税收的体系相比更难改变福利计算公式，并且因为工会和资方代表往往在董事会都有席位，他们可以正式否决对体系进行重新设计的政治意图。在 20 世纪 70 年代石油危机之后的微弱经济增长时期，评论家们经常声称是变革的阻力导致了所谓的欧洲僵化症：与斯堪的纳维亚和英美国家相比，处于高位和不断增长的社会保险缴费率在更大程度上增加了间接劳动力成本，而前者则可以在更大的税基上平摊福利成本。高企的劳动力成本导致更高的失业率，而这对其他人来说又意味着更高的缴费率——这是一个恶性循环。在欧洲大陆国家的体系中，既得利益一方更加坚决地认为应该进一步锁定现有福利的设计，因此无法打破这一恶性循环。现在在该领域的欧洲学者中间，最具影响力的分析方法是有关福利政策发展的新制度经济分析等。传统研究在 Paul Pierson（2000）的颇具影响的文章基础上也有了发展势头。不过，最新研究表明，现有福利体系对于其后政治策略的影响被夸大其词了。Bruno Palier 及其同事们合写的一部题为《向俾斯麦说永不再见》（2010a）的划时代作品显示，过去 20 年间欧洲大陆福利体系的设计已经发生了重要变革，包括扩大税收资助的、以激活为导向的最低保障体系，以及转向家庭福利和服务等。

新制度主义者往往声称福利政策存在"路径依赖"，这意味着现有系统的结构完全决定了政治家们的行动范围。这是一种夸张的说法。Palier 等人的研究（前面有提及）表明，除了像战争和经济衰退等"黑天鹅"事件具有使现有体系偏离轨道的能力以外，政治家们以及相关利益者的代表们也能够不断学习并推出实质性的重新设计方案。福利政策会受到路径的影响，但决不会依赖路径的。

6. 国家的结构

新制度主义理论的一种观点认为，决定不同福利体系发展的主要因素是国家的结构，而不是现行社会福利体系的结构（Amenta，2003；Immergut，2008）。Evan，Rueschemeyer 和 Skocpol 的 *Bringing the State Back In*（1985）（《把国家带回》）是这方面的第一部重要著作。该理论中一个经常使用的说法是，联邦制国家通过福利立法比形成单一制国家更为困难，因此通过的税收和开支类型的福利立法最少（Iversen，2010）。其原因是，在联邦制国家，地方精英们对联邦的决策可以有否决权。单一制国家的政治精英们则不需要与地方精英们进行协商和妥协，至少不是正式的。

至于其他的新制度主义理论，凭直觉也可以认为，因许多潜在"否决点"而导致的复杂国家决策过程会延误福利立法，并且影响到福利设计的最终通过成为法律。但是更为困难的立法程序并不代表是不可能的。甚至在美国这样一个世界上最饱受否决权缠身的联邦决策安排的国家之一，最终在 2010 年通过《平价医疗法案》设法保障了全民医疗（提醒：由新法反对者所控制的美国各州对新法的不情愿实施有可能会破坏《平价医疗法案》），这也进一步说明了美国决策系统饱受否决权缠身）。

7. 超国家组织的影响

本报告的第一部分指出了欧洲理事会和欧盟如何影响了整个欧洲国家社会福利方案的整合。通过为不同国家讨论福利政策提供共同的用语，非约束性建议形式的欧盟"软法"和开放式协调方法（OMC）也影响了欧洲的社会政策。向"社会投资福利国家"的转变也受到欧盟行动计划和各种报告的影响，其中包括2000~2010年里斯本战略报告。而设在卢森堡的欧洲法院则通过积累的判例法，成为福利服务进行跨国供应的催化因素（Davies，2006）。

对于以欧元作为共同货币的国家，欧盟还通过共同的欧洲中央银行的政策以及稳定与增长公约中制定的规定间接地影响着欧洲福利改革的步伐和类型。共同货币使成员国无法通过货币贬值来解决贸易失衡问题。在稳定与增长公约中规定的政府债务和赤字开支的上限使成员国无法使用凯恩斯的需求刺激理论（印钞票）来克服经济衰退。欧盟已经为帮助深陷危机的国家做出资金安排，国际货币基金组织（IMF）也提供了更多的资金。不过，这些资金对于像美国这种体量的联邦制国家来说只能说是杯水车薪，而且它们还要回应贷款国的"主动性要求"对深陷危机的政府进行条件评估。实际上，对欧洲深陷危机的欧元区国家来说，唯一的政策选择就是进行结构调整，包括重新设计社会福利体系（Tsoukala，2013）。关于当下经济危机影响的初步印象表明，欧盟对进行中的结构变革起到催化作用，只是在危机来临之前结构变革更加缓慢（Streeck，2010）。这些结构变化包括上述的养老金福利的缩减、在医疗保健服务的提供上更多地使用买方—供应商模式和外包、在最低保障体系中更加注重履行主动性要求，以及福利和服务可能转向更多地服务于工薪家庭和儿童而非老人等。

8. 思想和政策学习的国际传播

思想和政策学习的传播既发生在欧洲范围内的国家之间，也发生在更广泛的全球背景下。第一部分中所述的德国强制性保险做法和丹麦税收融资的最低福利做法的传播是这种传播过程的早期例子。来自欧洲外部的政策启发的例子包括 1936 年美国的社会保障立法和 1981 年智利的强制性资助固定缴费养老金体系。不过，在某种意义上理念和政策改革都只是"半成品"，它们还需要通过国家实施过程来转化为实践。通过对该过程进行研究发现，新理念的有些方面往往"在转化中丢失"（Rovik，2007）。新与旧的契合总是需要新理念的布道者和旧有做事情方式的捍卫者之间进行谈判协商，不仅是在立法层面、行政层面，还有交付层面。没有哪两个欧洲国家实施新理念的方式是完全相同的，包括最近实施所谓社会投资福利政策的过程。

9. 全球竞争加剧

关于全球竞争加剧对欧洲社会福利体系的影响，各种观点混杂。负面观点认为，全球竞争加剧导致福利开支竞相走低的情况更加普遍。这种观点的前提是将社会福利体系仅看作是一次性消费项目，它增加生产成本但却没有任何生产力提高效果。相反的观点则认为，社会福利体系以各种方式提高生产力和国家竞争力，常见理由包括：（1）失业福利使工人有更长时间可以找到好工作，因此使劳动力供求之间能够更好匹配；（2）福利体系减少社会矛盾，因此创造了更安全和更可预测的政治环境，能够吸引到更倾向于适中的但是安全的投资回报的长期资本；（3）替代强制性社会福利体系往往对职业福利体系影响更大，除非对其妥善监管，否则它们通常会限制劳动力的流动。此外，职业福利体系对于单个雇主来说代表了较高的间接劳动力成本，而强制性体系可以将这种间接劳动力成本平摊到要比这个大得多的纳税人群体。

还有第三种观点认为，某些社会福利体系可能比其他体系更能提高生产力，而且国际竞争加剧的可能影响是促使政治上重建福利计划，而非废除或扩大它们（Glennester，1999；Overbye，2001a）。有关"社会投资福利国家"的最新走向，表明这一观点有一定道理。养老金领取年龄的延后、福利计算公式和指数收益的降低、试图提高医疗保健服务的交付效率，以及福利体系中的"积极性附加条件"，都可以看做是在试图增强欧洲社会福利体系的生产力促进作用。

自从斯堪的纳维亚小国将基础广泛的社会福利体系与非常开放的市场经济体结合起来之后，学者们对斯堪的纳维亚福利国家进行了特别仔细的研究。诸如 Katzenstein（1985），Rodrik（1997）和 Garrett（1998）等学者认为税收资助的、基础广泛的福利体系实际上是斯堪的纳维亚的经济体特别愿意向经济全球化开放的原因。全民福利体系作为代表了政府的可信承诺机制，不会让那些在全球竞争中失败的人（经历破产和裁员）从此一蹶不振，而是让他们从成功人士那里得到补偿。后者支付一般性税费来支持基础广泛的福利和服务，以补偿那些失败的人。税收资助的全民福利国家以这种方式限制了贸易保护主义的吸引力，让统治精英们避免采取保护主义措施，同时无须担心大量选民的流失。高度参与全球竞争的结果是刺激整体经济高效运行，从而使高税收可持续。这种情况在依赖于以缴费为基础的社会保险体系的国家相对较少，特别是在职业覆盖面较窄的情况下，因为日益加剧的破产风险会危及有限覆盖型社会保障体系的生存。这是非常有趣的理论，直觉上是成立的（至少对于北欧人来说），但是难以设计出可靠的实证检验。为什么北欧国家成为高收入国家，并且比较顺利地经受住了欧洲经济危机，对此也有另外一种替代性或补充性的解释。

其中一个因素是对教育的大力投资，使得斯堪的纳维亚国家的高技能
劳动力要比许多其他高收入国家的劳动力便宜，这为技能要求较高的
行业提供了发展优势。对于挪威的情况，纯粹的运气显然也是一个解
释因素。没有人能够料到，当挪威于 1977 年将其管辖范围扩大到其漫
长海岸线以外的 200 海里区域时，数十亿美元的石油和天然气就藏在
下面。

专栏 12：从贸易中受益、帕累托更优结果，以及可信承诺问题

　　两个或多个国家之间的贸易通过更有效率的劳动分工而提高
了总产出。更高的总产出意味着贸易产生潜在的帕累托更优结
果。如果至少有一个人在交易后受益而没有人受损，则贸易产生
了帕累托更优结果。不过，在贸易的最初阶段，在每个国家内部
既会产生赢家，也会有输家。尽管可能赢家比输家多，但是只要
有人从贸易中受损，这种情况就不是帕累托更优。由于总产出增
加，赢家有补偿输家的手段。但是有手段并不能保证补偿会发生。
潜在的输家可能对自己说"是啊，没错，赢家会补偿我们，但是
在贸易壁垒被拆除以及我们的低效行业已经破产之后，我们会过
于分散和薄弱，以致无法迫使他们兑现自己的承诺"。除非今后
的赢家可以令人信服地承诺他们将信守自己对今后输家的诺言，
否则担心失败的人对自由贸易的反对会过于强烈，从而阻碍了政
治家们消除贸易壁垒。这是一幅福利国家进场的图景。福利国家
一旦建成就无法被轻易解散，它可以作为可信承诺机制以让失败者
得到补偿，使那些害怕失败的人们因为风险较低而接受自由贸易。

经济学家 Karl-Ove Moene 和 Erling Barth 进行了几次计量分析，来

研究如何用另一理论来解释斯堪的纳维亚国家的情况。他们指出，代表斯堪的纳维亚特色的协调工资谈判导致工资差距缩小，而最低福利收入则通过增加保留工资（最低工资）进一步缩小了工资差距。这意味着生产效率较低的企业将被淘汰出局，因为它们无法承受较高的最低工资。同时，生产效率高于平均水平的企业将获得额外利润，因为与来自工资结构不是很扁平的国家的竞争对手相比，他们得到的高质量劳动力更便宜。这意味着，随着时间的推移，生产效率较低的都被淘汰，而生产效率较高的企业将获得额外资源来扩大经营（Barth and Moene，2012；2013）。

（三）近因因素

奥托·冯·俾斯麦最有名的一句名言是，"世上有两样东西，爱好者不应该去观察它的制作过程，一是香肠，二是法律"。导致更广泛覆盖和更整合体系的福利立法的通过，归根结底是一个真实的立法者在真实的大楼里做出决策的具体性事务。曾研究或参与过其中任何一个现实过程的人都会知道，法律的实际传递不仅与诸如"工业化"等远因因素和诸如"精英世界观"等中因因素有关，它还与具体的人有关。人都有自己的个人特质；对有些同事喜欢而对有些同事不喜欢；有时在重要的会议场合迟到，或者有时因为同事算旧账而在关键时刻离开人们视野；如此等等。在法律通过之前或通过期间见诸报端的难以预测之随机事件，也会影响到要做什么决定。这种因素可以被称为近因因素，因为它们与实际决策过程离得最近。

社会科学家往往存在结构性的偏见。他们忽略近因因素的重要性，认为这些因素是非常随机的，不符合任何预想的结构性方案。相比之下，历史学家沉迷于这种因素，并且在讲述"事情真相"时经常

将它们置于舞台中心的位置。我想用历史学家 Urban Lundberg 对于瑞
典在 1994～1998 年从固定福利的公共养老金体系向名义固定缴费养老
金体系转变的有趣讲述，来说明三种近因因素的重要性：政治精英之
间的策略运作、核心人物的性格，以及巧合。正如第一部分所指出的，
新的瑞典养老金体系包括未来福利根据平均寿命进行自动调整。假定
将来的政治精英们不再对体系进行改变，则这种做法有可能会大幅减
少未来的养老金支出增长。瑞典的创新性改革已经为挪威和意大利的
类似改革提供了借鉴（一个思想传播的例子），其他一些国家也正在
作此考虑。

1. 政治精英之间的策略运作

瑞典的养老金改革由一个高层级、跨党派的工作组来准备，该工
作组于 1992～1994 年召开多次会议。Lundberg（2001，30～31）描述
会议情况如下："对于养老金委员会的工作方式，达成妥协的意愿非
常明显，在我的采访中我将其形容为亲密无间且相互信任（'fortroen-
defull'）。当时的想法是首先在委员会内部取得一致同意。然后，再将
共识锚定各个党派的领导层。这之后才向大众媒体和社会公众通报。
（大家一致认为）如果要改变养老金的基本原则，没有人会赢……用官
方的话说，该委员会不是创建一个新的体系，而是'改革'和'完善'
原有体系并使其'现代化'。社会民主党甚至考虑将此作为参加该委员
会的绝对条件。甚至对保守党派来说，不同声音也被严格地排除掉。"①

2. 核心政治人物的性格

结果是，委员会中分别代表社会民主党和保守党的两个最重要的

---

① 该段文字是从瑞典语翻译过来的。

成员都很欣赏彼此。Lundberg（前面有提及，32）引用 Anna Hedborg 的话说，社会民主党的委员会成员这样描述她在保守党的共事成员："我认为 Margit Genser 起到了代表保守派的作用。她是一个很有条理和有主见的人。她喜欢逻辑思维。如果你用很有逻辑性的推理来挑战她，她就无法抵抗了——我也有点像这样子。Könberg（代表自由党）也有点像这样子。我们都是问题导向的，有点像工程专业人士……不知怎的，我觉得这是一个非常幸运的组合。我们除了做回自己，没有想更多其他的东西。"

3. 巧合

在该委员会中代表瑞典两个主要政党的成员彼此欣赏对方，这种情况真是一个巧合。有许多社会民主党政客不喜欢他们的保守党同事，反之亦然。Lundberg 认为，这种有益的巧合在委员会成员中间创造了"我们"这个身份，使他们决心说服各自党派领导人相信"我们"是正确的。高级别委员会成员之间的团结使他们形成了一个对付各自党派的统一阵线，这在即使以共识为导向的斯堪的纳维亚国家中间也鲜有发生，它促成了创新而激进的养老金改革。这种近因因素包含相当的随机性（运气好/运气不好），这表明在解释为什么欧洲福利体系已经随着时间推移而变得更加整合时存在近因因素带来的不可预测性因素。

（四）小结

在阿加莎·克里斯蒂（Agatha Christie）的小说《东方快车谋杀案》中，当一名男子被发现刺死在其中一节列车车厢后，侦探赫丘里·波洛（Hercule Poirot）面对的犯罪嫌疑人可以说是"一大把"。

像阿加莎·克里斯蒂的小说中通常描写的那样，在最后一章中，波洛将所有犯罪嫌疑人召集在一起，告诉他们为什么他们每一个人都有作案动机和机会，并且揭发了其中哪些人真正参与了作案。而这起神秘的谋杀案的结论是：每个人都参与了。当受害人在睡觉时，大家聚在一起集体刺死了他。同样，下面这个问题："以上因素中，哪一个能解释欧洲社会福利体系走向一体化和更广泛覆盖的趋势"，答案只能是：它们都能解释。本文的目的必须限定在介绍研究界提出的、用于解释"为什么实际建立了更加整合（如专栏 1 所指出的）和覆盖更广的社会福利体系"的诸多理论。这里无意确定它们之间的相对重要性。在一定程度上，这是对已经改变了欧洲社会的潜在风险结构、削弱了传统的安全保障供应商和增强了国家实力的远因因素进行故事叙述；在一定程度上，这是对已经形成的新的社会保障需求、政策措施推出的时机、政治精英们所能拿出的解决方案，以及他们所运作的决策体系是如何引导他们作决定等一大堆中因因素进行故事叙述；在一定程度上，这是对从首相奥托·冯·俾斯麦（Otto von Bismarck）那时起直至今天的欧洲众多权威决策机构中的任何一家在做任何决策时的具体运作和巧合进行故事叙述。

应当指出的是，尽管目前欧洲国家的社会福利体系毫无疑问处于诸如去工业化等远因因素和诸如全球竞争加剧等中因因素的压力下，但是欧洲国家总的福利支出没有任何下降的趋势。相反，至少直到2007 年为止（最新可比数据），从变异系数（标准差除以均值）在下降的意义上看，支出水平已经收敛（Nikolai，2012）。高支出国家如瑞典，某种程度上已经减少了其社会福利支出在 GDP 中的份额，而传统上精打细算的国家如葡萄牙，已经迎头赶上其他国家的支出水平。

三　影响

更加一体化的体系（相对于较为碎片化的体系）在平等、融合和公平方面都产生了什么影响呢？我们无法在这一领域进行可控的实验。因此，无法预知任何确定性的影响。本文的目的必然限定于介绍与可能影响有关的主要假设，并为目前存在的实证检验提供参考。

（一）收入平等

与较为碎片化的体系相比，一体化的体系会带来更多的平等吗？"平等"可以从数不清的维度进行测量：从生命机会或生命结果的维度，以及与职业群体、性别、种族、年龄等相关的维度。不论哪一种维度，都很难确定事实上没有出现的其他情况究竟会怎么样，也就是：如果那些走向更加一体化体系的决策没有被通过，则会发生什么呢？考虑到这个问题，则假设这些再分配的影响就存在理论上的争议。

以缴费为基础的强制性社会保险体系主要会导致个人在整个生命周期中的收入再分配，而非低收入者和高收入者之间的收入再分配。这是因为社会保险体系通常就是与收入相关的。其目标是在生病、残疾、失业或年老的情况下也能获得"惯常的生活水平"。相比之下，税收资助的最低保障体系是将收入从高收入者向低收入者进行再分配。

只覆盖劳动力中核心群体的社会保险体系（低覆盖）甚至可能会

导致逆向再分配，也就是：将收入从低收入者向高收入者进行再分配。其原因在于，那些最初能进入有限覆盖的社会保险体系中的人员很少是最低收入群体。如果该体系的部分资金来自于一般性税收，则意味着包括低收入者在内的所有纳税人都在帮助资助这一体系，其中低收入者可能是被排除在覆盖范围之外的"外部人"，而被覆盖的"内部人"都是收入比较高的群体（Titmuss，1977，26；Overbye，2001b）。即使社会保险体系完全是基于雇员和雇主的缴款，如果执行社会保险方案的经济部门受到保护而没有外部竞争，逆向再分配也可能会发生。在执行社会保险制度的部门中，可以通过较高的价格将较高的间接劳动成本转嫁到社会的其他成员身上。在后一种情况下，低收入的"外部人"通过支付比本应支付的更高的价格，共同资助了受保护经济部门中"内部人"的社会保险福利。

上述情况都涉及被覆盖的群体（"内部人"）和不被覆盖的群体（"外部人"）之间的再分配。对于每一种福利体系内再分配的方向，收入是从没有生病、失业或残疾的群体（低风险）向遭受了生病、失业或残疾的群体（高风险）进行再分配。通常高风险人群会比低风险人群更穷，这意味着在每一个社会保险体系内部都存在正向再分配，也就是将收入从生活水平最好的人群向生活水平最差的人群进行再分配。不过，也存在一个例外：老年风险（长寿）。长寿（即活得比预期的长）的风险是唯一一个高收入群体风险大但是低收入群体风险小的风险类型。直截了当地讲：富人的平均寿命比穷人更长，因此从养老金制度中受益更多。如果认为再分配效应是针对整个生命周期的收入，而不仅仅是针对年收入，则对于养老金制度，甚至在最低保障体系中再分配也可能是倒退性的。

进一步补充：向低收入群体倾斜的收入再分配情况，在以养老金为最主要社会福利体系的国家比在以保障疾病、伤残、失业等的社会福利体系更占主导的国家要少一些。

对丹麦（斯堪的纳维亚国家中关于税收资助的最低福利做法的最明显例子）和意大利（该国以缴费为基础的、收入挂钩的社会保险体系仍占现金福利主要部分，尽管其医疗保健现在主要由税收资助）做一个简单比较可以支持这些假设。2009年，丹麦的社会保障（包括医疗）支出占其GDP的32.5%，意大利是28.4%（见附表2）。在丹麦，37.2%的社会保障支出花在养老金上（只有爱尔兰比它更低），而意大利的这一比例是60.1%（只有波兰比它更高）（前面有提及）。在丹麦，在收入包括社会转移之后，贫困风险（收入在全国收入中位数的60%或以下）的降低幅度达到18.1%（贫困人口比例下降到总人口的13.1%），而与之相比，意大利的贫困降低幅度只有4.8%（贫困人口比例下降到18.4%）（见附表3）。这说明在社会转移之前，丹麦的贫困风险更高，但同时也说明在养老金不占主导地位的最低保障型国家中，再分配的倾向要高于以养老金作为总福利包中主要项目的收入挂钩型国家。

同年，在收入包括了社会转移之后，德国相应的贫困降低幅度为9.0%，贫困人口比例下降到总人口的15.5%（见附表3）。这表明德国（在北欧大陆国家更为普遍）现在通常采用的是一种介于斯堪的纳维亚国家相对公平的最低保障型体系和南欧的收入挂钩为主的体系之间的混合体系。

走向广覆盖的一体化体系的不同轨迹会如何影响到上述再分配倾向呢？这需要进一步进行研究，这已经超出了本报告的范围并且还需要有足够长的历史数据序列。但是有一个可能的影响是，在共享德国社会保险传统的欧洲国家中覆盖面从内部群体扩大到外部群体会随着时间的推移而生出更多的再分配体系。这是因为在共享这一起点的国家中，那些首先被强制性体系所覆盖的群体很少是最低收入群体，而那些在后来被逐步纳入或被平行的保险体系所覆盖的群体更经常是低收入群体。[①] 如果除了养老金之外的其他社会福利体系在总社会保障支出中的份额逐渐增加，则应该会出现更强的再分配倾向。

在起点更接近于丹麦最低保障体系的国家中，更大覆盖范围和更加一体化的体系的再分配倾向不太清晰。在接近这一起点的国家，随着时间的推移，逐渐弱化了经济条件的审查并且引入了收入挂钩型的体系（虽然在丹麦仅局限在一定范围内），这意味着针对高收入群体的福利支出在增加。因此，社会总支出的再分配效应必定会逐渐弱化。

（二）联合体系中收入更平等

有关在共享丹麦式起点的国家，高收入群体的加入削弱了整体的再分配趋势的观点，在一些学者中间引起争议，他们认为如果再分配是发生在高收入者也能从中受益的福利体系内部的话，则高收入者作为高质量的纳税人更愿意向低收入者再分配自己的资金。根据这种观点，相比于将富人排除在外的社会福利体系，联合体系（即高收入者和低收入者都在同一个体系）能产生更多的再分配。考虑到1990年后的发展情况，这一说法还是比较中肯的，因为福利水平的规模已经得到缩减而且增加了私营的补充性福利体系（见第一部分中的图1）。

Baldwin（1990）对"在吸纳了富人作为成员的福利体系中，穷人也将受益"这一假说做出了最为精彩的解释：在既有富人会员也有穷人会员的体系中，穷人由于富人的提携而享受到更高的福利。这是一幅生动的图景。不过，这一图景背后的推理则颇受争议。Whiteford

---

① 不过，这种情况在德国反倒不严重。在德国，作为第二大职业群体、同时也是高收入群体的白领职工将自己纳入了平行的社会福利体系，该国第一个俾斯麦社会保险立法的目标是产业工人（Stolleis，2013）。

（1994，61）认为，这种假设的微观基础不清晰，因为"再分配就是再分配"，只要仅为穷人建立的体系和既包括穷人也包括富人的体系两者的再分配水平是一样的，则第二个体系中富人仅仅因为自己也享受该体系的福利就会变得更加以再分配为导向其实并不明显。要理解这一点，可以想象一下有这么一个福利体系，其中收入高于中位数的每个人被征税 100 欧元，并且将这 100 欧元转给收入低于中位数的每个人。接下来，想象一下另一个体系，其中收入高于中位数的每个人被征税 200 欧元，其中 100 欧元返还给他们，另外 100 欧元转给那些收入低于中位数的人。如果那些收入高于中位数的人因为"自己也从体系中受益"而倾向于第二个体系，则一定是因为第二个体系中的再分配的能见度可能低于第一个体系。或者，正如 Tullock（1983，98ff）所坦言的：这一说法假设高收入群体不是很聪明。

在比上面所述例子更为复杂的现金福利体系中，"能见度"的说法可能有其可取之处。在收入挂钩的体系中，养老金的计算公式往往向低收入群体倾斜，Theda Skocpol 称之为"普遍性中的针对性"。这种体系中的高收入会员可能不清楚福利倾斜计算公式的情况，并且认为向低收入会员的再分配程度没有实际上的那么高。不过，如果一个人为了支持上述观点，也认为高收入者对他们作为其中成员的这种体系不了解因而"接受了"不可见的再分配做法，则这种观点不只是有问题，而且还是不道德的。这让人想起了这样一幅图景，即倾向于进行再分配的政治精英们希望向穷人进行的再分配要高于他们所预期的大多数中产阶级能够接受的程度，因此采取隐蔽的手段来实现他们的目的。这种行为可以被称为"权谋利他主义"，因为在公开的公共辩论中是不能使用"能见度"这一说法的。

相比于现金福利，这一假说在服务提供上有更强的直觉感受。你可以认为，在服务于富人和穷人两者的公共医疗体系中，富人在高质

量服务方面有着自身利益。但是在仅服务于穷人的卫生体系中，富人
在高质量服务方面就没有自身利益。这里无太大必要寻求能见度说法
的支持，或者浮现出政治精英们比大多数人更加以再分配为导向的
图景。

尽管"在同时也覆盖了富人的体系中把向穷人的再分配隐藏起
来"这一假说很流行，但是并没有任何对其进行实证检验的尝试。在
一篇屡被引用的文章中，Korpi 和 Palme（1998）在 11 个经合组织国
家的现金福利分析中表示支持这一假说（也可参见 Rothstein，2008）。
但是 Pedersen（1999）对一组不同的国家进行分析之后却发现没有这
种倾向。Marx 等人（2013）在更新了 Korpi 和 Palme 的最初研究结果
之后，也没有发现任何这种倾向。

为什么今天一体化、广覆盖的社会福利体系，无论是德国式的还
是丹麦式的体系（通过慷慨的最低福利，通过向低收入者倾斜的福利
公式，或者二者兼有），似乎都至少实现了适度的再分配？这一问题
的另一种解释是，大多数人往往比国民的平均收入水平更穷，因此简
单地从票数上就能够胜过富人（见专栏 13）。

**专栏 13：梅尔策–理查德（Meltzer-Richard）假说和"迪拉
克特定律"（Director's Law）：普选国家中关于再分配倾向的两
种理论**

普选国家中关于再分配倾向，最经常使用的理论是梅尔策–
理查德假说。该假说指出，如果实行普选制，从长远来看会出现
从收入高于中位数的人群向收入低于中位数的人群进行再分配的
倾向。梅尔策–理查德假说是基于中位选民定理，该定理指出：
"如果 x 是一个单一维度的问题，并且所有选民在 x 维度上都有一
个单一峰值偏好，则在简单多数规则（majority rule）下，中位数

位置 x^m 不会失败"（Mueller, 1989, 66）。补充一句，收入分配通常都向右倾斜，表示低收入者人数比高收入者人数更多。这意味着，中位选民的收入低于平均水平，并且如果梅尔策-理查德假说是正确的，则收入再分配将会向低收入者倾斜。

梅尔策-理查德假说的主要反方观点是迪拉克特定律（Mueller, 1989）。迪拉克特也从普选国家中"中位选民为王"这一前提出发。不过，他认为从分配的两端向中间的再分配通常比朝向其中一端的再分配更稳定。该假说认为，处于中间的大多数人会受益，而代价是两端的富人和穷人。这一假说与假设中产阶级迟早会主导社会福利体系的理论相一致（Goodin 和 Grand, 1987）。福利计算公式向低收入群体倾斜的、同时又部分由一般税收融资的（其中包括非会员的穷人在内的每个人都直接或通过增值税来纳税）、有限覆盖的以缴费为基础的福利体系可能是支持迪拉克特定律的例子。

这两个假说都假定公民的再分配偏好是比较灰暗的：每个人只关心对他们自己（可能情况下）和他们家人有什么好处。如果我们看待人的观点不那么灰暗，并且承认人们也真诚想要减轻最贫穷群体困境（即使不为别的什么原因，至少也为自己提供一个没有太多犯罪和不快的"社会空间"），则人们也会普遍支持有利于收入分布低端人群（包括那些根本没有任何收入的人）的社会福利体系。

（三）国家整合

正如第二部分所述，整个欧洲的政治精英们的一个共同动机就是通过建立社会福利体系来促进国家整合。不过，是否事实上已经加强了整合，这是一个实证问题。随着社会越来越平等，要深入研究这个问题是很难的，因为我们无法通过进行对照组实验来对其一探究竟。

"国家整合"的含义有很多。单是把政治整合和社会整合之间的区别搞清楚就很成果卓著了。政治整合主要涉及对可以威胁到政权的各个群体进行整合。社会整合涉及将每一个人整合到社会中，包括边缘群体和贫困群体等。

1. 政治整合

奥托·冯·俾斯麦的德国社会保险立法的目的是促进政治整合，而不是社会整合。他想提高强大的城市工人群体对国家的忠诚度。为了促进政治整合，将目标定为针对强势群体建立社会福利体系是有意义的，因为这些人能够带来政治威胁。事实上，最初的社会保险体系主要是迎合城市中等收入群体而非城乡低收入群体，而且目的是为了维护现状而不是最低保障。如果俾斯麦的主要目标是政治整合，这样做就是合情合理的。如果目标是政治整合，则指出这些最初的社会保险体系很可能不是专门用于再分配的，甚至有些体系可能存在倒退（如上一节中所讨论的），就成了无关主旨的题外话。简单地说：力量强大且组织良好的群体很少会是社会中的最贫困群体。它是强势群体而非弱势群体，这对政治整合来说是最重要的。

强势群体的政治整合而非最弱和最穷群体的社会整合，可以说也是紧随德国立法之后的丹麦养老立法背后的主要动机（见第一部分）。丹麦最初的税收资助、条件审查的最低保障体系惠及最贫困的老年人口——乍一看来这是一个很难对政治体制构成任何政治威胁的群体。因此，从表面上看其主要动机似乎是社会整合而非政治整合。不过，Petersen（1990）对丹麦决策过程的历史分析表明，这只是该体系的副作用，而不是主要动机。不像德国，丹麦在19世纪末绝对是十足的农业社会，农业的利益很强大。农业产业主要由独立的农民组成。农民由于数量众多并且独立于大地主，因此政治实力较强。这些农民的主要经济负担是当地的贫困救助。丹麦的养老金体系通过将当地税收资助的贫困救济改为国家税收资助的最低养老金，减轻了农民的经济负担。可以说，丹麦首相埃斯特拉普（Estrup）以这种方式试图提高人数众多且势力强大的独立农民对国家的忠诚度和对其统治的忠诚度。因此，其目标是强大农村精英的政治整合。最弱最穷老年人的社会整合更多只是一个（有益的）副作用。

像其他所有国家一样，德国和丹麦在19世纪后期都是独裁体制。统治精英们不必过于担心贫困群体的社会保障需求，特别是在他们组织松散的情况下。然而随着普选时代的到来，对有选举权的所有群体进行整合在政治上就显得更加重要。这有助于解释覆盖范围的逐渐扩大。

这些关于政治整合的最初尝试成功了吗？俾斯麦本人似乎也没有想那么多（Briggs，1961）。德国社会民主党一直广受欢迎。话又说回来，该党也失去了它多年来的革命热情而成为改革派，执意要进一步扩大社会福利体系，而不是要推翻这个政权本身。这使该政权得以幸存，直到德国王室输掉了第一次世界大战（1914~1918）并被迫退位为止。我们永远不会知道有悖事实的另一种情况，那就是：在19世纪80年代至20世纪20年代期间，如果不是统治精英们建立并在之后逐步扩大了社会福利体系，真不知道德国（以及欧洲其他地方）的政治冲突会变得有多么激烈？不过，假设如果没有出台社会福利体系，内部政治冲突就不会有那么恶劣，这种假设似乎也有违直觉。因此可以得出一个保守的结论，即尽管我们无法确信这些体系是否加强了政治整合，至少我们有理由相信，它们对政治整合没有负面作用。

还有一个相对不是很严谨的结论，即社会福利体系的广受欢迎的程度及其适应能力表明它们已经并将继续发挥对政治整合的强大正面作用。诸如 Rokkan（1974）等历史导向型学者认为，社会福利体系的出台和扩大的意义一点也不亚于欧洲国家建设进程的巅峰。这些体系现在是欧洲社会中持续时间最长的制度之一。在大多数国家，它们比目前的政治决策体系还要早。它们代表着国家的连续性。在这方面，德国的情况尤其令人印象深刻。尽管输掉了两次世界大战，遭受了多年的恶性通货膨胀，以及 1945 年后长达几十年处在两个国家割裂的情况下，但是在今天的德国仍然能够清晰地找到俾斯麦社会保险结构的印记。随着这些体系的覆盖范围已经扩大到包括所有的或几乎所有的公民，它们已经将越来越大的利益群体同这些体系的继续存在（甚至可以说，国家的延续）绑定在一起。

2. 社会整合和社会投资

"社会整合"是很难衡量的。有时用社会普遍信任水平来作为社会整合的指标，定义为公民在何种程度上相信其他人（包括穷人和边缘群体）的大多数都是善良和可靠的人。在比较性实证研究中，斯堪的纳维亚人显示出非常高的这种普遍信任水平。一些人将此归结为斯堪的纳维亚国家福利体系的全民覆盖以及对慷慨型最低保障的重视，并且认为这种社会福利设计促进了普遍信任。瑞典政治学家 Bo Rothstein（2008）是这一观点的特别强烈的支持者。其说法是，全民福利体系没有将占人口多数的"我们"与少数需要救助的"他们"区分开来，而是促进了"我们"的国家认同。不过，由于在这个研究领域进行对照实验是不可能的，因此因果箭头可能走向其他方向。也许正如政治家所揭示的，在斯堪的纳维亚国家的历史上，种族和宗教信仰一直非常同质，而且这个地方的人口早于其他地方接受了全民覆盖的社会福利体系。此外，或许斯堪的纳维亚国家政治制度的其他方面比起他们的福利安排更能解释这种高度信任水平：例如感觉不到腐败的政府机构以及公正的法律制度。在跨国的实证分析中，所有这些因素都与高度的普遍信任水平有关（Delhey 和 Newton，2005；Robbins 2012）。

因果箭头指着别的方向，意味着在种族和文化上同质的社会中，甚至穷人和一贫如洗者从一开始就属于社会学家所标记的群体内人员。多数族裔视他们为"我们的"人，而不是"他们"。"我们的"人一定要照顾好，而"他们"则必须被拒之门外或者设计一套社会福利体系以促进"他们"从此加强自律。美国的白种人多数族裔和黑人少数族裔之间存在的种族和文化差异，是因果箭头可能指向其他方向的进一步征兆。对少数族裔的不信任，导致多数族裔支持的只是针对穷人的更具惩罚性的福利体系，这是相比于他们自己的福利体系而言（即美国的社会保障和职业医疗体系）。美国学者 Charles Murray（1984）的说法是，慷慨型最低保障体系培育了具有不同行为规范的下层阶级，也就是刺激了社会解体而不是促进整合，适合于其中福利受助人被当作"其他人"的社会背景。Murray 的思想在克林顿担任总统期间对美国税收资助的最低保障体系的重新设计颇有影响，包括工作或再培训的要求，以及一个人一生中可以享受税收资助的社会福利的年数上限。美国的最低保障改革与欧洲社会政策中的"社会投资转向"之背后理念两者之间有一些共识重合之处。不过，美国的主要做法是用更大的棒来威胁穷人，而至少在斯堪的纳维亚国家主要的做法是用更大的胡萝卜来引诱他们。

欧洲社会的种族和文化同质程度正在逐渐减弱，在这个意义上可能更加类似于美国。这与欧洲的人口结构转型是相关的（见第二部分）。自 20 世纪 70 年代以来，大多数欧洲国家已经从移民输出国转而成为移民输入国。社会福利体系中来自非经合组织国家的移民人数已经过多，特别是对于税收资助的最低保障体系。不难看出在使用这些体系的人中间出现日渐增加的种族隔阂和对想要使用这些体系的人不断强调"积极的附加条件"这两者之间存在的联系。至少在斯堪的纳维亚国家，已经建立起单独的激活体系以应付新移民的需求，特别是来自经合组织国家以外的移民。

社会投资的说法和社会整合的说法交相呼应。劳动力市场一体化被认为有助于社会整合。从不太乐观的角度来看，更加强调"积极的附加条件"也可以被理解为大多数人逐渐不信任"福利接受人内心希望自食其力"这一假设的一个标志。如果有足够的内在动机，则"积极的附加条件"就没太大必要。因此，尽管"积极的附件条件"背后的动机之一是促进社会整合，但是它们的存在也可以被读作是普遍信任降低，也就是社会整合减弱的一个标志。

这些激活计划有效果吗？有越来越多评估性文献来探讨这些计划在目标实现方面是否有效，有时候使用适当的对照组。对这些实证研究的结果进行评估超出了本文的范围，但是要注意，这些研究通过两种不同的方式来开展。首先，通过提高参与者的技能，从而增加他们的就业率。其次，通过阻止那些自身条件还过得去的人提交申请——因为福利的申请人要么得接受低报酬的公共工作，要么得参加日间学校或类似机构。第二种效果很难进行实证研究。

在幼儿园、放学后日间护理和育儿假方面的支出增加，同样有社会整合和社会投资双重目的。其部分目的是将带孩子的妇女更容易地整合到劳动力市场，而另一部分目的是将孩子自身整合到社会文化中并打造"初级人力资本"。

虽然社会整合的说法和社会投资的说法两者方向是一致的，不过也许对于执政的政治家们来说，投资的说法是最重要的。在全球化的世界经济中，公民就是"国家资产"。为了不浪费这些资产，国家有兴趣提高本国公民的生产力并确保他们的工作能力没有被白白浪费，否则就会降低国家的竞争力。这就是火眼金睛的经济学家们看待最近转向激活政策和家庭整合政策的方式。不过，这些经济学家和受涂尔干启发而关注制定促进社会整合政策的社会学家之间必将存在相当程度的共识。需要承认，他们与受福柯（Foucault）启发的社会学家之间的共识较少，因为这些社会学家将有意促进社会整合的政治意图视为对人类进行自律的微妙方式，而将社会投资策略视为梳理人类自身灵魂的方式（Born 和 Jensen，2010）。

与人们的通常感受不同，最近兴起的激活型社会福利体系往往比普通的社会救助体系更加昂贵。之所以如此，部分原因是因为除了现金福利以外，政府还必须提供资源用于培训，而另一部分原因是因为现金福利本身也不太需要条件审核（见专栏 14）。

专栏 14：带有条件审查的社会福利体系与促进社会投资的福利体系天然是矛盾的？

如果申请人有其他收入来源或开始工作，则带有条件审查的社会福利计划将减少其福利。条件审查有两种形式：基于规则的条件审查，根据申请人所挣到的每一分钱来精确扣减福利；以及自由裁量的条件审查，在申请人有其他收入的情况下，由街道管理人员或社工根据专业判断来决定扣减多少福利。

两种条件审查方法都对参加工作有抑制作用。如果由于收入的增加，福利被扣减相同的金额，则在效果上是申请人要承担100%的边际税率，因此没有参加工作的经济诱因。实证研究表明，边缘群体比高收入者更多受到高边际税率的影响，或许是因为他们更少有感兴趣的工作（Aaberge 等人，1999）。

带有积极的附加条件的斯堪的纳维亚式社会福利计划通过不附带任何条件审查的福利支付，避免了这种潜在的贫困陷阱。这些福利可被看作是那些符合条件资格或整合方案的人们的"工资"。福利也比底层社会救助略高一些，以便在"积极的附加条件"未被满足的情况下能够保持有可信服的处罚；换句话说，申请人有陷入带有条件审查的底层福利的风险。相对于原有的带有条件审查的底层社会救助方案，以上设计特征进一步增加了激活计划的支出。对加入该计划的、有学龄前儿童的家长来说，免费或受资助的幼儿园也增加了成本。

（四）区域平等

在欧洲，社会福利服务的财务和管理责任往往下放给区域和/或地方当局，而不是中央（国家）主管部门的专属领域。有时，提供现金福利的财务和管理责任也下放给区域或地方当局。这就提出了一个问题，即富裕地区向贫困地区的区域性再分配应该进行到何种程度，才能确保贫困地区当局的财政能力能够为自己公民提供与富裕地区同样质量的福利和服务。

Goldsmith（1992）认为，欧洲在这方面存在着南北分割。在北欧国家，国家内部结构的组织方式可称之为"劳动行政区划原则"。公共服务（包括社会和保健服务）的提供处在最低有效行政级别。在南欧，提供本地服务的角色更经常是社会保险机构当地分支的责任。地方政府的工作比较局限。这是社会保险传统的一种体现。在欧洲大陆国家以及欧洲以外地区，将社会福利工作下放给各级地方政府也是一个日渐增多的趋势（Rodriguez-Pose and Gill，2003）。

区域平等既涉及再分配，也涉及国家融合。中央、区域和地方的欧洲精英们之间，在涉及应该如何做到财政资源均等化和做到何种程度，以及区域和地方的决策范围应该有多大时，往往出现关系紧张的情况。这个话题太大，就不在本文进行讨论了，不过下面提供一个简短的案例研究作为例子（见专栏15）。

专栏15：决策责任下放的原则：挪威的例子

为了确保公共服务更接地气，挪威管理制度规定：除非"必要"，不会将职责交给更高一级的政府。服务应当在最低有效的政府层级来提供。"有效"一部分是具备足够的经济资源，能够提供质量可接受的服务，还一部分是指具备足够的专业胜任能力。举例来说，医院经营费用很高，因为需要有规定数量的专家才能有效运营。因此，医院应当是更高一级政府的职责，而不是初级卫生站的职责。

当对下放给区域或地方政府的责任与下放给区域或地方的国家机构的责任进行区分时，问题是让区域或地方的政治考虑涉入其中是否"恰当"。如果该服务应当在全国范围内进行规范，或者应当遵循共同的规则，或者有必要进行广泛的控制，则不适合将这个责任下放给区域或地方政府。相反，应当将这个责任委托给国家机构的区域或地方分支机构。不同层级的政府对于哪个层级最"有效"以及地方/区域性政治考虑何时"恰当"在意见上有分歧，这并不奇怪。尽管如此，当讨论是否应该对某个特定任务的责任归属进行调整时，这些原则通过对争论的类型进行适当的归类，有助于减少分歧。

地方政府可以开征达到中央规定上限的地方税，以及针对一些服务收取达到中央规定上限的使用费。其余大部分资金来源于

从中央到地方和区域性政府的大笔拨款。大笔拨款的金额取决于
按规定为当地公民提供社会福利和其他服务的"必要"开支。地
方和区域性政府在被认为是必要的花费上得到补偿。如果一个地
区或自治市不能有效运行并有着高于必要的成本，则被看作自愿
性支出而得不到补偿。因此，识别出必要成本很关键。为此目的，
中央政府制作了一个成本钥匙。该钥匙由19个指标组成。指标的
选择及指标的组合方式就是为了让地方和区域性政府很难（理想
情况是：不可能）操纵指标以获得较高的大额拨款。这些指标包
括不同年龄组的人数、离婚人数、失业率、死亡率、67岁以上未
婚人口、迁入移民比例、到当地中心的行驶距离、举止文明程度、
农业方面等。这19个指标被认为是使某些城市和地区的公共服务
比其他城市和地区必然花费更多的原因。通过对大额拨款的规模
进行细分，让区域和地方政府在提供同样品质服务的能力方面大
致处在平等的起跑线上。不像专项拨款，区域和地方政府可以用
他们认为最有效的方式自由花费这笔大额拨款，以履行他们在法
律上有义务完成的任务。要确定情况是否属实，中央政府通过绩
效评估系统、通过国家监管机构、通过要求区域和地方政府部署
自我评估系统，以及通过确保各项服务的用户都有向更上一级管
理人员、法院和监察员提起申诉的机会，来监督区域和地方政府
的工作成效（Vabo和Overbye，2009）。

　　总之，按照新公共管理的原则，要像对待中层管理人员那样
对待区域和地方政府。他们不再受制于来自上级的、具体的、层
级性指令，这种指令留给地方的调整空间很小。相反，他们有了
一组目标（有时是事先和他们商定的）和用于实现这些目标的财
政资源，就能够以他们认为最好的方式自主地使用这些资源以实
现这些目标，只要法律和行政程序是合理的。中央层面通过一套

绩效措施（基准）来控制目标实现的程度。从联合谈话一直到遵循定期审计，有一套惩罚和奖励的措施。

（五）公平

"公平"意味着福利体系是正义、无偏和公正的。这是一个比"平等"更难以操作的规范性概念，因为对公平和正义的含义大家有不同的意见。一个人的正当利益对另一个人来说往往是不公正的特权。在社会福利的语境下，公平可能隐含有个人（或家庭）缴费之间应该存在的某种比例关系，以及将来他们或他们家人在遭受患病、年老体弱、失业等形式的困难时所能领取的数额。此外，也有人认为一个公平的体系还要确保某些没有缴费能力的人，比如天生残疾，也能收到不错的福利和可接受质量的服务。这种不同意见的另一个例子是：如果没有正式向养老金体系缴费的常住居民被认为是"好像"缴费了（现在许多国家将产假、照顾体弱亲人或服兵役期间也计入缴费期，即使其间没有进行正式缴费），这在有些观察家看来可能是有问题的，因为它扭曲了正式缴费和养老金福利之间的关系。而另有一些人则认为，如果这种有益的社会性活动导致了养老金权利的增加，也是对社会公平的促进。

由于上述的原因，从主观正确的角度看，很难指出不同欧洲福利体系的许多方面中，哪些方面符合公平标准，而哪些方面又不符合公平标准。

（六）小结

在过去的 20 年里，不平等现象在许多高收入国家一直在上升。这个"大 U 形"正如它有点耸人听闻的称谓一样（并非所有的欧洲国家都经历了不平等上升），表示已经出现了新的不平等源头（Beckfield，2013）。导致不平等增加的许多驱动因素已被揭示出来，包括去工业化、第二次人口结构转型、较高的技能溢价、新技术创新和经济全球化等（Ciss，2006）。欧洲的社会福利体系看来要以前面提到的转向社会投资型福利国家来应对这些新趋势，尽管这种趋势目前在北欧国家比在南欧国家更加明显。

或许社会投资转向有可能阻止日渐增加的不平等，并加强社会整合。这可能意味着，欧洲的福利体系能够适应新的社会和经济环境。Esping-Andersen 和 Billari（2013）认为，代表第二次人口结构转型的超低生育率和家庭生活碎片化实际上只是一个动荡的调整阶段，直到被去工业化推动的新的社会结构和服务经济的增长达到新的社会平衡为止。这种新的平衡可以通过能够使就业和护理工作更容易结合起来的社会福利政策来实现。他们的这一假设部分是基于欧洲人声称的想要的孩子数要小于他们实际生育的孩子数这样一个事实；以及（隐含的）将来认识到这一点的政治精英们应该能够使用这些政策建议作为杠杆来实现当选（如果现任的统治精英们无法实施这些政策）。他们发现高生育水平和更稳定的家庭模式在一些国家回归，但也不是随处可见，并将这一情况与新的社会政策并没有在所有地方成功实施（至少目前还没有）联系起来。

借助 Esping-Andersen 和 Billari 所建议的政策改革类型，当前欧洲经济危机的结果可能是共同的结构调整和新一次的欧洲整合。不过，也可能会出现两个欧洲。在深陷危机的南欧国家，大量失业是社会解体的信号。最近强势的民族主义政党的出现也表明欧洲范围内的政治解体加重。最初创立欧盟是作为对抗各种危险形式民族主义的堡垒。但是欧盟可能会无意中成为在饱受危机的国家中滋长极端民族主义的原因，因为它们最近的困境往往被归咎于遵循共同货币和欧盟稳定与增长公约的紧缩措施。[①] 饱受危机的经济体不可能有额外资源来建立社会投资型福利体系。相反，在经常性失业福利和提前退休方面不断增加的费用支出，进一步挤压了用于教育、家庭服务和昂贵的激活计划等方面的预算。

再造新欧洲还是两个欧洲？要说清楚哪一种场景会出现还为时过早。不过，在这两种情况下，北欧国家到目前为止都已经很好地管控了危机。正如本文前面所述的，北欧国家的社会福利体系比南欧国家的一体化程度更高。尽管相关性并不代表因果性，但是北欧福利体系的高度一体化设计可能是德国和北欧国家在今天的全球化经济中取得很大成功的部分原因。同时，持续的碎片化（以及对养老金的过于依赖）可能是南欧国家的问题之一。

---

① 如果欧盟无意中助长了极端的民族主义情绪，这将是历史讽刺的一个很好例子。

四　政策教训

欧洲的经验表明，随着国家变得更加富裕，社会福利体系就会覆盖更加广泛而且整合更好（见专栏 1 和图 1 中所说明的）。本分报告第二部分的"远因因素"对这种趋势背后的根本原因进行了阐述。欧洲体系走向更广泛覆盖和更整合体系所采取的具体路径各不相同，而且造成这些差异（以及系统设计的持续变化）的原因在于中因因素和近因因素（见本分报告中二）。

欧洲之外也有国家奉行走向一体化体系的道路，而且到现在为止或多或少都实现了体系整合。它们至少包括有加拿大、美国、澳大利亚、新西兰和日本。一个有争议的问题是，是否类似的发展会发生在所有具备相同远因因素的国家——包括今天的大多数中等收入国家。可以说在许多（如果不是全部）中等收入国家（Ginneken，2003），实际趋势是正在走向更为广泛的一体化体系。在大多数这些国家中，德国社会保险传统的版本是历史遗产的一部分。[①] 人们可以在几个国家中发现欧洲大陆改革轨迹的变化，也就是更广泛的社会保险覆盖面但同时更低的福利水平，再加上引入税收资助的最低保障体系，将覆盖扩展到了最贫困的群体。以拉丁美洲为例，该地区的很多国家已经将欧式固定福利养老金体系替换为更广泛覆盖的固定缴费养老金体系

---

① 这种趋势在低收入国家更不明显。不过在低收入国家，远因因素还到不了足够对政治家施加压力的程度。一些低收入国家甚至有可能陷入恶性循环，最后成为失败国家——这肯定会阻碍一体化体系的出现。

（平均起来没那么慷慨了）。有条件的现金援助——与带有积极性要求的欧洲最低保障类似——已扩大到覆盖那些仍处在基于缴费的体系之外的人们。[1]

另外，社会福利体系正变得更加广覆盖和更加一体化是否是一件好事，这是一个更难回答的问题，因为它在一定程度上是一个规范性问题。研究人员在回答规范性问题时，并不比别人处于更为优越的位置。不过，由于在所有经历了持续经济增长的国家都出现了针对更广覆盖和更好整合的需求，因此忽视这种需求是不明智的。政治家们要做的不是回避整合性措施，而是要将这种需求引导到有利于经济增长和有利于国家整合的轨道来上。[2]

专栏16：基于精算建立的缴费制社会福利体系是灵丹妙药吗？

受1981年智利强制性固定缴款养老金改革的启发，许多国家正在试验以缴费为基础的体系，这种体系的缴费和福利之间的关系比传统"缴费型"社会保险体系中的二者关系更为精确。完全受资助的体系（有争议）的魅力在于，它们可能会增加总储蓄率，并且形成更大资本市场。在基于精算建立的体系中，没有针对低收入成员的福利倾斜计算公式：你付出的就是你得到的。如果缴费是根据风险来确定，那么对于同样的保险水平，风险大要比风险小缴费更多。

全精算的以缴费为基础的社会福利体系比旧式以缴费为基础

---

[1] 拉丁美洲在20世纪80年代是社会政策设计方面新型创新的主要发源地。智利创新出了固定缴费养老金，而墨西哥则是创新出了有条件的现金援助。

[2] 如果政治家们完全忽略了这种需求，他们都将共担传奇国王克努特命运的风险。克努特相信自己能够控制在自己王国里活动的一切，他走到岸边，命令潮水不要进来，但是令他吃惊的大潮还是来了，并把他淹死了。

的社会保险更加"先进"，因为在精算的体系中至少没有逆向再
分配——所覆盖人群不会收到由被排除在体系之外的外部人参与
出资的额外税收补贴（相当于外部人进行纳税）。不过，这些体
系也不是没有问题，问题最多的是管理成本高、经常有大量逃缴
现象、潜在的逆向选择问题，以及没有对最贫穷人口进行保障。

1. 管理成本高。在由竞争性保险公司管理的受资助个人养老
保险体系中，管理成本通常为缴费的15%和25%。管理这种体系
需要高技能（因此要价也高）的精算师、金融专家和市场营销专
家；规模经济有限；并且基金经理之间的竞争有限，存在垄断利
润或"过度行政臃肿"的风险。职业保险体系对管理者更便宜，
并且更广覆盖的体系更是如此。

2. 逃避缴费。至少在拉丁美洲，各国政府一直在犹豫是否要
对逃避缴费的人进行罚款或其他惩罚。原因是其中只有缴费者自
己受损失，因为他们逃费以后，将来获得的福利和服务会更少。
这对法官来说比较尴尬，因为要对放弃缴费的人进行罚款，而案
子中没有第三方遭受损失。取代制裁（"大棒"）的是，强制性缴
费体系在事实上往往是自愿的。因为认识到"大棒"难以管理，
因此智利政府已经转而采取"胡萝卜"方式来促使人们缴费。在
创新性的智利失业储蓄账户体系中，只有那些给自己缴费的个人
失业储蓄账户才能领取失业福利。如果他们失业并且不得不从这
种储蓄账户支取，则他们从单独的税收资助的基金中领取额外的
钱。获得这种额外资金作为诱饵来激励人们不逃费。这个胡萝卜
可能足以震慑逃避缴费，反过来说也是诱人的，因为作为一般规
则，失业储蓄账户只有在你失业之后才能支取（Sehnbruch,
2006）。不过，它同时重新引入了税收补贴，从而可能会导致体
系之外的外部人向缴费者的逆向再分配。还是那句话，这是一个

创新的设计，值得进一步研究。中国农村新型养老保险体系的设计理念与此颇为相似（Shen 和 Williams，2010）。

3. 逆向选择。如果政治家们允许保险机构向高风险客户索要比低风险客户更高的缴费，就会出现"撇奶油现象"和"卸载现象"的风险。除非存在不允许"卸载"高风险客户或向其收取过高缴费的底层公共保险体系，否则就无法覆盖高风险群体。这在医疗保健和残疾抚恤金的问题上尤其如此。

4. 未覆盖到最贫困的人口。对于以缴费为基础的社会福利体系而言，最贫穷人口因为太穷而缴不起费，即使他们可能属于低风险客户（这种情况也不多）。为照顾最贫困人口，以缴费为基础的社会福利体系必须包括对最贫困人口的针对性补贴。另外，必须建立税收资助的最低保障体系以覆盖最贫困的人口。世界银行（1994，239 ff）推荐后一种做法，而且最好是以定额福利的形式，这对工作和储蓄都不产生抑制作用。

在下文中，对一体化社会福利体系和慷慨型社会福利体系进行了区分。社会福利体系可以在不需要更加慷慨的情况下来实现更好的整合（如专栏 1 所指出的）。正如上面指出的，自 1990 年以来的欧洲经验表明，从覆盖面不断扩大和福利/服务更加统一这个意义上来说，体系已经变得更加整合，然而同时福利水平被降低了——特别是对高收入人群（见第一部分）。一体化和慷慨之间的区别非常重要，因为从经济效率的角度来看，建立一体化的社会福利体系有很好的理由（除了平等和整合的理由以外）。相比之下，从经济效率看，支持（非常）慷慨型福利体系的理由就比较少。其实，单纯从经济效率的角度来看，一些碎片化社会福利体系有可能比根本没有公共福利体系还要糟糕。要就这一话题进行足够详细的探讨就需要写一本书了，而不是一篇文章所能表达的。下面将简要描述与碎片化体系有关的效率、整合和公平等主要问题，以及一体化体系如何改善这些问题。以下将主要参考北欧体系加上现今南欧和拉美体系的发展历史，但其中有些问题可能是普遍性的。

（一）碎片化福利体系的效率问题

（1）碎片化体系阻碍了劳动力流动，特别是在没有延付保留权利的情况下。阻碍劳动力流动通常代表效率损失。

（2）碎片化体系意味着针对"局内人"提供优厚的福利待遇和服务，他们通常就职于大型企业和城市部门。这意味着这些行业的雇主面临较高的间接劳动力成本，从而降低了其在国内和世界市场上的竞争力。

（3）如果对那些正规部门人员实行强制性覆盖，则会激励雇主逃避缴费或者甚至在非正规部门开设店铺以规避缴费。有时如果雇员不信任公共体系或认为公共服务质量较差，雇员可能会接受雇主逃避本该由其缴费的部分，甚至可能会更喜欢在非正规部门就业。在这种方式下，为正规部门的"内部人"建立的慷慨型社会福利体系可能导致正规部门的萎缩以及非正规部门的扩大。由于正规部门是税收收入的主要来源，这样会危及未来的税收收入，并使国家衰弱。

第一个问题可以通过两种方式来克服，一是当在雇主之间跳槽时确保做到接续转移；二是立法要求职业福利体系有好的延付保留权利：要么作为强制性的规定，要么作为提供税收优惠待遇的前提条件。政治家可以通过将覆盖面扩大到新的职业群体来减缓第二和第三个问题，并从比较窄的缴费融资或税收融资走向更广泛的缴费融资或税收融资。通过在更大的纳税人（或缴费人）群体范围内共担社会福利体系成本，就会降低间接劳动力成本。一般认为，与窄税收/缴费基数和高税收/缴费水平相比，宽税收/缴费基数和低税收/缴费水平产生的经济效率问题更少。这是大多数欧洲国家努力的方向，包括基于社会保险传统的国家。正如第一部分所指出的，在社会保险方案中，覆盖面扩大了，但是福利水平降低了。从社会保险到税收资助的最低福利已经发生了转变，而且往往与激活要求相挂钩，例如德国的哈尔茨 IV 改革。①

人们可能进而认为，以广泛融资为基础的一体化体系通过保证生命支持以及免费或补贴培训那些担心失去全球市场的人们，从而减少了保护主义的盛行（见专栏 12 和专栏 14）。更少的保护主义能确保国内和国际的劳动分工更有效率，而这通常与效率增加有关。

（二）体系整合和国家整合

在不扩大覆盖范围的情况下，通过提高税收/缴费基数来减少经济效率问题可能会增加社会紧张，因为这意味着社会福利体系的"外部人"越来越多地倒贴"内部人"。相反，如果是在提高税收/缴费基数的同时也扩大了覆盖面，则大部分人口都将从体系中受益，从而进一步推进国家整合。这样，有着更广泛基础和更加整合的体系可以起到一箭双雕的作用，既提高了经济效率，又促进了国家整合。

---

① 哈尔茨改革是由一个委员会提交的一系列关于 2002 年德国劳动力市场改革的建议。这些建议以该委员会负责人彼得·哈尔茨（Peter Hartz）的名字命名，后来成为德国政府议程 2010 系列改革的一部分，被称为哈尔茨 I 至哈尔茨 IV。哈尔茨 IV 将长期失业者（Arbeitslosenhilfe）先前的失业福利和社会福利（Sozialhilfe）汇集在一起，让它们都处在之前近乎更低的社会福利（社会救助）水平。

（三）平等和公平问题

如果大部分人口都认为不公平的话，则碎片化体系会造成社会紧张。在外部人直接或间接补贴内部人的社会福利体系中，外部人很可能会认为这不公平。如果内部人也是中高收入群体，则碎片化的社会福利体系还会有逆向再分配的特征。扩大覆盖面会减少逆向再分配的特征，而且可能会减少关于对该体系中的强势群体和处于有利位置的群体的"不公正特权"的指责。

除了整合更好的体系之外，体系成员要相信这些体系受到专业化管理，相信将来的福利是可以确定的，以及相信服务的质量是可接受的，这些也都很有必要。如何增强对公共或强制性社会福利体系的信任，或者如何保证问责制和可接受的质量，都是过于复杂的问题，就不再在本报告中讲述（可参考 Ginneken，2003；le Grand，2007；de Bruijn，2007）。

（四）不同社会福利体系之间的平衡

尽管没有直接涉及一体化/碎片化的问题，但是近期欧洲从慷慨型养老金体系向着有利于家庭和孩子并/或有着更加清晰的社会投资倾向的社会福利体系的转变，也是值得关注的。这种趋势在北欧国家尤其明显。

（五）小结

1955 年，Simon Kuznets 指出，在经历快速经济增长的社会中收入不平等的变化情况存在一定规律性。首先，由于有些人流动到具有更高生产率的城市工作岗位，而有些人则仍待在低生产率的农村工作岗位，另外有些人较早地使用了新技术（并获得巨大收益），而有些人仍在长期使用过时技术乃至破产，因此增加了不平等。但是，在某一时期趋势会发生转折，并且不平等也会降低。这种"倒U"假说在20世纪50年代至60年代很流行，在20世纪70年代至80年代淡出学术视野，但是在1990年以后又有了有限的回归（Moran，2005）。它不再被认为像定律那样一成不变，而被看作一种轨迹，有些国家通过刻意努力会经历，而有的国家却不会经历。

机械论者之一的Kuznets（1955，17-18）对不平等下降原因的解释是一种政治经济学的观点。他认为对保护工人并确保一定程度收入再分配的社会福利政策的需求会与日俱增。由于第二部分中所阐述的原因，政治家们可能会将这种体系逐步扩大到更大的人口群体。如果是这样，则会进一步减少不平等。

过大且日益增加的不平等是社会解体的可能标志。因此，平等和一体化这两个说法是相关的。正如第一和第二部分中所提到的，一体化社会福利体系已被政治精英们寻求作为促进国家（和欧洲）身份认同和限制分裂主义风险的一种手段。如果这些体系的长期存在本身就被视为一种成功因素，则俾斯麦最初通过广泛的社会福利体系来提高普通公民对国家的忠诚度的想法就取得了非凡的成功。大多数欧洲国家的社会福利体系甚至比目前的政治决策体系更古老。它们代表着国家的连续性，并且往往也是民族自豪感的源泉。它们甚至还是成功的国家建设进程的指标。

附　表

附表1　社会保障所得分类（占总所得的百分比）

| | 一般性政府缴费 | | 社会缴费 | | | | | | 其他收入 | |
| | | | 总计 | | 雇主 | | 受保障人数（1） | | | |
	2002 年	2009 年	2002 年	2009 年	2002 年	2009 年	2002 年	2009 年	2002 年	2009 年
EU-27*	—	39.1	—	56.8	—	36.7	—	20.1	—	4.1
EA-17	33.3	36.6	63.1	60.1	40.8	38.0	22.3	22.1	3.6	3.3
BE	30.0	33.6	66.6	63.8	44.4	42.7	22.3	21.1	3.3	2.6
BG*	—	48.7	—	49.6	—	31.2	—	18.4	—	1.8
CZ	24.1	24.3	75.0	74.8	50.4	50.3	24.6	24.5	0.9	0.9
DK	62.4	64.1	31.6	31.2	9.7	11.1	21.9	20.1	6.0	4.7
DE	33.8	35.2	64.4	62.0	37.0	34.0	27.4	28.0	1.9	1.9
EE	22.2	18.0	77.6	81.7	77.6	77.8	0.0	4.0	0.2	0.3
IE	54.9	55.4	40.1	40.3	25.4	24.6	14.7	15.7	5.0	4.3
EL	27.2	38.3	62.5	52.5	39.4	31.9	23.1	20.6	10.3	9.2
ES	32.5	43.1	66.3	66.6	61.1	43.4	14.2	12.1	2.2	1.4
FR	30.2	31.9	66.2	64.6	45.7	43.6	20.6	21.0	3.0	3.5
IT	41.5	43.8	56.8	54.6	41.7	39.0	15.1	15.6	1.7	1.6
CY	42.8	49.8	42.0	38.6	25.9	23.3	16.0	15.3	15.2	11.6
LV	33.6	43.2	66.4	55.9	49.9	41.7	16.6	14.2	0.0	0.9
LT	39.6	33.0	59.5	64.0	53.4	48.8	6.1	15.2	0.9	3.0
LU	43.5	45.1	52.1	50.3	27.3	27.0	24.9	23.3	4.3	4.6
HU	36.4	34.8	55.8	52.1	42.7	32.8	13.0	19.3	7.9	13.1
MT	29.8	43.4	67.2	54.0	46.9	37.8	20.2	18.2	3.1	2.6
NL	18.4	24.7	67.4	65.4	33.8	33.3	33.7	32.0	14.1	9.9
AT	33.4	34.8	64.9	63.3	38.3	37.0	26.6	26.4	1.7	1.7
PL	34.9	18.9	49.2	60.7	26.2	43.6	23.0	17.2	15.9	20.4
PT	38.9	44.3	52.9	44.7	35.8	30.3	17.1	14.4	8.2	11.0
RO	18.5	48.1	76.9	50.6	46.6	35.1	30.3	15.5	4.6	1.3
SI	32.0	33.2	66.4	65.2	26.6	26.4	39.8	38.8	1.6	1.7

续表

	一般性政府缴费		社会缴费						其他收入	
			总计		雇主		受保障人数（1）			
	2002 年	2009 年	2002 年	2009 年	2002 年	2009 年	2002 年	2009 年	2002 年	2009 年
SK	33.4	26.7	64.7	62.1	46.2	42.7	18.5	19.4	1.8	11.2
FI	42.8	45.2	50.5	48.4	39.5	37.2	10.9	11.2	6.7	6.5
SE	47.0	51.9	51.1	46.0	41.9	36.4	9.2	9.6	2.0	2.1
UK*	51.0	48.9	47.6	43.9	32.6	32.1	15.0	11.8	1.5	7.2
IS	51.5	53.9	48.3	41.3	38.9	34.4	9.4	6.9	0.3	4.8
NO	52.4	52.5	47.4	47.3	32.4	32.4	15.0	14.9	0.2	0.2
CH*	23.9	—	67.4	—	32.4	—	35.0	—	8.7	—

注：* 有关具体国家的计算细节，可参见关于方法论的注释。

（1）雇员、自雇、养老金领取人和其他人员；（2）各种当前所得混合；其中包括财产性收入（金融资产或有形非生产性资产的所有人通过投资或将资产交由其他机构管理所获得的收入）、收藏品增值以及向保险公司索赔的所得。

数据来源：欧盟统计局/2012 年 10 月。

欧盟 27 个成员国：

BE：比利时，BG：保加利亚，CZ：捷克共和国，DK：丹麦，DE：德国，EE：爱沙尼亚，IE：爱尔兰，EL：希腊，ES：西班牙，FR：法国，IT：意大利，CY：塞浦路斯，LV：拉脱维亚，LT：立陶宛，LU：卢森堡，HU：匈牙利，MT：马耳他，NL：荷兰，AT：奥地利，PL：波兰，PT：葡萄牙，RO：罗马尼亚，SI：斯洛文尼亚，SK：斯洛伐克，FI：芬兰，SE：瑞典，UK：英国

附表 2　按作用分组的社会保障福利占社会保障总福利

（TSB）比例及占 GDP 比例，2009 年

单位：%

	老人和遗属		疾病和保健		功能残疾		家庭和儿童		失业		住房和社会排斥		社会保障福利	
	TSB	GDP	TSB	GDP	TSB	GDP	TSB	GDP	TSB	GDP	TSB	GDP	TSB	GDP
EU-27	45.0	12.8	29.6	8.4	8.0	2.3	8.0	2.3	6.1	1.7	3.4	1.0	100.0	28.4
EA-17	45.2	13.1	29.9	8.7	7.1	2.1	8.1	2.3	6.8	2.0	3.1	0.9	100.0	29.0
BE	40.2	11.6	28.2	8.2	7.1	2.1	7.7	2.2	13.3	3.8	3.5	1.0	100.0	28.9

续表

	老人和遗属		疾病和保健		功能残疾		家庭和儿童		失业		住房和社会排斥		社会保障福利	
	TSB	GDP	TSB	GDP	TSB	GDP	TSB	GDP	TSB	GDP	TSB	GDP	TSB	GDP
BG	51.8	8.6	23.5	3.9	8.3	1.4	12.0	2.0	3.1	0.5	1.3	0.2	100.0	16.7
CZ	45.8	9.1	32.3	6.4	7.7	1.5	7.3	1.4	5.3	1.1	1.6	0.3	100.0	19.8
DK	37.2	12.1	23.3	7.6	15.1	4.9	12.9	4.2	6.6	2.2	5.0	1.6	100.0	32.5
DE	40.3	12.1	32.1	9.7	8.1	2.4	10.5	3.2	6.3	1.9	2.8	0.8	100.0	30.1
EE	42.5	8.1	28.4	5.4	9.9	1.9	11.9	2.3	6.5	1.2	0.8	0.2	100.0	19.0
IE	25.2	6.7	40.6	10.7	5.1	1.4	13.9	3.7	11.7	3.1	3.5	0.9	100.0	26.4
EL	49.6	13.5	29.1	8.0	4.7	1.3	6.7	1.8	5.9	1.6	4.0	1.1	100.0	27.3
ES	40.1	9.8	29.8	7.3	7.0	1.7	6.2	1.5	15.0	3.7	1.9	0.5	100.0	24.5
FR	45.6	14.4	29.7	9.4	5.9	1.9	8.4	2.7	6.1	1.9	4.4	1.4	100.0	31.7
IT	60.1	17.1	25.7	7.3	6.1	1.7	4.9	1.4	2.8	0.8	0.4	0.1	100.0	28.4
CY	44.2	9.1	24.6	5.1	3.6	0.8	10.7	2.2	4.6	1.0	12.3	2.5	100.0	20.6
LV	47.1	7.8	23.6	3.9	7.8	1.3	10.4	1.7	9.5	1.6	1.6	0.3	100.0	16.6
LT	43.8	9.0	26.2	5.4	10.1	2.1	13.7	2.8	4.3	0.9	1.9	0.4	100.0	20.6
LU	36.2	8.2	25.4	5.8	11.4	2.6	17.8	4.0	5.6	1.3	3.6	0.8	100.0	22.7
HU	45.5	10.5	24.7	5.7	9.1	2.1	13.2	3.0	4.2	1.0	3.3	0.8	100.0	23.0
MT	52.3	10.3	30.8	6.1	4.7	0.9	6.4	1.3	3.0	0.6	2.8	0.6	100.0	19.8
NL	39.4	11.7	34.8	10.3	8.4	2.5	4.4	1.3	4.9	1.5	8.1	2.4	100.0	29.7
AT	49.2	14.7	25.5	7.6	7.6	2.3	10.3	3.1	5.9	1.8	1.5	0.5	100.0	29.9
PL	61.1	11.8	24.5	4.8	7.4	1.4	3.9	0.8	2.0	0.4	1.1	0.2	100.0	19.4
PT	50.7	13.0	28.4	7.3	8.4	2.2	5.8	1.5	5.3	1.4	1.3	0.3	100.0	25.6
RO	52.1	8.8	24.6	4.2	9.6	1.6	10.0	1.7	2.4	0.4	1.4	0.2	100.0	16.9
SI	46.2	11.0	33.0	7.8	7.3	1.7	8.9	2.1	2.5	0.8	2.2	0.5	100.0	23.8
SK	42.0	7.7	31.3	5.7	9.4	1.7	9.2	1.7	5.7	1.0	2.3	0.4	100.0	18.3
FI	38.6	11.3	25.6	7.5	12.3	3.6	11.3	3.3	8.3	2.4	4.1	1.2	100.0	29.4
SE	42.1	13.3	25.4	8.0	14.4	4.6	10.2	3.2	4.1	1.3	3.8	1.2	100.0	31.5
UK	43.2	12.2	30.8	8.7	10.6	3.0	6.5	1.8	3.0	0.8	6.0	1.7	100.0	28.2
IS	23.7	5.9	36.0	9.0	14.1	3.6	12.6	3.2	6.8	1.7	6.8	1.7	100.0	25.1
NO	31.2	8.1	32.8	8.5	17.2	4.4	12.6	3.3	2.8	0.7	3.6	0.9	100.0	25.9
CH	—	—	—	—	—	—	—	—	—	—	—	—	—	—

　　注：在意大利，老人和遗属福利还包括遣散津贴（TFR——trattamento di fine rapporto），其中部分来自于失业的压力。在卢森堡，功能残疾还包括"依存保险"福利（根据 ESSPROS 手册，有些福利应记在"老年福利"之下，但是没有进行细分）。

　　数据来源：欧盟统计局/2012 年 5 月。

附表3 社会转移前和转移后的贫困风险率（%）以及贫困风险
阈值（针对单个人），2009年和2010年

	社会转移前的贫困风险率		社会转移后的贫困风险率		贫困风险阈值（欧元）	
	2009年	2010年	2009年	2010年	2009年	2010年
EU-27	25.1	25.7（s）	16.3	16.4（s）	—	—
BE	26.7	26.7	14.6	14.6	11588	11678
BG	26.4	27.1	21.8	20.7	1697	1810
CZ	17.9	18.1	8.6	9.0	4377	4235
DK	31.2	29.1	13.1	13.3	15017	15401
DE	24.1	24.2	15.5	15.6	11151	11278
EE	25.9	24.9	19.7	15.8	3725	3436
IE	37.5	—	15.0	—	13467	—
EL	22.7	23.8	19.7	20.1	6897	7178
ES	24.4	28.1	19.5	20.7	7980	7818
FR	23.8	25.0	12.9	13.5	11856	12027
IT	23.2	23.3	18.4	18.2	9382	9562
CY	22.7	—	16.2	—	10459	—
LV	30.3	29.1	25.7	21.3	3284	2722
LT	29.4	31.8	20.6	20.2	2889	2436
LU	27.0	29.1	14.9	14.5	19059	19400
HU	28.9	28.4	12.4	12.3	2844	2544
MT	23.1	22.9	15.3	15.5	6392	6275
NL	20.5	21.1	11.1	10.3	12094	12175
AT	24.1	24.1	12.0	12.1	11931	12371
PL	23.6	24.4	17.1	17.6	3058	2643
PT	24.3	26.4	17.9	17.9	4969	5207
RO	29.1	27.5	22.4	21.1	1297	1222
SI	22.0	24.2	11.3	12.7	7118	7042
SK	17.1	19.8	11.0	12.0	3403	3670
FI	26.2	27.0	13.8	13.1	12577	12809
SE	26.6	26.7	13.3	12.9	12749	11825

	社会转移前的贫困风险率		社会转移后的贫困风险率		贫困风险阈值（欧元）	
	2009 年	2010 年	2009 年	2010 年	2009 年	2010 年
UK	30.4	31.0	17.3	17.1	9757	10263
IS	19.7	22.8	10.2	9.8	13417	10992
NO	25.2	26.6	11.7	11.2	20242	19438
CH	22.1	22.9	15.1	15.6	17586	18409

说明：（s）欧盟统计局的估计，其中 IE（爱尔兰）和 CY（塞浦路斯）的 2010 年数据没有。

数据来源：欧盟统计局/2012 年 3 月。

参考文献

Aaberge，R.，U. Colombino and S. Strom. 1999. "Labour supply in Italy：An empirical analysis of joint household decisions." *Journal of Applied Economics* 14 （4），403–422.

Amenta，E. 2003. "What do we know about the development of social policy：Comparative and historical research in comparative and historical perspective." In J. Mahoney and D. Rueschmeyer （eds）：*Comparative historical analysis in the social sciences*. Cambridge：Cambridge University Press.

Anttonen，A.，L. Häikiö and K. Stéfansson （eds）. 2012. *Welfare state，universalism and diversity*. Northampton：Edward Elgar Publishing.

Atkinson，B.，and S. Davoudi. 2000. "The concept of social exclusion in the European Union：Context，development and possibilities." *Journal of Common Market Studies*，vol 38 （3），427–448.

Baldwin，P. 1990. *The politics of social solidarity*. Cambridge：Cambridge University Press.

Barr，N. 1992. "Economic theory and the welfare state." *Journal of*

Economic Literature, vol. XXX, 741–803.

Barr, N. 1993. *The economics of the welfare state.* London: Weidenfeld and Nicolson.

Barth, E. , and K. O. Moene. 2013. "Why do small open economies have such small wage differentials?" *Nordic Economic Policy Review*, vol. 1, 139–170.

Barth, E. , and K. O. Moene. 2012. "The equality multiplier: How wage setting and welfare spending make similar countries diverge." IZA Research Paper 9494, Bonn, Institute for the Study of Labor (IZA).

Beckfield, J. 2013. "The end of equality in Europe?" *Current History*, March, 94–99.

Briggs, A. 1961. "The welfare state in historical perspective." *Archives Européennes de sociologie*, vol. 11 (2), 221–128.

Bruijn, H. 2007. *Managing performance in the public sector.* London: Routledge.

Born, A. W. , and P. H. Jensen. 2010. "Dialogued-based activation— A new 'positif'?" *International Journal of Sociology and Social Policy*, vol. 30 (5/6), 326–336.

Börsch-Supan, A. , and C. B. Wilke. 2004. "The German public pension system: How it is, how it will be." NBER Working Paper 10525, Cambridge: National Bureau of Economic Research.

Busse, R. , R. B. Saltman and F. W. Dubois. 2004a. "Organization and financing of social health insurance systems: current status and recent policy developments." In R. B. Saltman, R. Bysse and J. Figueras (eds): *Social health insurance systems in western Europe.* Berkshire: Open University Press.

Busse, R., R. B. Saltman and H. F. W. Dubois. 2004b. "Patterns and performance in social health insurance systems." In R. B. Saltman, R. Bysse and J. Figueras (eds): *Social health insurance systems in western Europe*. Berkshire: Open University Press.

Castles, F. 2010. "Black swans and elephants on the move: The impact of emergencies on the welfare state." *Journal of European Social Policy*, vol. 20 (2), 91-101.

Ciss. 2006. "The Americas social security report: Globalization and social protection." Inter-American conference on social security, Mexico D. F.

Coleman, J. A. 1991. "Neither liberal nor socialist." In J. A. Coleman (ed): *One hundred years of Catholic social thought*. New York: Orbis books.

Dahlgren, G., and M. Whitehead. 1991. "Policies and strategies to promote social equity in health." Background document to WHO. Working Paper no. 14, Institute of future studies, Stockholm

Davies, G. 2006. "The process and side-effects of harmonization of European welfare states." Jean Monnet Working Paper 02/06, New York: NYU School of Law.

Delhey, J., and K. Newton. 2005. "Predicting cross-national levels of social trust: Global pattern or Nordic exceptionalism?" *European Sociological Review*, vol. 21 (4), 331-327.

Dixon, A., M. Pfaff and J. Hermesse. 2004. "Solidarity and competition in social health insurance countries." R. B. Saltman, R. Bysse and J. Figueras (eds): *Social health insurance systems in Western Europe*. Berkshire: Open University Press.

Durkheim, E. 1893 [1987]. *Suicide*. London: Routledge.

Eriksen, E. O. , and J. Loftager. 1996. "Challenging the normative foundation of the welfare state." In E. O. Eriksen and J. Loftager (eds): *The rationality of the welfare state*. Oslo: Scandinavian University Press.

Esping-Andersen, G. 1996. "Welfare states without work: The impasse of labour shredding and familialism in Continental European social policy." In G. Esping-Andersen (ed): *Welfare states in transition*. London: Sage.

Esping-Andersen, G. , and F. C. Billari. 2013. *Re-theorizing family demographics*. Mimeo, Pompeu Fara University, Spain.

Evans, P. B. , D. Rueschemeyer and T. Skocpol. 1985. *Bringing the state back in*. Cambridge: Cambridge University Press.

Ferragina, E. , M. Seeleib-Kaiser, and M. Tomlinson. 2012. "Unemployment protection and family policy at the turn of the 21st century." *Social Policy and Administration* (in press), DOI 10. 1111/j. 1467 – 9515. 2012. 00855. x.

Figueiras, J. , et al. 2004. "Patterns and performance in social health insurance systems." In R. B. Saltman, R. Bysse and J. Figueras (eds): *Social health insurance systems in western Europe*. Berkshire: Open University Press.

Flora, P. , and J. Alber. 1981. "Modernization, democratization, and the development of welfare states in Western Europe." In P. Flora and A. J. Heidenheimer (eds): *The development of welfare states in Europe and America*. London: Transition Books.

Garret, G. 1998. *Partisan politics in the global economy*. Cambridge: Cambridge University Press.

Gilbert, N. , and B. Gilbert. 1990. *The enabling state*. Oxford:

Oxford University Press.

Ginneken, W. 2003. "Extending social security: Policies for developing countries." ESS Extension of social security, Paper no. 13. Geneva: International Labour Office.

Glennester, H. 1999. "Which welfare states are most likely to survive?" *International Journal of Social Welfare* 8, 2-13.

Goldsmith, M. 1992. "Normative theories of local government: A European comparison." In D. King and G. Stoker (eds): *Rethinking local democracy*. Basingstoke: MacMillian Press.

Goodin R., and J. Grand. 1987. *Not only the poor*. London: Allen & Unwin.

Gordon, M. S. 1988. *Social security policies in industrialized countries*. Cambridge: Cambridge University Press.

Grand, J. 2007. *The other invisible hand: Delivering public services through choice and competition*. Princeton: Princeton University Press.

Hinrichs, K. 2001. "Elephants on the move. Patterns of public pension reform in OECD countries." In S. Leibfried (ed): *Welfare state futures*. Cambridge, Cambridge University Press.

Hofmarcher, M. H., and I. Durand-Zaleski. 2004. "Contracting and paying providers in social health insurance systems." In R. B. Saltman, R. Bysse and J. Figueras (eds): *Social health insurance systems in Western Europe*. Berkshire: Open University Press.

Immergut, E. "Institutions, veto points, and policy results: A comparative analysis of health care." In S. Leibfried and S. Mau (eds): *Welfare states: Construction, deconstruction, reconstruction*. Cheltenham: Elgar Reference Collection.

Iversen, T. 2010. "Democracy and capitalism." In F. Castles et al (eds): *The Oxford Handbook of the Welfare State*. Oxford: Oxford University Press.

Jessoula, M., and T. Alti. 2010. "Italy: An uncompleted departure from Bismarck." In B. Palier (ed): *A long goodbye to Bismarck?* Amsterdam: Amsetrdam University Press.

Kaa, D. 1987. "Europe'ssecond demographic transition." *Population Bulletin*, vol. 42 (1), 64 pages.

Kautto, M. 2012. "The pension puzzle: pension security for all without universal schemes?" In A. Anttonen, L. Häikiö and K. Stéfansson (eds). 2012. *Welfare state, universalism and diversity*. Northampton: Edward Elgar Publishing.

Kerr, C. 1983. *The future of industrial societies*. Cambridge: Harvard University Press.

Kuznets, S. 1955. "Economic growth and income inequality." *The American Economic Review*, vol XLV (1), 1–28.

Kolb, R. 1989. "One hundred years of German pension insurance legislation." *International Social Security Review* 2, 195–202.

Korpi, W. 1983. *The democratic class struggle*. London: Routlegde and Paul Kegan.

Korpi, W., and J. Palme. 1998. "The strategy of equality and the paradox of redistribution." *American Sociological Review*, vol. 63 (5), 661–687.

Kuckuck, J. 2012. "Testing wagners's law at different stages of economic development: A historical analysis of five Western European countries." Working Paper 91, August 2012, Institute of empirical economic research, University of Osnabrueck.

Kuhnle, S. , and A. Sander. 2010. "The emergence of the western welfare state. " In F. Castles et al (eds)： *The Oxford handbook of the welfare state.* Oxford： Oxford University Press.

Laegereid, P. , and S Neby. 2012. " Gaming the system and accountability relations： Negative side-effects of activity-based funding in the Norwegian hospital system. " Uni Rokkan Centre Bergen, Working Paper 12–2012.

Lindstrand, A. et al. 2006. *Global health.* Lund： Studentlitteratur.

Lollar, D. 2009. "People with disabilities. " In R. Detels et al (eds)： *Oxford textbook of public health.* Oxford： Oxford University Press.

Marshall, T. H. 1950 [2006]. " Citizenship and social class. " In F. Castles and C. Pierson (eds)： *The welfare state reader.* Cambridge： Polity Press.

Marx, I. , L. Salananskaite and G. Verbist. 2013. "The paradox of re-distribution revisited： And that it may rest in peace?" IZA Discussion Paper, no. 7414, Bonn： Institute for the Study of Labor.

Moran, T. P. 2005. "Kuznet's inverted U-curve hypothesis： The rise, demise, and continued relevance of a socioeconomic law. " *Sociological Forum*, vol. 20 (2), 209–244.

Lundberg, U. 2001. "Socialdemokratin och 1990—talets pensionsreform. " In J. Palme (ed)： *Hur blev den store kompromissen möjlig?* Stockholm： Pensionsforum.

Morel, N. , B. Palier and J. Palme. 2012. *Towards a social investment welfare state?* Bristol： Policy Press.

Morgan, K. J. 2012. "Promoting social investment through work-family policies: Which nations do it and why?" In N. Morel, B. Palier and J. Palme (eds): *Towards a social investment state?* Bristol: Policy Press.

Mueller, D. C. 1989. *Public Choice II.* Cambridge: Cambridge University Press.

Murray, C. 1984. *Losing Ground: American Social Policy, 1950 – 1980.* New York: Basic Books.

Nikolai, R. 2012. "Towards social investment? Patterns of public policy in the OECD world." In N. B. Morel, B. Palier and J. Palme: *Towards a social investment welfare state?* Bristol: Policy Press.

Nullmeier, F., and F. X. Kaufmann. 2010. "Post-war welfare development." In F. Castles et al (eds): *The Oxford Handbook of the Welfare State.* Oxford: Oxford University Press.

Overbye, E. 1994. "Convergence in policy outcomes." *Journal of Public Policy*, vol. 14 (2), 147–174.

Overbye, E. 1995. "Explaining welfare spending." *Public Choice*, vol. 83 (3), 313–35.

Overbye, E. 1996. "How do organizational designs influence welfare policies?" *Scandinavian Political Studies* 19 (3), 227–255.

Overbye, E. 1997. "Convergence theory reconsidered: The politics of pensions in Scandinavia and Australia." *Australian Journal of Political Science*, vol. 31 (1), 7–27.

Overbye, E. 2001a. "Globalisation and the design of the welfare state." In D. Pieters (ed): *European social security and global politics.* London: Kluwer Law International.

Overbye. 2001b. "The redistributional impact of a World Bank 'pension regime'." In J. Clasen (ed): *What future for social security?*

Debates and reform in national and cross-national perspective. London：Kluwer Law International.

Palier, B. (ed). 2010. A long goodbye to Bismarck? *The politics of welfare reform in Continental Europe.* Amsterdam：Amsterdam University Press.

Palier, B. 2010b. "The dualization of the French welfare system." In J. Palme. 1990. *Pension rights in welfare capitalism.* Report no. 14, Stockholm：Institute of Social Research.

Peacock, A. R., J. Wiseman. 1961. *The growth of public expenditure in the United Kingdom.* Princeton, NJ：Princeton Univ. Press

Pakaslahti. 1998. "Social security vision of the European Union." In D. Pieters (ed)：*International impact upon social security.* London：Kluwer Law International.

Pedersen, A. W. 1999. "The taming of inequality in retirement. A comparative analysis of pension policy outcomes." Doctoral Dissertation, European University Institute, Florence.

Petersen, J. 1990. "The Danish 1889 act on old age relief：A response to agrarian demand and pressure." *Journal of Social Policy* 19, 69-91.

Pierson, P. 2000. "Increasing returns, path dependence, and the study of politics." *American Political Science Review*, vol. 94 (2), 251-267.

Priestly, M. 2010. "Disability." In F. Castles et al (eds)：*The Oxford Handbook of the Welfare State.* Oxford：Oxford University Press.

Propper, C., D. Wilson and S. Burgess. 2006. "Extending choice in English health care：The implications of the economicevidence." *Journal of Social Policy* 35 (4), 537-557.

Rimmerman, A. 2013. *Social inclusion of people with disabilities.* Cambridge: Cambridge university Press.

Robbins, B. G. 2012. "A Blessing and a Curse? Political Institutions in the Growth and Decay of Generalized Trust: A Cross-National Panel Analysis, 1980−2009. " *Plos One*, vol. 7 (4), 1−14.

Rodriguez-Pose, A. , and N. Gill. 2003. "The global trend towards devolution and its implications. " *Environment and Planning C: Government and Policy*, vol. 21, 333−351.

Rodrik, D. 1997. *Has globalization gone too far?* Washington DC: Institute for International Economics.

Rokkan, S. 1974. " Dimensions of state formation and nation building. " In C. Tilly (ed): *The formation of nation states in Western Europe.* Princeton: Princeton University Press.

Roo, A. , L. Chambaud and B. J. Güntert. 2004. "Long-term care in social insurance systems. " In R. B. Saltman, R. Bysse and J. Figueras (eds): *Social health insurance systems in Western Europe.* Berkshire: Open University Press.

Rothstein, B. 2008. "The political and moral logic of the universal welfare state. " In S. Leibfried and S. Mau (eds): *Welfare states: Construction, deconstruction, reconstruction.* Cheltenham: Elgar Reference Collection.

Rovik, K. A. 2007. *Trender og translasjoner.* Oslo: Universitetsforlaget.

Salminen, K. 1993. "Pension schemes in the making. A comparative study of the Nordic countries. " Report no. 2, Helsinki: The Social Insurance Institution.

Saltman, R. B. 2004. " Assessing social health insurance systems:

Present and future policy issues." In R. B. Saltman, R. Bysse and J. Figueras (eds): *Social health insurance systems in Western Europe*. Berkshire: Open University Press.

Saltman, R. B. , and H. F. W. Dubois. 2004. "The historical and social base of social health insurance systems." In R. B. Saltman, R. Bysse and J. Figueras (eds): *Social health insurance systems in Western Europe*. Berkshire: Open University Press.

Schmidt, M. G. 2010. "Parties." In F. Castles et al (eds): *The Oxford Handbook of the Welfare State*. Oxford: Oxford University Press.

Seeliger, R. 1996. "Conceptualizing and researching policy convergence." *Policy Studies Journal*, vol. 24 (2), 287–306.

Sehnbruch, K. 2006. "Unemployment insurance or individual savings accounts: Can Chile's new scheme serve as a model for other developing countries?" *International Social Security Review*, vol. 59 (1), 27–48.

Shen, C. , and J. B. Williamnson. 2010. "China's new rural pension scheme: Can it be improved?" *International Journal of Sociology*, vol. 30 (5/6), 239–250.

Stjernö, S. 2009. *Solicarity in Europe: The history of an idea*. Cambridge: Cambridge University Press.

Stolleis, M. 2013. *Origins of the German welfare state: Social policy in Germany to 1945*. Heidelberg: Springer.

Streeck, W. 2010. "The fiscal crisis continues: From liberalization to consolidation." *Comparative European Politics*, vol. 8 (4), 505–514.

Taleb, N. N. 2007. *The black swan: The impact of the highly improbable*. New York: Random House.

Titmuss, R. (1955) 1976. "War and social policy." In R. M. Titmuss:

Essays on "the welfare state". London: George Allen & Unwin.

Titmuss, R. 1977. "What is social policy?" In B. Abel-Smith and K. Titmuss (eds): *Richard M. Titmuss social policy.* London: George Allen & Unwin.

Tsoukala, P. 2013. "Narratives of the European crisis and the future of (social) Europe." *Texas International Law Journal.* vol. 28, 241–267.

Tullock, G. 1983. *The economics of income redistribution.* Boston: Kluwer Nijhoff Publishing.

Vabo, S., and E. Overbye. 2009. "Decentralisation and privatisation in the Norwegian welfare state since 1980." Report no. 3, Oslo: Oslo University College.

Vis. B., K. Kersbergen and T. Hylands. 2011. "To what extent did the financial crisis intensify the pressure to reform the welfare state?" *Social Policy & Administration* 45 (4), 338–353.

Wasem, J., S. Gress and K. G. H. Okma. 2004. "The role of private health insurance in social health insurance countries." R. B. Saltman, R. Bysse and J. Figueras (eds): *Social health insurance systems in Western Europe.* Berkshire: Open University Press.

Whiteford, P. 1994. "Is Australia particularly unequal?" Discussion Paper, Social Policy Research Center, University of New South Wales.

Wilensky, H., and C. Lebeaux. 1965. *Industrial society and social welfare.* New York: Russell Sage.

Wilensky, H. 1975. *The welfare state and equality.* Berkeley: University of California Press.

World Bank. 1994. *Averting the old age crisis.* Oxford: Oxford University Press.

第二分报告
东亚地区发达经济体建立整合、协调和公平的社会保障体系的多样性：日本、韩国及中国台湾的经验

李一清（Ilcheong Yi）

联合国社会发展研究所（UNRISD）

瑞士　日内瓦

前　言

考虑到发达国家在福利体系发展早期阶段的经验，中国碎片化的社会保障体系存在的明显覆盖缺口和高昂行政成本并非独特现象。例如，许多斯堪的纳维亚国家曾对大范围内职业分化的社会阶层有过许多保险方案，后来随着福利国家的扩大而缩减（Kangas 和 Palme，2005）。不过，全国统一体系不是福利国家扩大的必然结果，而是通过一贯的政策努力来解决碎片化体系问题的结果，诸如在谁应当领取什么福利，哪个政府层级应当规范和管理该体系，以及哪一级政府应当承担有关费用开支等方面存在的冲突和紧张。这些国家在政治、经济和社会制度方面的鲜明特征决定和产生了针对社会问题的解决方案，并且形成了多种不同的方式来淘汰这些碎片化方案并建立起全国

性的体系。全国性的统一体系本身对贫困和不平等的影响也是多样的。正如艾斯平-安德森（Esping-Andersen，1990）通过社会民主党派模式和保守党派模式所描述的，有些是非常普遍和平等的，而有些虽然是普遍的但是分层的。这个观察立刻对努力解决福利供给体系碎片化问题的政策制定者们提出了一些重要的问题：这些克服了福利供给碎片化问题的体系制度特征是什么？促进碎片化体系转型成为整合性和协调性体系的关键制度是什么？一个体系如何在不牺牲平等的情况下实现统一？

为了回答这些问题，本报告回顾并吸取了日本、韩国和中国台湾在建设各自福利体系中的经验教训，尤其是它们在初级医疗保险、义务教育、社会救助和基本养老等领域进行福利和社会服务的国家供给中如何处理碎片化的问题。通过对这三个东亚国家或地区开展国家提供社会福利和服务的研究，发现了它们在社会政策上的诸多相似之处。第一，福利供给体系的历史遗产，特别是在日本帝国主义时期建立的医疗和教育福利体系已经对战后福利机构产生重要影响。第二，机构、参与人员和快速工业化的进程已经显著影响到福利机构的形成。第三，贫困被认为是一种可以通过私营部门就业而非公共救助来解决的"经济结构性问题"，并且社会政策被理解为既是一种使政治权力合法化的短期策略，也是一种解决工业化问题的先发制人的措施（Ku，1995；Kwon，1999；Manow，2001；Peng，2005；Yi，2007）。第四，虽然这三个国家或地区在过去20年里都在日益严重的不平等中挣扎（Chung，即将发表；Jones，2007；Vere，2005），但是直到20世纪90年代为止，在减少贫困和不平等方面，它们在诸如工资收入、教育和卫生等各个社会和经济领域中都做得很好（Jacobs，2000；Kwon，2005）。对于那些快速工业化的国家来说，它们面临发展福利体系的任务，以克服福利供给体系碎

片化的问题，并且需要以公平和可持续的方式来统一它们的福利供
给体系，而这三个国家或地区的相似经验为它们提供了很好的学习
案例。

本报告的结构如下：首先解释碎片化的不同类型，并提出用于克
服碎片化的制度性互补方法，以作为这些政策的分析框架。然后，继
续解释三个案例在初级卫生医疗保险、义务教育、社会救助和基本养
老保险方案等领域的经验。根据研究结果提出政策指导，尤其是关于
如何构建制度以朝着整合、协调和公平的福利供给体系前进。

一　碎片化和制度性互补

（一）福利供给体系的碎片化

在社会政策研究中，碎片化有三种解释。以多级政府治理和福利国家变化为重点的研究强调中央、地方（省）以及地方各级政府之间的权力碎片化，即纵向碎片化。另一种碎片化是指同一政府层面中多元角色之间的协调程度，特别是在提供特定福利或服务时，即横向碎片化（Rauch 和 Vabo，2008）。横向碎片化的典型例子是在一个用来解决特定风险的特定方案内部存在分化。这可能是部门内部碎片化，在发展中国家比在发达国家更经常出现。当临时性"短期主义"主导用于解决特定风险的社会保障方案的设计和实施时，某个具体的福利供给体系就更容易被碎片化。与部门内部碎片化相伴的是重复性、低效率和低效益的会议需求。在福利供给体系中产生不少漏洞和差距，这反过来成为腐败的源泉。有人认为，无论哪一种形式的碎片化都是与福利国家的普遍主义负相关的，集中式的政府体系而不是分散的治理体系更有可能产生全民性的福利解决方案。

对碎片化的另一个研究重点是职能碎片化，例如部门间的分工。社会保障体系的部门间碎片化在 20 世纪 90 年代的欧洲福利国家中问题尤为突出，当时它们正将目标从收入保障转向劳动力市场整合，其

中维持收入与就业紧密相关（van Berkel 和 Borghi，2008；Champion 和
Bonoli，2011）。劳动和社会政策之间缺乏协调成为政策瓶颈，妨碍了
对诸如失业、残疾或疾病等社会风险的解决。

（二）协调措施和制度互补

在吸取教训或改变政策方面的两个主要问题是良好制度的去语境
化和垄断化。首先，通过各种渠道从一个国家转移到另一个国家的大
量政策和制度在落地时往往没有考虑到历史和体制背景，因此无法产
生像原始背景中那样的结果。以巴西和墨西哥的情况为蓝本的许多现
金转移项目在向其他发展中国家进行移植时都失败了，这些都是要研
究的案例（World Bank，1993；Soares，2012）。其次，有可能不是一
个而是有多个不同的制度形式与"良好"的表现有关。在进行各种资
本主义讨论中，发现多种制度形式都与诸如生产力提高、工资适中和
资本管制等良好表现有关（Amable，2003）。这两种情况都强烈表明
有必要深入探讨制度的背景，特别是制度之间的关系，即不同领域的
制度之间如何相互作用并影响其他制度乃至其他领域的绩效表现。制
度互补理论为我们提供了一个用于解释这些问题的非常有用的分析工
具。在研究方法上，制度互补被理解为当一个制度的存在增加了另一
个制度的效率时，两个制度可以说是互补的（Aoki，1994）。因此，顺
着这种思路，由于无法确定一个制度独立于其他制度的影响，因此向
制度标杆学习就变得更加复杂。如何实现制度互补，具体细节在国与
国之间可能存在很大不同，具体取决于国家或相关私营部门的实力、
行政管理能力、现有体系的灵活复杂程度，以及潜在的政治经济状况。
因此，向制度标杆学习的任务是识别整套制度体系而不是在特定背景
下产生一定结果的单个制度，并且制定符合自身历史和制度背景的制

度体系。

互补不同于相似或结构上的同构。例如，不同制度形式采用同一原则的情况不是互补，而是结构上的同构。在后一种情况下，我们仍然不知道这些采用了类似原则或方式的制度是否增加了所有制度的效率。例如，集中和统一对于整合福利供给的碎片化方案或体系来说可能涉及两个进程，即制度互补和结构同构。不过，也有其他许多人主张建立制度以联系和协调不同的方案。

（三）基本服务和转移收入：健康、教育、养老和社会救助

"基本"的概念是一个备受争议的政策词汇。基本服务和转移收入根据一个国家对社会保障的定义和实现方式的不同而有不同。不过，在没有变化的情况下，这些基本服务和转移收入的基本要素在国家法律和法令中往往被定义为基本公共服务或转移性收入。"初级"服务和转移。我们将注意力集中在健康、教育、养老和社会救助等领域中的初级服务性收入，它们被认为是构成了基本的服务和转移收入；以及初级卫生保健、义务教育、贫困社会援助，以及老人的基本养老金。

1. 初级卫生保健和医疗保险

初级卫生保健是一个由公共和私人的医疗服务组成的多维概念。它可以被定义为一组特定的医学专业（即家庭医学科、普通内科、普通儿科和妇产科），一组特定的活动（如治愈或缓解常见的疾病和残疾），一个护理水平设置（即体系的进入点，包括社区医院进行的二级护理和医疗中心及教学医院进行的三级护理），或者一组属性（诸

如易得的、全面的、协调的、持续的和负责的护理，或者以首次接触、
容易获得、纵向贯通和全面综合为特征的护理）。在卫生保健体系的
整体背景下，对初级卫生保健的理解有两个含义，一是"第一时间或
顺序"；二是"第一次接触"，即医疗保健服务和"主要"护理服务的
进入点或受理大厅，这对于医疗保健来说处于中心和基本位置
（Donaldson，Yordy et al.，1996）。世界卫生组织（WHO）的定义通过
将诸如厕所和确保干净饮用水等公共卫生措施包括在内，强调了影响
健康和人口的社会经济、环境和行为等因素的重要性，从而扩大了初
级卫生保健的范围（WHO，1978）。尽管这一概念的含义缺乏明晰和
共识，但是任何国家所定义和使用的初级卫生保健都包括这些含义中
的许多内容。尽管在分析初级卫生保健时，我们采用每一个国家的卫
生当局所定义和使用的概念，但是我们也要注意在"第一时间或顺
序"提供医疗服务中涉及的所有参与人员、机构和程序。因此，我们
的重点是在各国卫生体系整合过程中，初级卫生保健和医疗保险之间
的关系。我们将解释碎片化体系的整合过程，并将重点放在国家保险
体系、资金筹措（保险费、政府支出、成本控制措施等）、福利待遇、
医疗费用报销和监督制度的本质上。

2. 义务教育

不同国家的基础教育差异一直被公认为是全球收入不平等的关键
因素之一（Easterlin，1981；Gregorio 和 Lee，2002）。公共教育支出在
提高人均国民生产力方面是最富有成效的社会服务之一。然而，当国
家开始工业化进程之后，这一事实并不是一个被广泛接受的真相。在
各个国家都发现有针对普及教育扩大的各种体制障碍。诸如普鲁士的
容克地主贵族等地主阶级在中央政府层面封锁了教育供给并将其交给
了地方势力。在英国，教育改革由于选举权限制和政府集权而被推迟

（Lindert，2004）。诸如资本主义社会控制、宗教统治、教育部门内部的既得利益，以及资金和课程制定的权力下放等因素，经常被看作集中式和普遍性义务教育体系的障碍。不同的政治、经济、社会和文化背景对教育有重要影响。在针对全民的集中和义务式教育体系发展上，一个重要的共识是，国家建设进程与教育息息相关（Melton，1988；Green，1990）。这一发现在日本、韩国和中国台湾地区也很明显。这三个国家或地区在发展的早期阶段都确立了普通小学义务教育，并且将义务教育扩大到更高水平。

3. 社会救助和基本养老保险

社会救助包括所有附带条件审查的现金福利，以及向较高收入群体提供的福利（Gough et al.,1997）。其目标是解决物质匮乏的问题，这与作为养老金体系第一层级的为老人提供基本保障的基本养老保险有关联。我们将解释这三个国家或地区中的社会援助方案和基本养老保险，它们在社会救助政策和养老金方案等领域存在共性。社会援助方案显然更有利于借助劳动力市场提供解决方案而不是通过国家供给和养老金体系解决，而且养老金体系是沿着职业身份这条线建立和发展起来的。

二　案例研究：日本、
　　　韩国和中国台湾

这三个国家或地区的情况与发达国家相比有很大不同，反映了强发展型国家的后发工业化特点。至少在以官僚集团的强势领导、国家的财政控制、国家和资本联姻以促进战略性出口产业，以及在政策上排斥劳动力（尽管在不同国家和不同时间存在程度上的不同）为特征的快速工业化时期，它们都被视为发展型国家中的成功典范。所以它们都以较低的不平等和较低水平的社会支出实现了经济的快速增长。对福利供给体系，特别是对由政府、市场和家庭组成的福利供给总和的研究，还要考虑到这些国家/地区或多或少有些类似的福利体制主要特征。日本直到 20 世纪 90 年代还经常被描述为保守派和自由派的福利制度的混合体，但是由于其国家福利供给的分层性，其与保守派的社会福利体制有更多相似之处（Esping-Andersen，1992；Esping-Andersen，1999）。Ku 也认为出于同样的原因，中国台湾地区的福利体制可归入保守派福利体制（Ku，1997）。它们都属于同一体制范畴，突出发展主义政治经济学的特殊性质：社会政策从属于经济或工业发展或者作为一种工具，例如生产主义福利体制、发展型福利体制等（Holliday，2000；Gough，2001；Kwon，2005）。

不过，以体制为中心的特点可能会掩盖属于同一体制的不同国家间的跨部门差异，特别是在诸如医疗和教育等社会服务领域（Kasza，2002；Kautto，2002；Bambra，2005）。我们考察体制特点所用的变量越多，则我们能发现属于同一体制范畴的不同国家间的差别也越多。例如，Lee 和 Ku 通过使用一大堆指标开展实证性研究发现，韩国和中国台湾在 20 世纪 80 年代和 90 年代与日本不同，它们都具有独特的福利体制特性，如低/中等社会保障支出、较高的社会投资、更为普遍的工资性别歧视、中/高福利分层、较高的养老保险无覆盖率、较高的个人福利负担，以及较高的家庭福利责任等（Lee 和 Ku，2007）。中国台湾地区应对始于 2008 年的全球经济危机的减税措施有效降低了税收收入占其 GDP 总值的比重。全台税收负担比例从 1990 年的 20% 下降到 2010 年的 11.9%，在世界最低比例中排第六，甚至低于新加坡的 13.5% 和中国香港的 13.9%（Chang，2012）。这与日本 27.6% 和韩国 25.1% 的国家税收负担比例相比形成鲜明对照。这表明这些国家/地区在实行社会福利改革时具有显著不同的制度环境（OECDiLibrary，2013）。这些差别表明，为了解释这些国家/地区如何克服福利供给体系的碎片化问题，我们必须关注在健康、教育、养老等福利领域中的关键制度和它们之间的具体关系，以及这些制度形成的历史和制度背景。

（一）日本的社保体系

1. 初级卫生保健和医疗保险

日本医疗体系的特点是通过投资和交付机制将药物治疗和预防服务相区分。日本健康医疗服务的全民覆盖是通过各种公共和私营保险方案来实现的，2012 年约有 3400 家保险公司，健康医疗服务主要由私营医疗机构提供。组成这种多付款人体系的主要健康保险方案有：服务中小企业雇员及其家人的准政府机构（一个叫作日本健康保险协

会的公共公司），针对自雇、退休和失业人士的被称为"国民健康保
险（Kokumin Kenkou Hoken）"的市政资金，针对大型公司员工（2013
年4月有超过700名员工）及其家属推出的通常被称为"健康保险协
会（Kenpo Kumiai）"的社会管理的就业型基金，互助协会管理的针对
政府雇员及其家属的通常被称为"互助协会健康保险（Kyousai Kumiai
Kenpo）"的基金，以及针对75岁及以上老年人的被称为"后期高龄
老人医疗体系（75岁以上）（Kouki Koureisya Iryou Hoken）"的日本县
级资金，每一种都各有不同的保险费率（Tatara 和 Okamoto，2009；
Matsuda，2012；日本医疗协会，2013）①。（关于每个保险公司的比较，
请参阅附表14。）

在这个体系中，药物治疗和预防服务是分开的，而初级保健和专
科护理没有进行明确划分。预防服务由一般税收资助，主要是由当地
卫生主管部门提供；而药物治疗是通过以缴费为基础的保险来资助，
并由私人和公共从业者提供（Tatara 和 Okamoto，2009）。一般情况
下，医生被培训成为专家，并且超过90%以上的诊所都由个人或医疗
机构拥有并提供初级服务和专科护理。专科护理需要住院治疗，而昂
贵的医疗服务通常是由医院门诊部提供的（Matsuda，2012；WHO 和
卫生部，2012）。

尽管个人不能随意选择他们的医疗方案，但是无论他们的保
险方案如何不同，个人都可以选择医疗服务机构，因为系统不指
定初级医疗的医生。统一标准的服务收费和相同的福利待遇适用
于所有被保险人。自2000年以来，对老人的长期护理已经被纳入
由市政管理的医疗保险体系的覆盖之下。根据收入和支付能力来

---

① 此外，还有约165个健康保险协会管理的针对某些职业群体（如医生、牙医、药剂师和
律师等）的基金。这些基金大部分都属于被称为"日本国民健康保险协会"的全民健康
保险（Kokumin Kenkou Hoken）组织协调基金。

设置不同的保费规模。政府通过设定收费表，给保险方案中包括地方政府、保险公司和服务提供商在内的各利益相关方落实补贴政策，以及建立并执行适用于保险基金和提供商的详细法规等，起到监管者的重要作用。虽然政府对医疗融资和医疗保险的运行情况有着强大的监管能力，但是对医疗服务提供的控制在很大程度上都交给了医疗专业人员。

虽然该体系是碎片化的，但是其因低成本和公平的全民覆盖而受到称赞。与其他经合组织国家相比，日本具有最长的人均寿命和最低的婴儿死亡率。日本医疗体系是通过部门内部整合从而在不同保险方案之间产生协同作用的典型例子。由于许多保险协会也提供了各种不同的福利和服务，因此日本也是在私人和公共部门中的不同福利服务方案之间进行跨部门整合的例子。

通过在强大的国家（包括中央和地方政府）和以社区为基础的公共卫生运动之间进行互动，已经形成了统一管理框架下的碎片化保险方案体系。该体系的制度起源可以追溯到战前时期，最早的依据是在1911年工厂法案，其中规定只要工人在工厂因工受伤，雇主在工人生病或受伤时有义务帮助工人。其以俾斯麦体系为蓝本的医疗保险体系于1927年开始实施，并且是根据最初只覆盖蓝领工人的1922年医疗保险法案。保险公司可以是政府（小公司不具备管理能力或者没有足够大的风险池），我们称之为政府管理的健康保险（GMHI）；或者是自我管理的健康保险团体（比如员工超过300名的公司），我们称之为社会管理的健康保险（SMHI）。政府强势介入到企业中去，尤其是在从20世纪30年代开始的类似于苏联经济结构的战时计划经济时期，使得基于公司的广泛的福利方案成为可能，这包括医疗方案、终身雇用、以资历为基础的工资制度和公司工会（Okazaki，1994）。Sangyo Hokoku Kai作为一种公司联合形式，处理公司层面的各种问题，包括

福利、资源分配和生产等，这为基于公司的包括医疗保险在内的社会
福利方案的制定提供了坚实的组织基础。以 Sanyo Hokoku Kai 为中心
的劳资关系是战时计划经济的主要支柱之一，并形成了健康保险的碎
片化体系。

GMHI 和 SMHI 的覆盖面迅速扩大，从 1927 年的 190 万人扩大到
1941 年的 563 万人。继用于准备对中国的侵略战争和处理造成大量人
口死亡的结核病而推出的 1937 年公共卫生中心法案之后，又于 1938
年推出了保障健康和福利的全民健康保险法案，主要针对农民
（Tatara 和 Okamoto，2009）。同年新成立的卫生与福利部接管了内政
部、教育部、贸易和工业部等部门在体育活动、卫生、疾病预防和劳
动等方面的职责。公共卫生中心的数量从 1937 年的 49 家增加到 1944
年的 770 家，每个公共卫生中心配备 2 名医生、1 名药剂师、1 名办事
员。3 名卫生指导员和 3 名公共卫生护士。根据全民健康保险法案，
市政当局必须针对本地居民组织自己的健康保险体系，该体系被称为
"Municipal NHI"，也经常翻译成"公民健康保险"。尽管方案中医疗
保险基金和会员制度的建立并不是强制性的，但是随着时间的推移，
基金和会员数都有显著增加。保险公司（市政管理的）数量从 1868
年的 168 家增加到 1943 年的 10158 家，而同一时期被保险人的数量从
578759 人增加到 3730 万人。由于这些保险方案，1944 年日本 7306 万
总人口中，约有 68.5% 被各种健康保险所覆盖（Tatara 和 Okamoto，
2009）。

不过，由于农民和渔民等自雇人员以及小公司的大多数雇员都没
有被纳入 GMHI，因此这两个法定保险体系的覆盖率不到 1941 年总人
口的 8%。在 1942 年以前，报销制度也视每个保险公司和服务机构之
间的合同不同而各不相同。1943 年，社会保险有偿医疗服务评估理事
会（CEFS）成立，它由日本医学协会、SMHI 协会和 GMHI 协会组成。

理事会的目的是确定由保险报销的服务收费，并为诸如 GMHI 人头计酬系统等各种报销系统设置标准，并且 SMHI 的其他系统于 1944 年利用有偿服务系统对其进行标准化。

　　卫生体系总体结构在战后继续存在。1946 年，在卫生和福利部内部成立了包括公共卫生、医疗事务和预防在内的三个公共卫生和医疗事务相关司局。根据 1947 年地方政府法案，各县成立卫生和福利相关机构处理公共卫生问题。战后，确定基于利益相关者协商的付费服务时间表的中央决策体系继续存在并得到加强。CEFS 在合并了一直监测和监督医疗行为的社会保险医疗理事会之后，成为中央社会保险医疗理事会。1950 年，该理事会的作用是决定医疗服务、设备和药品的保险覆盖面，并设定服务收费。经过同盟国最高统帅指挥部（以下简称 SCAP）（1945～1952 年）和日本政府之间的一系列磋商，于 1958 年通过了一个新的全民健康保险法案，该法案使全民健康保险成为强制性措施，并允许所有市政府在 1960 财年建立自己的保险体系，报销比例为 50%。到 1961 年，日本所有人都享有某种类型的保险（Tatara 和 Okamoto，2009）。自 1945 年以来，由于农村选民对国会政治家们的重要性日渐增加，因此从中央政府到地方政府不断增加的预算转移在加强地方政府运营的保险协会的财务稳定性方面起到显著作用。地方政府越穷，则通过公共计划、公共工程、农业补贴、20 世纪 70 年代早期田中角荣的重塑日本列岛计划和 70 年代中期的区域振兴设备公司所集中体现的各种吸引企业投资的激励机制的建立，以及 80 年代在"外围"建立技术型企业的三项政策等各种途径从中央政府得到的各种形式的转移就越多（Caldor，1988）。特别是对地方政府的医疗保险补贴起到关键作用，因为中央政府支出所占份额即使有波动，也已远远大于地方政府的支出份额（见表 1）。

表 1　中央和地方政府的医疗费用支出所占比例

单位：%

年份 项目	1960	1965	1970	1975	1980	1985	1990	1995	2000	2005	2010
中央政府	15.7	22.1	24.2	28.9	30.4	24.8	24.6	24.2	24.7	25.1	25.9
地方政府	4	3.9	3.5	4.6	5.1	4.5	6.8	7.5	8.5	11.4	12.2
医疗保险方案的保费	50.4	53.5	53	53.5	53.2	58.2	56.3	56.4	53.4	49.2	48.5
患者负担的部分	30.8	20.6	19.3	13	11.3	12.5	12.3	11.9	13.5	14.4	12.7

资料来源：Caldor，1988，p.344；卫生、福利和劳动部，1995/2000/2005/2010 年的卫生、福利和劳动白皮书；1990 年的电子数据 http://homepage2.nifty.com/tanimurasakaei/zaigen.html。

　　基于公司的健康保险计划的作用对于理解医疗保险的融资整合非常重要，因为它们自 1982 年以来就承担了老人医疗福利费用的一部分。政府为老人成立了一个资金池系统，其中由大企业组成的名为国家健康保险协会基金的组织向该资金池捐赠一部分。1982 年，老人医疗福利由中央政府资助（20%）、地方政府资助（10%，由县、市、镇、村级政府之间分摊）、员工健康保险缴费（由雇主支付），以及社区医疗保险计划组成（Ohi，Akabayashi et al.，1998）。

　　除了这样的一体化融资机制，还有许多制度性工具将它们绑定到统一的体系中以避免低效和冗员。首先，卫生、劳动和福利部下辖法定机构社会保障理事会的医疗分会和健康保险分会，针对质量和安全、成本控制以及收费标准制定国家战略和指导方针（Matsuda，2012）。中央社会保险医疗理事会是卫生、劳动和福利部部长的咨询委员会，它由 7 个服务机构（5 名医生，2 名牙医和 1 名药剂师）、7 个付款机构（4 家保险公司，包括几名政府代表，2 名雇主和 2 名劳工代表），以及 6 个公共利益代表（包括 3 位经济学家和 1 位律师）组成。根据社会保障理事会的指导方针所设定的范围，该理事会与医生代表的医疗专业人士每两年协商一次收费标准，以限制总体成本的增加。这种通过利益相关者与社会保障理事会和中央社会保险医疗理事会进行协商的集中式体系成功实现了成本控制以及医疗费用的标准化。

其次，由民间协会和政府对医疗服务质量和医院安全能力进行评估和认证。成立于1995年的日本医疗保健质量理事会，作为非营利性组织为医院提供第三方认证。2011年，有约30%的医院已经获得该组织的评定。根据2006年的医疗法修正案，每个县都建立了病人安全中心，用于处理医疗投诉和有关咨询，而2005年的个人信息保护法案从法律上要求病人具有知情权并且医疗记录要对医疗专业人员公开，以便提高医疗服务质量和安全（世卫组织和卫生部，2012）。

再次，医疗专业人员的协会组织也有助于促进碎片化保险资金的整合。医疗专家协会自行制定临床治疗指南，制药和医疗器械局作为政府的监管机构对技术和医疗设备在医疗、社会和伦理方面的影响进行评估。这些机构确保分散的保险计划具有统一的体系，但是只对具有横向和纵向协商的发达体系才起作用，这是塑造日本政治经济尤其是生产体系的主要特点。

不过，日本的医疗制度也并非完美无缺。医院的质量在下降，许多医院由于投资不足而存在人员不足、设施陈旧的问题。除此之外，处方药的消耗量也异常的高。普遍认为，日本的全民覆盖是牺牲质量的结果（Marmor，1992）。自战争结束以来，在城市地区的医疗质量有所好转，但是不同地区差别很大。日本医院网络的分散性和政府对医生和医院缺乏控制，经常被认为是这种地区差距的推动因素（Henke，Kadonaa et al.，2009）。由于政府对价格的强力控制以及保险计划之间的再分配机制，即使在有多个医疗保险的碎片化体系下，人们仍然可以得到良好的基本医疗服务而不至于被医疗费逼得破产。不过，缺乏对医疗和基础设施的质量控制加剧了地区差距，而人口老龄化带来的结构转型又增加了体系的财政负担，这两大因素威胁到日本医疗体系的可持续性。要解决这些对长期社会活力的威胁，需要实行大的改革，包括重新明确中央和地方政府在医疗服务和保险方案中的作用，以及提高医疗服务质量等方面（Shybuya，Hashimoto et al.，2011）。

2. 义务教育

尽管存在诸如通常被称为"考试地狱"的激烈竞争，以及校园暴力和欺凌等各种问题，日本在入学率和识字率方面仍然是世界上最好的国家之一。[①] 小学（6 年）和初中（3 年）义务教育入学率为 100%，没有文盲。高中虽然不属于义务教育，但是全国入学率仍然超过 96%，而且在城市接近 100%。高中辍学率则低至只有 2%（Sinkovec，2012）。

虽然目前的教育体系形成于第二次世界大战结束时启动的教育改革，但是关于这一体系应该在多大程度上舍弃第二次世界大战前建立的制度仍然存在争议。特别是在小学和初中学校，学校组织结构和学校管理的历史遗留制度尤为突出。义务教育制度的起源可以追溯到 19 世纪 70 年代的第一次教育改革。

随着 1871 年废除采邑制度并在全国建立县级建制，中央政府第一次可以着手引入全国统一的教育体制。各县所有学校都归于 1871 年成立的教育部的直接控制，尽管废除了采邑制度，但是先前的封地领主可以保留他们作为府县知事的权力，并能限制中央政府对地方事务的影响。在 1872 年 1 月 2 日进行撤县并制将全国 305 个县合并为 75 个县之后，权力的天平明显向中央政府倾斜，中央政府任命那些与明治政府关系更为紧密的人作为地方长官（文部科学省，2013）。

日本 1872 年颁布的《学制令》标志着日本第一个改革进程的开

---

① 对于教育体系尤其是学校教育体系的评估，仅通过入学率和识字率是不完整的。关于 1999 年以前的日本教育体系研究的严谨性综述有英文版和日文版，参见 Okano, K. 和 M. Tsuchiya（1999）。《当代日本教育》，英国剑桥大学出版社。

始，即由封建主义的"双重"教育体系转变为以西方教育体系为蓝本的现代"统一"教育体系。这些西式体系包括法国的"以国营正规学校为重点的高度集中的管理体制"，德国的"根植于少数精英公立大学的高等教育体系"，以及"强调道德自律的斯巴达式性格塑造预备学校的英国模式"（Passin，1965；Beauchamp，1987，p. 300）。虽然学校的大多数体系都是全新的，但是作为日本采邑制度主要特征之一的分散式领地管理体系仍然为新建立的学区体系提供了教育治理的基础。根据《学制令》，针对平民的被称为 Terrakoya 的普及性传统小学对于促进现代小学在全国的遍地开花起到重要作用，而针对武士阶层的高等教育机构——封地学校，则成为中等和更高等级学校发展的基础（文部科学省，2013）。

作为现代学校制度基础的要素之一是让学生出国学习。许多留学生在各种私立和公立学校传播他们所学到的东西。文明和启蒙的概念是明治维新之后的秩序，各个学校都将西学课程纳入传统中文学科当中。派遣年轻有为的青年学生出国学习和聘请外国专家都是强化学习的方法（Beauchamp，1987）。女子学校也在这样的背景下建立起来，虽然数量不多（文部科学省，2013）。

1872 年颁布的《学制令》有三大指导方针，其中一个就是建立学区体系，其中在八个大学学区中的每一个都建立大学、中学和小学基本制度：每个大学学区内有 32 个中学学区、每个中学学区内有 210 个小学学区（各自名称为大学区、中学区和小学区）。学区体系旨在为约 600人至少提供一所小学，为 13 万人至少提供一所中学（文部科学省，2013）。虽然这个雄心勃勃的计划由于财政困难未能完全实现①，而且在

---

① 19 世纪 70 年代的入学率，在 1873 年是 28%，1877 年是 40%。特别是，女童入学率只有 30% 左右。参见日本近代教育词典编辑委员会（1971）关于义务教育入学率的介绍。《现代日本教育词典（日语版）》，现代日本教育史编辑委员会，Heibonshya。

1879 年用以知县政府为核心的体系替换了学区体系，但是这种体系设
计由于强调入学机会方面的地区平等，因此仍然是中央和地方政府要
实现的目标。

继 1881 年颁布明治宪法和成立国会以及 1885 年引进内阁制以后，
1886 年新成立的教育部创立两种小学，即四年制小学和三年制小学，
其中后者是为低收入群体而设，所学课程比较基础，较前者来说不够
全面。该部还推行四年小学义务教育。虽然三年制小学是免学费的，
但是父母有义务支付四年制小学学费。总体入学率甚至从 1883 年的
53% 下降到 1887 年的 45%，其中反映了农村地区的经济困难，而农
村地区居住有超过 83% 的工作人口（Nihon Kindai Kyouiku Jiten
Hensyuu Iinkai，1971；Macpherson，1987）。虽然三年制小学就读学生
数从 1886 年的 182295 人增加到 1889 年的 785829 人，但是其在这段时
期占小学学生总数的比例不到 28%（Tanaka，1984）。对教育的认识
也从以前将其当作个人成功的生活来源，转而变为将其当作国家发展
与繁荣的一种手段。1890 年的天皇诏书《教育敕语》为 20 世纪 20 年
代和 30 年代支持军国主义和极端民族主义抬头的教育体系提供了法律
形式和道德力量，是 19 世纪 80 年代对教育的民族主义理解的延伸
（Beauchamp，1987）。不过，大多数四年制小学教育都是付费的，并
且入学率较低。1900 年，政府制定了"小学免收学费"原则，但是私
立学校可以自主决定学费多少。小学教师的薪酬补贴也是由中央政府
提供的，收费小学数量从 1900 年的 170001 所减少到 1901 年的 1968
所，1901 年只有 9% 的学校收费，并且只有 15% 的学生是在收费小学
就读（Ito，1968）。入学率从 1899 年的约 73% 增加到 1900 年的 81%，
1902 年的 90%，以及 1905 年的 95%，并且在 1907 年达到 97.38%
（日本近代教育辞典编辑委员会，1971）。1908 年，义务教育延长到六
年小学教育。免收学费的原则被广泛实施，到 1917 年，不到 1% 的学

生在就读收费小学，而收费小学只占到所有小学的3%（Ito，1968）。

二战以后，包括1947年的教育基本法案、1954年的教育行业公务员特别法案、1954年的义务教育教师政治中立临时法案，以及1956年的地方教育机构组织管理法案在内的一系列改革法案，形成了日本学校体系的新体制。总体而言，这些法案有助于加强中央政府（即教育部）的权力。虽然教育委员会设在地方一级，所有委员会成员都由教育部任命，并且委员们没有权力决定地方一级的预算和教育课程（Kanai，2011）。

在这个强大的中央集权过程中，1947年的教育基本法案宣布中央或地方政府管理的学校针对6～15岁的儿童提供免收学费的九年义务教育。① 除了义务教育的时间长度以外，战前和战后时期义务教育的主要区别之一是对"义务教育"的解读。② 在战前时期，官方文件中对义务教育的解读是"被强迫"或"被迫使"的教育，国家通过干预让孩子接受国家规定的教育水平。这种以国家为中心和干预为导向的认识，后来由于公民认识到自己有义务让自己的孩子接受义务教育，从而让国家在尽可能地支持教育服务方面有了法律和道德责任（Ito，1968）。有两个因素强烈影响到义务教育的框架：一是国家责任，这作为新民主日本国战后改革的一部分，有力支持了义务教育；二是资金困难。虽然政府和议会就政府应当负担义务教育到何种程度有过激烈的辩论，但是关于教育经费的最终决定是，只有在政府办学的学校里才能免除义务教育学费，私立学校允许收取学费（文部科学省，

---

① 针对6～14岁残疾儿童成立特殊学校，义务教育从6岁儿童开始，并于1956年实现了6～14岁所有年龄儿童的全部义务教育。

② 义务教育是一个与背景有关的历史概念。普遍接受的义务教育定义之一是与经济、社会和文化权利国际公约中认可的受教育权的概念有关联。受教育权是一种普遍享有的教育权利，它包括所有人都有的免费义务小学教育的权利。受教育权还包括有为没有完成小学教育的人提供基础教育的责任。

2013)，因为政府认为只有少数家长才能负担得起私立学校收取的高
额学费（日本近代教育资料研究会，1995)[1]。

该体系可以促进义务教育的全面普及，因为大部分中小学校已经
是中央政府办校或地方政府学校。1948 年，全国私立小学和就读于私
立学校的学生所占比例分别为 0.4% 和 0.2%，而私立中学和就读于私
立中学的学生所占比例分别为 5.3% 和 7.1%（见附表 3）。政府对这
些私立学校有强有力的监管机制。公共部门在义务教育中的主导地位
一直延续至今，只是在私立小学的占比上略微有些变化。这主要是由
于政府在小学和中学预算上的一贯支持，平均占到教育预算的 70% 左
右（见附表 4）。

自 20 世纪 50 年代以来，学校设施和教学环境有了明显改进，特
别是在偏远地区。根据 1954 年的偏远地区教育促进法，政府可以对工
作在山区和边远地区的教师给予财政奖励。1954 年的学校午餐法和
1963 年的义务教育阶段免费发放教科书法都有助于降低教育成本。在
免费发放教科书的情况下，尤其值得注意的是民间协会组织在降低义
务教育成本方面的作用，这些组织作为民主化运动的一部分，对战前
民族主义思潮的死灰复燃起到抵抗的作用（Yi, 2009; Aoki, 1984）。

日本教育体系往往让外人对其制度的连续性感到吃惊，其不好的
一面是没有能力改变制度本身。不过，其间也有过几次尝试，例如 20
世纪 70 年代早期中央教育审议会的报告要求全面扩大教育体系，80
年代和 90 年代早期动议成立国家教育改革审议委员会，以及 2006 年
对教育基本法案的最新修订。不过，大多数争论已经超出了数量问题，
放在质量问题上，例如国际化、教育的政府管制、教育自由化、信息

---

[1]　与战前教育体系相比，另一个大的不同是从年龄而非学校角度解释义务教育，即 6～14
岁儿童应当接受小学阶段教育而不是参加特定类型的学校。

技术，以及终身学习等（Hood，2001）。义务教育体系的改革也集中在义务教育体系总体质量的提高上，这一点我们可以从1974年的《保障义务教育学校教育从业人员能力及保持和提高学校教育标准特别法案》中看到。据此，1974～1978年中小学校的教师工资得到大幅提高，并且高于一般公务员的工资。进入90年代，在中央和地方政府之间关系改革的背景下，对义务教育的融资进行重大改革，目的是减少中央对地方政府的干预。由于地方政府承担了更多的税收和支出责任，中央政府的义务教育支出份额从50%降到2008年的33%（Saito，2011）。虽然这对一些地方政府产生显著的负面财政影响，但这似乎主要集中在上层高等教育而非义务教育，后者其实在组织结构上没有大的变化。

3. 社会救助和养老保险

在日本，贫穷和不平等问题直到最近才在政策辩论中引起关注。跨国比较来看，实际上日本战后30年在减少贫困和不平等方面表现不错。然而，经济增长并没有持续强劲下去，而且不平等和贫穷必定会影响到某些弱势群体（Milly，1999）。经济的快速增长和中产阶级生活水平的明显提高所体现的平等主义中产阶级社会印象掩盖了自20世纪80年代以来日益严重的贫困和不平等的各种问题（OECD，2006）。其中一个主要原因就是在劳动年龄人口中间因失业率增加、非正规就业形式和劳动力老龄化所导致的日益严重的收入分配差距（Inaba，2011）。虽然在人口老龄化的背景下社保支出占GDP的比重不断加大，但其规模仍低于经合组织国家的平均水平，而且低收入户领到社保支出的比例很小。其中一个主要问题就是，穷人不仅从政府那里得不到救助，而且还要负担比许多其他经合组织国家更重的税赋（Whiteford和Willem，2006；Inaba，2011）（至于现金和福利形式的安全网计划

见附表9）。对穷人实行低福利和重税赋带有二战后建立的公共救助方
案的印迹。

自战争结束直至20世纪60年代初，包括公共救助和社会保险方
案在内的一系列福利方案建立起来（见表2）。

表2　20世纪60年代初的公共救助和社会保险方案

年份	公共救助	缴费制保险
1946	生活保障法案（旧法案——附带条件审核的社会救助）	
1947	儿童福利法案	失业保险法案
1949	残疾人福利法案	
1950	生活保障法案（新法案——扩大范围并增加上述权利）	
1954		雇员养老保险改革
1961		全民健康保险改革（由当地政府管理），全民养老保险（由地方政府管理的统一费率方案）

资料来源：Uzuhashi，2009。

根据1946年生活保障（Seikatsu Hogo）法制定了第一个由政府提
供的针对穷人的公共救助计划，根据贫困程度提供必要福利，从而保
障了所有公民的最低生活标准。不过，政府解决贫困问题政策的主要
原则是鼓励通过工作实现总体上收入平等（Milly，1999），那些身强
力壮者无权获得公共救助福利。尽管宪法第25条规定了穷人享有生活
保障的权利，但是生活保障法直到1950年才做改变，在条件审查的前
提下维护所有居民的最低生活标准变成了国家的责任（Inoue. H.，
1994；Uzuhashi，2009）。Minseiin体系继承了战前的体系，它在当地
有大量的政府委托自愿代理机构，处理村子里100～200户（称之为
Minseiin）中老人、穷人、残疾人、儿童和单亲家庭的有关事务，并且

在核查穷人获得公共救助福利的机会方面起到了重要的把关作用（Goodman，1998）[①]。

继在上一节讲到的职工健康保险体系的基础上推行职工养老保险改革之后，1961 年的国民养老保险旨在为失业人员、自雇人员和农民等未纳入雇员养老方案的群体提供统一费率的基本养老金。由于地方政府管理着国民健康保险及国民养老保险，管理成本和碎片化问题被降到最小。

为了减少对穷人的直接转移，政府通过新增就业岗位、补贴小微企业、制定最低工资、提供公共工作、实施农业补贴等各种有助于加强缴费型保险的政策来间接地解决贫困问题（Milly，1999）。由于经济的快速发展，这些政策能够将资源从工业中心重新分配到农村地区（Estevez-Abe，2009）。

这种做法的重点是强调收入增长，并以满足特点需求的有选择的社会政策为辅助，至少在 20 世纪 70 年代以前，这些做法有效地减少了不平等和贫困问题，使日本在 60 年代成为堪比澳大利亚和瑞典的平等主义国家（Sawyer，1976）。政治民主环境使得无论进步和保守的政治家们都可以与社会力量特别是工会谈判有关增长和平等的社会契约（1999，米莉）。

尽管有这些平等主义的增长政策，但是仍然存在一些弱势群体。特别是在 20 世纪 60 年代和 70 年代日本经济快速增长时期的老年人即

[①] Goodman 还将 Minseiin 体系与远小于其他国家的日本福利部门人员规模联系起来。例如，1976 年日本卫生和福利部有 11200 名员工，而美国人口虽然只有日本的两倍，其卫生、教育和福利部则有 155100 名员工。90 年代末，Minseiin 体系下的义工人数为 19 万人，而整个日本拿工资的地方政府福利官员人数只有 15000 名。Vogel, E. (1980). *Japan as Number One: Lessons for America*. Tokyo, Tuttle. Goodman, R. (1998). The "Japanese-style welfare state" and the delivery of peronal social services. *The East Asian Welfare Model*. R. Goodman, G. White and H. Kwon. London and New York, Routledge.

是其中之一。虽然日本的老年职工劳动力参与率高于其他工业化国家，但是老年职工由于受教育程度低于他们的年轻同事，因而无法获得体面的工作。此外，早期的强制性退休年龄并没有考虑到预期寿命的显著增加以及养老金最低领取年龄比他们的退休年龄大得多这两个情况，因此将许多老人置于经济上的弱势地位（Milly，1999）。不参加劳动力市场的人们的生活也因年轻人口离开父母进城而受到严重影响。针对这些问题，政府于1963年制定了老年人福利法案，其目的在于应对维护穷人收入和照看独居老人等各种需求。这部分反映了对老年人福利的日益关注，这一点可以从1966年起设立敬老日作为国家法定节日看出来。

另一个弱势群体是女性，特别是处于劳动年龄的女性。日本女性的劳动参与率已经向澳大利亚、法国和德国等其他工业化国家看齐，据测算在50%~60%（若包括自雇在内，则有80%），但是她们在工资、福利和工作保障方面一直存在性别差异，远低于具有同样参与率的国家（Milly，1999；Uzuhashi，2009）。尽管1986年出台了平等就业机会法案旨在消除雇用和晋升过程中的歧视，并于1997年作了修订，但这种情况仍持续存在。

20世纪60年代后期，福利待遇大小和政府覆盖范围开始显著扩大。1968年，由被保险人承担的NHI（全民健康保险）服务费用从占整个医疗费用的50%急剧下降到30%，并于1972年出台了儿童津贴政策。政府还将被保险人家属承担的EHI服务费用从50%降到30%，通过实行递进型指数调整体系等各种措施增加了雇员的养老金福利、国家养老金福利和非缴费福利，并且在1973年开始为70岁及以上的老人免费提供医疗服务。这一年被政府称为"日本福利元年"（Uzuhashi，2009）。虽然社会福利支出增加，但就其占GDP比重而言仍远低于其他欧洲福利国家，并且集中在养老和医疗保险方面，福利体系侧重养老的情况比较突出。不过，这种有侧重的体系在经济增长较快并有年轻人加入劳动力市场的情况下并没有造成任何财政问题（Estevez-Abe，2009）。

自 20 世纪 80 年代初以来，日本面临着诸多挑战并最终导致一系列社会保障制度改革。国内有限的产业投资机会再加上应对日元快速升值的宽松货币政策共同导致了信贷泡沫，加速了证券和地产市场的投机性投资。失业、环境和生活质量恶化等相关社会问题增加并且更加不容忽视。曾是战后经济增长主要劳动力的那些人也达到退休年龄，并且人口出生率开始下降，日本的人口开始老龄化。特别是来自工会、民间社团和媒体的要求保障足够收入和社会服务的舆论压力，迫使政府推出了一系列的社会福利改革。不过，政府采取的做法，仍然保持社会保障方面的较低投入，以及以养老服务为保障重点。例如，1982 年废除了 70 岁及以上老人的免费医疗服务，1984 年重新推出付费服务，让 EHI 被保险人承担的费用占整个医疗费用的 10%。1986 年，政府降低了 NPI 和 EPI 的福利，并且于 1994 年将 EPI 的福利享受年龄从 60 岁调整至 65 岁（Uzuhashi，2009）。

福利体系根本性改革失败的原因之一，可以从政治体制上找到。例如，特殊的选举制度，即没有实行比例代表制的多成员选区。在这种体系中，来自同一党派的多个候选人相互竞争该党派的选民，并且同一选区内同一党派的候选人之间的最优选票分配比该党派总选票数的增加更重要。该系统阻碍了根本性改革政策的推出，助长了安抚有组织选民（例如老人）的零碎拼凑式改革（Estevez-Abe，2009）。这种情况一直持续到 1994 年引入比例代表制为止。

在严重依赖于缴费型保险方案并针对穷人提供公共救助的低成本福利方案情况下，产业政策可以创造就业机会和减少收入不平等。不过，伴随快速经济增长的产业政策一直持续到 70 年代初，然后泡沫经济起来直至泡沫破裂，至此日本经济陷入停滞。

在 20 世纪 90 年代初泡沫破灭时，政府开始进一步紧缩预算并且推行更为重大的福利改革。1994 年的选举制度改革促进了这一福利改革进程。由于改革的主要目标是解决融资问题，以及同时还有人口老龄化问题，因此改革的性质不能说是一致声称的"缩减"。首先，这种在人口结构（老龄化）、家庭结构（一人家庭和独居老人家庭的增加），以及劳动力市场（女性在劳动力市场参与率增加）等方面的变化，迫使政府增加其提供长期护理的职能，并于 2000 年推出长期护理保险（LTCI）。减少政府财政支出也作为 LCTI 的一个主要目标隐含在官方文件里。其结果是，该体系强化了性别不平等，其中强调在直系亲属中间由妇女提供家庭护理，而不是机构护理，并且护理工人工资低、工作没保障（Abe，2010）。其次，政府减少了中央政府在社会保障方案，特别是在养老和医疗服务方面的财政支出。此外还涉及地方政府在生活保障津贴、儿童抚养津贴，以及针对体弱老人开办的养老院等福利设施的运行费用等方面的财政负担比重增加（Uzuhashi，2009）。2011 年，专门由税收收入资助的福利中有 3/4 来自中央政府的财政预算，其余部分是由县/市政府提供。这 25% 的财政负担阻碍了地方政府证实符合资格的人士并提供福利，尤其是在那些条件符合者比较集中的地区（Inaba，2011）。虽然包括基本养老、医疗服务、福利及其他在内的社会保障支出比重从 1975 年占 GDP 的 9.5% 大幅上升至 2010 年的 23.1%，但是这一水平与其他国家相比仍然不高（见附表 10）（国家人口与社会保障研究所，2013）。特别是在公共援助方案、子女津贴，以及不包括长期护理在内的个人社会服务方面的社会福利支出，与医疗、养老和长期护理相比花费非常少，也就是后者的10% 左右。这说明与其他国家相比，日本公共援助计划的福利水平改善较少。例如，国际比较表明，家庭福利和残疾福利方面的功能性社会支出作为日本公共救助的主要部分，仅占其 GDP 的 2.11%，而英国这一数字是 6.86%，德国是 5.57%，法国是 5.33%，瑞典是 9.18%（见附表 10）。

虽然过去的 30 年中公共救助的增长速度低于养老和医疗，但是边缘群体也能够被纳入公共救助方案，这要归功于活跃的民间社团。例如，比较突出的是无家可归者组织，他们迫使政府取消将永久居留权作为公共救助资格要求，并于 2009 年开始领取福利（Inaba，2011）。2002 年制定的"无家可归者自立促进法"，在寻找稳定工作、辅导、技能开发、住房、医疗和日常生活等方面为无家可归者提供支持。2007 年，接受公共救助的最大群体是以老人为首的家庭（45.1%）、残疾人家庭（36.4%）和单身母亲（8.4%）（Inaba，2011）。

（二）韩国的社保体系

1. 初级卫生保健和医疗保险

韩国医疗保健体系的特点包括：由全民医疗保险作为单一支付者的全民医疗覆盖、私立医院及诊所在医疗服务供给中占主导、医护人员和设施集中在城市地区、城乡之间存在医疗质量差距，以及医疗保健服务的自费支付水平比较高等。这些特点彼此紧密相关，与政治、经济和社会因素一样，它们既是医疗保险体系碎片化结构的原因，也是它的结果。本节将介绍医疗体系的发展历程，重点放在国民医疗保险体系的发展及其与初级卫生保健之间的关系上。特别会关注私立医疗机构在医疗保险体系发展不同阶段的作用。

韩国于 1945 年独立以后，政府卫生政策的首要任务是防止传染性疾病和促进公共健康，例如强调环境卫生而不是提供治疗护理。通常认为治疗护理是由人员不足和缺乏资源的私立医院和诊所提供的。同时，由于受美国军事政府于 1945～1948 年管理韩国的重要影响，以美国式医疗专家体系为基础，开始认识到医学教育体系的重要性。尽管世界卫生组织（WHO）建议以接受 4 年医学院教育后取得证照的全科医生为基础建立卫生体系，不过新成立的韩国政府设立的医学教育体系中，6 年医学院教育之后紧接着是在教学医院作为实习生和常驻人员接受 5 年培训，这是有资格成为"合格"医生的公认标准（Lee，1969；Cho，1990）。这些对医生教育的长期严格要求，使韩国卫生体系成为以专家为中心的针对二级或三级护理的体系，而不是针对初级护理。

初级保健主要是由 1945 年开始在农村地区设立的由外国援助的公共卫生中心提供，以满足农村居民的医疗保健需求，但是它们的数量不多。直到 20 世纪 70 年代当政府开始密集投资农村发展时，这种情况才发生明显变化（Shin 和 Seo，2002）。此外，由于公共卫生部门工作条件差、工作待遇低，医生宁愿为私营部门工作，而不愿意去公共部门，这是公共部门被掏空的部分原因，现在这种医生已经很少了。

对于因地理或经济原因无法得到医院治疗的人们来说，越来越多的私营药店在提供"一站式"咨询、处方和配药等方面发挥了重要作用。大多数药店都是由经过大学 4 年药学教育的药剂师成立的，并且在朝鲜战争之后迅速扩大。虽然处方药和药品配送分开的法律早在 20 世纪 50 年代初期就已制定，但是政府的软弱执法能力导致了大量的非处方药，足以列出长长的清单。少数能够支付高额费用的人向医院和诊所寻求服务，而占人口大多数的穷人则去药房寻找不需处方的药物（Cho，1990）。

政府通过对农村地区的公共卫生中心进行投资，已经加强了公共卫生部门，特别是自 70 年代初期实施以新村运动为名的大量密集性农村发展项目以来。此外，通过免除兵役的方案来动员公共卫生中心的执业医生；不过，私立医院的优越性持续存在（Douglas 即将于 2014 年提交的论文；Yi 即将于 2014 年提交的论文）。

正是在这样的背景下制定了国民健康保险（NHI）。NHI 的发展大致可分为三个不同阶段：试点阶段，只纳入少数几家公司（1965 年至 1977 年 6 月）；强制性医疗保险阶段，在此期间覆盖率从总人口的 10.49% 逐步上升到 51.3%（1977 年 7 月至 1987 年）；以及全民医疗保险阶段（1988 年以后）（Kwon，1999）。在此逐步扩大的过程中，形成碎片化的医疗保险融资体系和监管体系，医疗保险融资严重依赖雇主和被保险人缴纳的保险缴费而非税收，监管体系是政府以集中方式监管医疗保险体系，审查索赔并向医疗服务机构付费，并作为索赔审查的监管者，使各个保险计划之间的法定福利待遇相同。——医疗保险的三个阶段，逐渐扩展。

在第一阶段，医疗保险不是强制性的，只形成了几家以公司或居民区为基础的自愿性医疗保险基金（保险协会）。政府没有资助这些保险社团，而且参与率较低。1977 年 6 月，总计有 11 家以公司为基础和以居民为基础的保险社团成立，并且只覆盖了 0.2% 的人口（Kim，2002）。每一家保险社团都与自己的服务提供商签订单独的合同，并且享受医疗服务的接续转移往往局限在特定区域。设置的缴纳比例较低，而需求非常高。其结果是，这些合作社的财务状况变得更糟。认识到自愿性方案存在诸如筹资困难和低参与率等各种问题，政府于 1970 年决定将医疗保险从自愿性方案变为强制性方案。由于国际油价冲击造成的经济困难，使这一方案直到 1977 年才实施。

在第二阶段，通过立法让一定规模的公司强制性提供医疗保险，逐步扩大医疗保险覆盖面。在与已经很强大的医生利益集团——韩医学协会——进行协商的基础上，建立了索赔审查和向医疗服务机构进

行支付的体系。带有有限服务的付费服务体系获得通过，并且制定的
服务收费水平低于市场价格。不过，NHI 的支付体系，特别是付费服
务体系，与诸如"总额预算"或疾病诊断相关分组（Diagnosis Related
Groups，DRG）等预期体系相比有一个包含成本的内在困难，因为带
有有限保险服务的付费服务会鼓励医疗技术的滥用，以及未投保昂贵
药物的使用，因而造成了大量和过度的服务（Kwon，2009；Yi 即将于
2014 年提交的论文）。关于融资，来自雇主和雇员的缴费再加上患者
的支付几乎占到保险方案融资资源的全部，而政府只是将针对保险机
构的微薄管理成本提供给医疗保险合作社，继续作为调控者的角色。
对雇员和雇主的融资依赖是政府通过限定公司的规模来界定工薪人员
的主要原因之一。例如，公司规模标准在 1977 年是 500 名以上员工，
1979 年是 300 名以上员工，1981 年是 100 名以上员工，1983 年是 16
名以上员工。这样以稳定和可持续方式收取保费的可行性就要大得多
（Kwon，1999）。1979 年，政府雇员和教师加入 NHI。虽然这些公司都
有自己的医疗保险协会，包括单个公司的医疗保险协会或多个公司的
医疗保险协会，缴纳比例是由政府依法统一规定，来自医疗服务机构
的索赔要求由准政府组织进行集中审查，并且向医疗服务机构付费也
是集中处理的。对于产业工人、政府及学校员工，缴费与工资收入成
正相关，并且在雇员和雇主之间平摊。除非保险基金合并，平均缴纳
比例对于政府和学校员工来说是 5.6%（占其工资性收入比例），产业
工人是 3.75%，变化范围在 3.0% ~ 4.2%，具体根据不同的保险社团
有差别。保险社团的缴纳比例须经卫生与福利部的批准（Kwon，
2009）。

　　在此期间征税体系的发展也为保费的征收提供了良好的环境
（Lee 即将于 2014 年发表的论文）。在工业部门快速发展和税收增加的
情况下，强制性医疗保险阶段的医疗体系允许公司或职业群体在自己

独立保险基金的基础上建立个人医疗保险社团，以继续促进扩大覆盖面。到1987年，医疗保险覆盖面逐渐扩大到涵盖大部分员工以及他们在工业部门的家属，占总人口的51.1%。[①]

作为适用于中小型公司的强制性条文，保险社团数量逐渐增多，一些合作社由于会员规模小而开始遭遇资金困难和管理低效（Kim，2002）。对此，政府于1980年制定了一个规则，即雇员少于3000人的公司应当合并成立一个合作社。重商主义的发展型国家所具有的压倒性力量降低了来自企业界的潜在抵制力量（Yi，2007；Ringen，Kwon et al.，2011）。国家强权通过大财阀及中小型企业的雇主组织下达到企业车间，在没有强大工会的情况下，雇主组织促进了这种合并（Hart-Landsberg，1993）。这部分合并举措通过迫使中小企业形成单个保险社团并进行扩大覆盖面以容纳新成员，从而导致以单个公司为基础的保险社团的数量从1977年的494个减少到1985年的70个（见附表1）。

第三阶段始于1987年，在民主政治背景下发生针对选票的激烈政治竞争，民间社会团体，特别是处于医疗保险覆盖之外的农民团体联合组成强大的政治力量。随着医疗服务机构不受管制地向被保险人收取更高费用以增加其利润，对被保险员工和未保险人之间医疗不平等的关注日渐增多，并且面临着总统民主选举的各个政党都将覆盖所有未参保人口的全民医疗保险体系作为解决医疗不平等问题的方案。包括农民、个体户、非正规部门雇员和失业人员在内的无薪水人员处于以基于居住地的医疗保险社团形式存在的医疗保险体系之外，第三阶段通过将现有体系扩大到这些人口，从而建立了全民医疗保险。尽管

---

① 医疗保险覆盖面扩大的过程也伴随着1977年成立的医疗援助计划，即由公共卫生部门向按照公共救助计划领取福利的人们提供医疗服务。Kwon，H.（1999）：《韩国、伦敦和纽约的福利状况》，麦克米伦出版社有限公司。

工资收入是雇员缴费的唯一依据，但是基于居住地的医疗保险社团的
保费，是通过对收入、财产和家庭规模进行评估而设定的。不论缴费
多少，所有方案中的福利待遇都是一样的。对于贫困地区（主要是农
村地区）基于居住地的医疗保险社团的会员来说，其会费负担占收入
的比例要大于那些富裕地区。在农村地区基于居住地的保险社团的情
况下，诸如人口减少、健康状况普遍较差，以及老年人口比例增加等
结构性问题大大增加了卫生支出，同时降低了税收收入。在民间社团
特别是农民组织的压力下，政府资助占到这种基于居住地的保险社团
支出的50%，这标志着国家在医疗服务提供方面的角色从调控者转变
为提供者。[①] 政府帮助建立基于居住地的合作社，包括那些基于居住
地的保险社团在内，医疗保险社团的数量大幅增加。全国范围内健全
的管理组织，特别是在农村地区通过密集的农村开发项目，推动了以
居住为基础的医疗保险社团的建立。虽然这些医疗保险社团在组织上
都是独立的，但是一个由医疗保险社团组成的协会，叫医疗保险协会，
在协调各成员社团的财务和行政职能方面起到重要作用。政府出于大
力规范协会的需要，给予该协会高于成员社团之上的权力和高于医疗
服务机构之上的权威（Kim，2002）。该协会有权审查和审核医疗服务
费用报销，并且有权在成员社团之间重新分配财务风险。例如为财务
上脆弱的医疗保险社团成立的保险金融稳定基金，基于公司的合作社
和具有较好财务状况的国有合作机构比基于居住地的合作社对该基金
的缴费贡献更多。该协会是一个准政府组织，职责是规范、协调和管
理分散的合作社和私立医疗服务机构。自1998年以来，该协会为政府
试图解决医疗保险的碎片化结构提供了坚强的组织基础。

---

① 1999年，政府对基于居住地的合作社拨付的款项逐渐下降到26.3%，这是导致基于居住
地的合作社出现融资困难的主要原因之一。Lee, J.（2006），《韩国和中国台湾国民医疗
保险整合中的福利政治》，首尔中央大学社会福利研究生院，硕士学位论文：88。

　　然而，在低水平收费和高服务报销的情况下，由于福利包较小以及在保险社团内部的反复再分配威胁到保险社团的财务稳定，这种基于"加法式改革"的覆盖扩张无法厘清国民健康保险（NHI）的固有问题，例如1990年高自付的款项占到全部医疗融资的59.7%（Kwon，1999；Wong，2004）。虽然政府于1989年出台了区域医疗体系，将全国划分为140个中型医疗区和8个大型医疗区，但该体系也搞了一个强制性转诊制度，即所有患者在去综合性医院就诊之前，应该去其所在区域内的诊所或医疗中心。当时的想法是通过减少不必要的到昂贵的综合性医院的就诊次数来降低成本，但结果并没有对成本降低产生明显影响，这一点我们可以从自1997年以来财政赤字的增加看得出来（Kwon，1999）。厘清健康保险社团财务不稳定的另一项举措是由在野党提出并在国民议会上通过的、旨在建立全民健康保险基金（NHIF）以联合所有医疗保险基金的新法案。其想法是从稳定的基金（大多数情况下是政府雇员和大公司的基金）中转移资金到脆弱的基金（大多数情况下是带有个体户、农民或非正规部门雇员的区域性基金）。不过，总统否决了这个提议，因为考虑到包括政府雇员和大公司等的社会中上层会关注他们基金中的资金转移至其他基金，害怕失去中上层的支持（Kwon，1999）。

　　不过，随着医疗服务使用的增多，在收支平衡方面出现亏空的社团数量从1991年的1家增加到1993年的15家和1997年的183家。政府对基于居住地的医疗保险社团的拨款资助比例逐渐下降，从1988年占税收收入的50%下降到1999年的25.6%，更加重了基于居住地的医疗保险社团的财务困难（Kwon，2003；Lee，2006）。其结果是，一些基于居住地的保险社团不得不增加被保险人的保费。但是，基于居住地的保险社团中的被保险人，特别是那些在农村地区社团的被保险人的支付能力是有限的，这就给许多基于居住地的医疗保险社团造成

了长期的财务不稳定。基于居住地的保险社团规模太小，无法分散其
成员的风险，因此它们很容易因其成员的疾病而受到财务冲击。基于
居住地的医疗保险的管理成本比重相比其他也是最高的（9.5%），例
如政府雇员和教师的保险社团的管理成本比重为4.8%。基于居住地
的保险社团自上而下地任命CEO，更好地管理自主资金的可能性较
小，这一点我们可以看到与德国的自主疾病基金体系的情况有所不同
（Seitz，Koenig et al.，1998；Kwon，2003）。对于基于居住地的保险社
团，高昂的保费负担仍然是一个突出问题。医疗保险社团，特别是基
于居住地的医疗保险社团，要求与其他保险社团进行整合以获得更好
的财务状况，这主要是那些基于公司的医疗保险社团。亚洲金融危机
以及新当选的总统金大中为改革打开了一扇机会之窗。在亚洲金融危
机期间，对医疗融资不公平和保险社团之间融资能力差异的关注日渐
加强，进步的民间社会团体、学术界、基于居住地的保险社团的工会、
面临财务困难的中小企业，以及农民组织都被动员起来，支持总统关
于合并保险社团以提高保险社团间横向公平的倡议。基于雇主和大公
司的保险社团等本来可能对合并发出强烈反对声音的一方与医疗服务
机构都较少关注这次合并问题。基于雇主和大公司的保险社团及其成
员对企业改革和就业调整等金融危机下的经济问题更感兴趣，而医疗
服务机构则更关注新政府试图推行的未来支付体系以及药物处方和配
药分离问题（Kwon，2003）。

　　健康保险社团的财务不稳定成为1997年大选的主要竞选议题之
一。将医疗保险合作社的整合作为竞选宣言的金大中政府，刚刚执政
就不顾反对派和基于公司的合作社的抗议制定了一项法律，将医疗保
险社团合并为单一的保险基金（Wong，2004）。通过建立由政府、保
险公司、服务机构和消费者等各方代表组成的独立三方机构来审查和
审计付费服务报销体系，从而减少了服务机构因担心增加单个保险公

司权力而产生的阻力。

在合并前，有三种不同类型的医疗保险方案：

——针对产业工人及其家属的医疗保险（占总人口的36.0%）；

——针对教师和政府雇员及其家属的医疗保险（占总人口的10.4%）；

——针对自雇劳动者的医疗保险，即所谓基于居住地的保险社团会员（占总人口的50.1%）（Kwon，2003）。

新当选总统金大中的政府最初是于1998年将基于居住地的医疗保险社团与针对政府雇员和教师的保险社团合并，创建国民医疗保险公司（NHIC），并于2000年将针对产业工人的社团合并到NHIC，这样国民医疗保险（NHI）就只有一个统一的保险公司。合并背后的基本原理是对不同类型保险社团之间的横向公平产生正面影响，特别是在基于居住地的保险社团与其他社团之间，而不是在整个人口中间。

NHIC为曾隶属基于居住地的保险社团的所有会员制定统一的缴费标准，并且对在收入和地理区域方面处于弱势的人口制定了缴费折扣。合并后与合并前相比，62.2%的家庭的月缴费支出降低了（平均减少3.8美元），而37.8%的家庭的月缴费支出增加（平均增加了5.6美元）。举例来说，对于首尔最富有一个县的居民来说，平均缴费增加了36.3%。可以说，合并后在曾属于基于居住地的保险社团的会员中间医疗融资公平性增加了（Kwon，2003）。统一体系已经大大提高了产业工人之间的缴费公平性，大约56.6%的被保险人缴费都有所降低。收入越高，则缴费增加就越多（Kwon，2003）（见附表15）。

虽然这个全民医疗保险的统一体系也不是没有问题，尤其是由于人口快速老龄化、小额福利包、以营利为目的的私人医疗服务机构的过度治疗，以及很大一部分的自费支付〔2004年占全国医疗成本的

47%（Kwon，2009）] 等原因导致的资金困难，但是该体系与以前的
国民健康保险体系的碎片化结构相比，还是成功地提高了保障效率。

2. 义务教育①

日本殖民当局统治韩国时期，1905～1910 年作为韩国的保护国，
之后直到 1945 年一直将韩国作为其殖民地，其间在韩国建立了现代教
育的基础，但是带有有助于加强日本殖民统治的明显特征。日本殖民
政府推行的西式学校体系和课程带有强烈的"皇民化"元素，强调日
语学习和日本文化价值观。尽管对小学教育非常重视，日本殖民政府
在中学教育阶段推进职业学校发展，培养方便进行殖民政策实施的工
人，例如土地勘测（Kang，1997）。

20 世纪 30 年代，殖民政权强调小学和中学教育，特别是日语教
学，以为其亚洲战争做准备，也为了加强韩国人的日本人身份认同
（关于这一趋势的概述，参阅附表 7）。除了从加强日本身份认同到增
加人力资本等不同动机以外，还有来自媒体学术界的强烈呼吁针对普
及小学教育进行立法。日本殖民政府实施了一系列政策来扩大小学教
育，例如 1929 年制定并持续 8 年时间的"一村一校政策"。由于缺乏
教育资源，殖民地政府依赖学费，而且不是增加 6 年制小学数量，而
是建立了一个 4 年制小学制度以减少财政负担，这种小学在 1936 年占
到所有小学的 46.8%（Kim，2005）。虽然小学教育不断扩大，但是由
于严重的财政困难，结果导致识字和算术教学不完整。全民义务小学
教育立法直到殖民统治结束时也没有开展（Sano，2006）。日本殖民政
府也没有特别关注教育中的性别差异问题。小学女童入学率一直比男

---

① 这部分采自 Yi, I. 的《如何加强教育与健康对韩国经济增长的促进作用?》（即将出版），
　　Yi, I. 和 Mkandawire, T. 编写的《韩国发展成功学：有效的发展合作与协同机制及政
　　策》，Macmillan Palgrave。

童入学率低，停滞在男童入学率一半不到的水平，而到中学教育阶段女生入学率更低。根据 20 世纪 40 年代小学入学率的一些估计，1942年女生入学率为 24.2% 或 33.1%，低于 56.3% 或 75.5% 的男生入学率（Kim，2005）。

日本殖民政府的招聘体系也对韩国人关于教育和教育体系的态度有很大影响。韩国人被招募进去起到中层管理者的作用，通过竞争择优的考试聘请他们担任这些职位。招募韩国人的最大公共部门之一就是教育部门。1921 年，日本殖民政府建立公共师范学院并招募韩国教师。高考竞争非常激烈，通过考试的人同时被要求既有对日本帝国很强的忠诚度，又有高度的学术能力。对韩国人来说，通过考试并被日本殖民政府招募意味着提高其政治、经济和社会地位，这在部分程度上鼓励了社会更加重视其子女的高等教育。

日治时期入学率逐步提高，在 1939 年达到 33% 左右，已经高于缅甸、印度、印度尼西亚和巴基斯坦等其他南亚国家在 20 世纪 50 年代的入学率（联合国教科文组织，1954；Myrdal，1968）。这些数据表明，处于殖民地的韩国即使在遭受严重经济剥削期间也实现了教育的提高。

诸如皇民化、军事化的纪律、将教育作为殖民地政策工具、日本人和韩国人的双重教育结构，以及对女性教育缺乏重视等这些日本引入的教育体系特征持续了近 40 年，对战后独立的韩国教育发展产生了重要影响。其中一些特征被保留下来，而另一些则被修改。一些在经历了不同形式的沉寂之后又被恢复，而另一些则在整个发展过程中完全消失。

独立以后，1945～1948 年美国军队驻韩军事政府（USAMGIK）的最重要教育政策任务之一是去日本化，将现有韩国体制改造为美式体系（Meade，1951）。去日本化在李承晚总统领导的第一共和国时期继续进行。这一时期的教育政策中烙下了反日情绪。

在此期间建立新的教育体系所面临的主要挑战之一是较高的韩语文盲率，这是由于殖民教育政策使日语成为标准语言并且禁止在学校进行韩语教学所导致的。据估计，1945 年约有 78% 的人口是韩语文盲。另一个挑战是能够正确讲授学校课程的师资力量不足。根据 1939 年的统计，殖民统治下的大部分学校教师是日本人，在小学、中学和高等教育中分别占 40%、80% 和 76%。中专及以上学历的韩国毕业生人数不足以填补日本人离开后留下的小学教师缺员（Sorensen，1994）。包括韩语课本在内的教材也没有现成可用的。

为了厘清教育领域中存在的问题，韩国进行了一系列的制度建设，并实施了相关政策。USAMGIK 于 1945 年成立了由约 100 名韩国知识分子组成的教育政策委员会，为日后建立教育体系制定重要的政策，其中一个例子是将中学教育扩大到每个二级省包括一所高中（1945 年韩国约有 130 个二级省）。其中一个引起激烈争论的问题是学校制度中的学年结构：6 年–3 年–3 年–4 年，还是 6 年–6 年–4 年。1949 年采用的体系最初在各个教育阶段规定 6–4–2–4 年制，然后考虑到完成 4 年制初中学习存在财政困难，于 1951 年又改为 6–3–3–4 年制（Lee，Choi et al.，1998）。最重要的一条建议是在 1946～1951 年实行 6 年义务教育，政府提供财政支持，建立教师培训机构，在地方各级设立委员会以监督和指导义务小学教育。针对义务教育采取了一系列措施，例如增加义务教育预算、在 1948 年的新宪法中明确 6 年义务和免费教育条款、1949 年推出教育法案，以及 1953 年制定 6 年义务教育计划等。1959 年，韩国实现了 6～12 岁儿童 95% 的入学率（Lee，Choi et al.，1998）。特别值得注意的是，1953～1959 年的 6 年时间，约 80% 的教育预算用在义务教育上。

一些制度和政策为小学阶段的义务教育营造了有利环境。首先，政府制定了一系列有关预算的法律以确保对义务教育的筹资，例如1951年的教育税法，1958年的义务教育财政拨款法，以及1958年的地方教育财政拨款法案。这些法律经过不断修订，进一步保障了财政预算，特别是防止财政部门压缩义务教育经费（大韩民国1968年国民大会）。1958年的地方教育财政拨款法案的另一个影响是加强了中央政府的权力，使其能够全权决定分配给地方教育设施的预算。

其次，USAMGIK和李承晚政府都给那些受过中等教育的人发放教学执照，增加了合格教师的数量。他们积极支持在职培训，建立师范学院。其中，在增加教学人员方面最重要的贡献是政府对中等和高等教育的重视。至此政策账基本还清了。1945～1948年，小学学生人数上升了82%，而中学学生人数增加了183%。同一时期，小学、中学和中职各级在岗教师人数总共增加了55569人，增长了268%（Krueger，1982）。最值得注意的是，为应对爆炸性的教育需求，特别是韩国人以前在日本殖民统治下难以获得的高等教育需求，USAMGIK促进了大学的自由设立。这样一来，大学的数量从1945年的19所增加到1948年的42所，其中超过一半是私立大学（Kim，1979）。随着高等教育的扩大，教师队伍素质也提高了。直到70年代，政府建立并管理了一个灵活的体系，其中各类院校为不同层次的学校提供师资（Lee，Choi et al.，1998）。

再次，中央政府掌握的资源及其拥有的建立或关闭机构的权力在规范学校方面起到重要作用。政府具有制定全行业工资政策的重要权力，通过对教师工资实行单边调整来应对各个学校不断变化的教师需求（Yoon，Park et al.，2012）。

私营部门更多地参与到中等教育也很明显。1945年，私立学校在各级学校中的比例仅为19%，到1952年这一比例达到40%左右，中

等和高等教育水平的私立学校数量迅速增加，在 1965 年占中学生总人
数的 44.4% 和高中学生总人数的 50.7%（联合国教科文组织，1955；
韩国课程和评价研究所，2009）。私营部门在高等教育和高级高中所
占的比重都有大幅提高，私立初中的比重也很突出，2013 年初中学生
总数中约有 17% 在私立学校就读（见附表 8）。

　　私营部门的扩张是政府在普通教育、特别是中等和高等教育领域
一贯鼓励民办教育投资政策的结果。尽管政府将大部分教育预算（超
过 75%）投入到小学教育，它通过土地改革鼓励了中等和高等教育领
域的民间投资。在 20 世纪 40 年代后期，USAMGIK 和李承晚政府出于
政治原因都把土地改革作为一个必经过程（Cummings，1981），土地
所有者们不顾一切地夺回自己土地的价值。李承晚政府制定《教育基
金会拥有土地特别补偿法》，鼓励土地所有者将土地投资到宗教活动
和教育等公共产品。因为知道对纳入土地改革的土地进行补偿数额很
少而且过程漫长，因此土地所有者自建或捐赠土地建立民办学校，尤
其是中学和大学。这样一来，土地所有者可以保留他们以不同形式存
在的土地价值，例如属于私立学校的资产（韩国教育十年历史编辑委
员会，1960）。这意味着，土地改革和相关政策形成了利用新资源投
资教育的一种势头。在从殖民到解放的这段过渡时期，韩国全民小学
教育体系在公共部门中建立起来，而很大程度上依赖私营部门而提供
了中等教育和高等教育。

　　其中一个政策无法解决的问题就是缺乏小学教学设施，特别是缺
乏教室。由于财政困难，政府无法设立足够的学校和教师以容纳日益
增多的学生。从凌晨到深夜开展二班倒、三班倒甚至四班倒的轮班制，
经常使用能容纳 65 ~ 70 名学生的超大班授课（Lee，Choi et al.，
1998）。另一个问题是因小学毕业生大量增加而采取的初中学校入学
考试导致竞争加剧，收费性私立补习班增加了家长们的经济负担，因

此政府从 1969 年开始的三年里废除了初中入学考试。[①]

　　针对小学结业和初中入学以及超大班等问题，出台了各种控制措施以应对日益增加的初中学生。小学提供的学校指南鼓励毕业生选择其他选项而非初中，政府只允许那些存够足额学费的人入学（Lee，Choi et al.，1998）。这些措施清楚地表明，取消入学考试的目的不是为了扩大初中教育机会，而是减少因初中入学的激烈竞争所导致的各种问题。不过，这只是将问题从小学教育阶段转移到初中阶段，而学生可能会再次被卷进高中入学考试的激烈竞争中。这些问题都以类似的方式进行了清理，主要是从 1974 年起取消了高中入学考试，取而代之的是通过随机派位系统来指派学生到同一学区的任一学校。这种派位系统要求学校在设施和师资队伍方面具备类似的质量以及政府对这些事情具有强大的调控能力。从非常严格的意义上来说，政府通过公立和私立学校的教师招募系统、财政补贴控制，以及在整个 20 世纪 70 年代通过行政命令关闭了一些表现不佳的学校，可以调控教学设施和师资队伍的质量（Lee，Choi et al.，1998）。不过，各个学校在教育环境方面的差距，特别是城乡之间的差距并没有减少，韩国教育体系仍然存在严重的问题。

　　取消入学考试的一个重要影响是增加了初中和高中教育的机会。初中入学率从 1965 年的 41.4% 上升到 1980 年的 95.1%，并于 80 年代初期几乎达到 100%。高中入学率从 1965 年的 26.4% 上升到 1980 年的 63.5%，并于 1997 年达到 94.6%（Lee，Choi et al.，1998）。

　　当 1985 年开始义务教育从 6 年延至 9 年时，3 年制初中入学率达到 82%，最初是在偏远地区。由于所有初中学校（包括私立和公立）

---

　　① 废除初中入学考试一事根据其发生的日期被称为"715 革命"。政策准备的所有程序都是非常秘密的，包括开放式咨询（Kim，S.，1968）。《韩国入学考试制度改革前夜》，Gyoyuk Pyeongron。

的学生都需要缴纳学费,因此开始覆盖偏远地区学生的义务教育政策
意味着免费就读初中。虽然 90 年代覆盖面扩大到二级省区,但是到
2001 年也只有 19% 的初中学生从免费义务教育中受益。由于初中入学
率达到 95% 以上,民间社会组织关于所有初级中学提供免费义务教育
的呼声在增加。韩国在加入经合组织后,通过与享有 9 ~ 12 年免费义
务教育的其他经合组织国家进行对比,在影响政府推进免费义务教育
方面起到重要作用(韩国国家档案馆,2006)。政府从 2001 年开始扩
大初中学校免费义务教育,至 2004 年完成。不过,大多数中学向学生
募集捐款,称为"学校管理赞助费",由家长、教师和学校所在地的
区域利益相关方等几方代表组成的学校管理委员会设立。某些地区
2004 年的义务教育占到学校预算的 26%。为解决城市社会日益增加的
免费义务初中教育的需求,政府增加了初中预算,从而减少了学校管
理赞助费的比重。2012 年,根据宪法法院关于公立学校禁止征收学校
管理赞助费的裁决,公立学校废除了学校管理赞助费的征收(民声,
2012)。一些私立学校仍在征收学校管理赞助费,不过数额在不断下
降,目前每名学生每月平均不超过 15 ~ 25 美元,远低于初中学生参加
私人补习学校的成本,后者是每名学生每月平均 270 美元
(Munhwa. com,2013)。

3. 社会救助和基本养老保险

1961 年的民生保障计划是韩国的第一个公共救助计划,其特点是
较强的工作福利原则、家庭帮助原则,以及对无亲属和无工作能力的
极端贫困人口进行扶贫的原则。该计划针对 18 岁及以下未成年人、65
岁及以上老人、孕妇,以及无亲无靠的残疾男性。对这些群体的救助
由 4 种福利和服务组成:生活保障津贴、免费医疗服务、生育保障津
贴,以及葬礼仪式的费用。城市地区的失业人员和低薪工人以及农村

地区无亲无故的季节性工人也缺乏基本衣食保障，但未被纳入政府的救助范围。虽然对民生保障计划进行了修订，通过让其参加公共工程项目并领取工资来解决这些人口的贫困问题，但是公共工程项目的规模和工资不足以覆盖这部分参加工作的贫困人口（Yi，2007）。

在韩国，20世纪70年代是养老保险的10年。除了1960年政府管理的包含有公立学校教师和军人在内的公务员养老金方案之外，各种养老金方案都建立起来。1973年的国民福利养老计划作为第一个国民养老方案，其制定有两个原因：为政府的重工业和重化工业计划提供资金，以及加强合法性（Kwon，1999；Yi，2007）。不过，由于政府决定应对石油危机所造成的经济困难，直到1988年才实施这一计划。相反，政府通过直接和间接的规定，迫使企业为其工人提供各种福利计划和职业福利（Yi，2007）。尽管面临石油危机的经济困境，1975年还是制定了民办学校教师养老金方案。民办学校在中等教育中日益增加的重要性以及公立学校教师的养老金方案，使得民办学校对教师的需求越来越迫切。政府最初没有考虑其在教师保险方案中承担筹资职责，但是来自学校所有者和教师的强大压力，使得政府在除了学校所有者和教师的缴费之外支付了1/3的费用。结果是，民办学校教师拿出其工资的5.5%，政府拿出2%，雇主拿出3.5%。同时，政府为资金管理建立各种监管方案，包括建立一个叫作私立学校养老基金的统一组织机构，所有私立学校都归属该基金。除了投资于专门成立用于投资重化工业的国家投资基金以外，该基金不得进行其他投资。尽管来自国家投资基金的投资收益远远低于其他基金的收益（韩国教师养老金，1994，84）。

70年代集中投资重化工业虽然有助于吸纳高学历工人，但是造成了通胀和不平等，尤其是大型重化工企业和劳动密集型小公司之间的工资差距不断拉大。总统全斗焕领导的政府通过政变夺取政权

（1980～1987），于 1984 年实施了强有力的工资控制，冻结了公务员和
国有企业工人的工资，并迫使民营企业效法国有企业的做法（Whang，
1992，318）。直到 1987 年，公务员和国有企业工人的工资增长不到
5%。此外，政府利用国有银行作为代理，控制了私营公司的工资增
长。银行逼迫其借款人（多为大企业）在给员工涨薪之前将其债务权
益率减少到指定目标（Haggard & Collins，1994，89-90）。对工人的
严厉镇压和对基于公司的职业福利计划的大力推广在这个工资管制制
度中发挥了重要作用（Yi，2007）。

在全斗焕政府时期，福利政策的主要原则是调动私人资源用于公
共福利计划。虽然 1980 年制定的"低收入人口医疗待遇扩大计划"
将医疗保障方案所覆盖的人数从 214 万增加到 372 万（占 1981 年总人
口的近 10%），政府并没有为该计划支付所有费用。该计划的受益人
中约有 75% 是必须支付其部分医疗费的部分受益人。由于这种非融资
方立场，尽管医疗保险计划和公共援助计划的覆盖面扩大了，政府在
福利和社会保障上的支出也没有很大变化（Yi，2007）。

动员私人资源和政府作为监管机构而非融资方来行事也出现在针
对老年人和残疾人的公共救助计划中。此外，政府采用运动的方式来
推动民间社团自愿参与到政府计划中。

政府于 1980 年制定了"老年人善待计划"。该计划具有强烈的道
德说教，鼓励根据"敬老和孝道"的思想鼓励维护和发展健全的家庭
制度。在这个方案中，70 岁及以上的公民可以免费乘坐公共交通，免
费使用公共设施。1981 年，政府又将这种社会福利扩大到 65 岁及以
上老人，并且增加了福利范围。1982 年，制定了老年人福利宪法并且
开展了各种宣传活动。其主要目的是通过推行家庭和社区内的道德美
德来解决老年人问题，即老年人问题的"基本解决方案"（韩国政府，
1982）。虽然是否将没有家人或照顾者的老年人纳入现金福利存在过

争论，但是法律的最终版本并没有包括这一条款（国民大会秘书处，1981，27）。

1980 年，政府开展了一项针对残疾人生活条件的调查，其中国际因素起了作用。因为 1981 年是联合国的"残疾人年"，政府针对残疾人推动各种活动和方案以提升其国际形象。1981 年，关于 1988 年奥运会将在韩国首尔举行的决定进一步促使政府在这个方向上行动。1981 年 6 月通过了精神和身体残疾人员福利法案。然而，多数基金都是慈善机构和私人机构成立的（韩国政府，1981，265）。

尽管韩国有过选举、议会和政党等正式的民主制度，但是普遍认为这些制度是在 1987 年出台的，尤其总统直选制度是最早实现的真正的民主制度。1987 年的总统大选是 26 年来的首次总统直选，体现了合理的公平性。这是向民主过渡的起点（Linz & Stepan，1996，3，4）。不过，民主化也造成了各种经济和社会方面的大范围变化。国家管制私人企业（包括被称为财阀集团的大型公司）老板和工人（特别是工会）的权力开始减弱。特别是工会作为强大社会力量的出现，开始发挥其塑造福利体系的重要作用。

1987 年 12 月举行的竞争性总统大选，为社会福利方面的积极辩论提供了舞台。竞争性候选人提出建立并扩大社会福利计划的选举承诺，包括提供国家养老金，兴建公共住房，规定最低工资等。为了动员选民对执政党候选人的支持，政府也出台了一系列有关民生的法律和法规，例如最低工资实施细则（1987 年 11 月）、国民养老金计划实施条例（1987 年 10 月），以及国民健康保险修正案（1987 年 12 月）。后两者宣告了政府将针对私营部门人员实施国家养老金计划，并且扩大国家医疗保险的覆盖面，养老和医疗保险方案在资金筹措上都有混合元素。而国民养老金坚持调动私人资源用于职工福利的原则，全民健康保险体系的修正案规定，政府应当为新加入的户籍成员支付一半

的保费。政府资助一半保费的做法与基于居住地的医疗保险社团的缴
费是一致的，虽然只有一半，但是政府注资代表其在社会保险体系中
从监管机构到融资者角色的显著变化（见上一节关于初级卫生保健和
国家医疗保险的内容）。

卢武铉的民主政府初期（1987～1992）政局不稳，多数派并未赢
得胜利，反而因大多数人反对卢武铉总统而产生分裂。因此，他需要
扩大选区以巩固他的政府，同时，也是为了赢得即将到来的1988年大
选。80年代后期，部分由于油价下跌、国际利率下调和日元走强的原
因，韩国在出口市场与日本展开竞争，导致经济快速扩张，从而为政
府制定福利方案和发挥融资者以及监管者的作用提供了良好的环境。

针对工人的国民养老金计划就是在这种情况下实施的。1988年，
不包括其他公共养老金计划的受益人（公务员、私立学校教师及军
人）在内的年龄在18～60岁的所有雇员都纳入了该计划。最初，有
10个及以上雇员的任何工作场所都被强制性纳入。从1992年起，覆
盖面又扩大到包括5～9名工人的工作场所。国民养老金方案下有四种
福利类型：养老保险、病残抚恤金、遗属抚恤金和一次性裁员费。基
本养老保险是从60岁开始向参保20年以上的被保险人支付养老金，
平均水平为其最后一次月工资的40%。对于无法进行全额养老金缴费
的人口，可按比例领取特别养老金或一次性补偿。

这是工人们之间通过再分配元素进行的固定福利资助方案
（Kwon，1999）。不过，这项资助严重依赖于雇员和雇主的缴费。政府
补贴行政费用的一小部分。雇主和雇员的综合缴纳比例已经从1988年
开始的5年平均工资的3%，增加到从1993年开始5年的6%，并最
终提高到1998年之后的9%。

如表3所示，由于出台了国民养老金计划，雇主要负担其雇员平
均月工资的1.5%，这是一个新的财务负担。可以想见，雇主对此意

见很大。一方面是雇员需要福利措施，另一方面是雇主的强大阻力，处在夹缝中的政府制定了资助方法，规定从 1993 年开始，缴费中的 33% 来自雇主根据劳动标准法有义务缴纳的预留退休资金的转移拨付。对于雇主来说，有减少其财务负担的效果。对于工人来说，该方法做得没那么明显，因为他们无法准确估计这会对自己最终从国民养老保险中支取养老金和从公司领取退休金产生多大影响。

表 3   缴纳比例对比

年　份 项　目	1988～1992	1993～1997	1998～
雇员（占平均工资的百分比）	1.5	2.0	3.0
雇主（占平均工资的百分比）	1.5	2.0	3.0
来自退休工资准备金（占平均工资的百分比）	—	2.0	3.0
总计（占平均工资的百分比）	3.0	6.0	9.0

资料来源：公共卫生和社会事务部（1992），《公共卫生和社会事务白皮书》，Kwach'ŏn，公共卫生和社会事务部，268。

这种将退休工资和养老金计划相挂钩的政策解决方案，生动地表明了政府认为在福利结构中，社会保险型福利计划和职业福利计划之间的关系是替代关系而非补充关系（Yi，2007）。国民养老保险的建立在部分上取代了退休工资，同时还伴随着各种职业福利方案的立法。这种立法将提供福利的义务直接施加到这些公司的工人身上。与此类似，政府还加强了职业福利方面法律法规的实施，以迫使雇主改善其职业福利计划。例如，1988 年政府提出成立强制性公司福利基金。虽然上一届政府已经出台了该计划，但是由于它是一个建议而非法律义务，因此已经执行了该计划的公司不到 25%。1988 年劳动部提出一项议案，即企业应当向公司福利基金缴纳其税前净利润的 5%。雇主对此强烈反对，理由是法律强制建立福利基金是政府对公司资金

管理的直接干预和另一种征税形式。尽管雇主组织强烈游说反对该
法，1991 年政府还是通过了《公司福利基金法案》，根据该法，基金
的设立受到雇主和工人之间协议的制约。根据这项法律，工会能够使
公司福利基金成为可以谈判的法律问题（Yi，2007）。

　　1990 年出台了《儿童看护法案》，其中强制性要求拥有超过 1000
名员工的公司建立托儿所。1991 年又降低公司标准，规定员工规模超
过 500 人的公司也受该法案制约。这些政策措施的另一面是鼓励已婚
妇女参加工作以应对劳动力短缺。这部法律为许多妇女组织开展活动
争取女职工福利提供了平台（韩国妇女联合会，1998）。

　　20 世纪 90 年代目睹了经济和社会领域的一系列巨大变化。自 20
世纪 80 年代后期，GDP（国内生产总值）增长速度逐渐下降，到
1992 年，在短短 5 年内降为不到 5%，远低于 20 世纪 70 年代和 80 年
代 GDP 增长的平均速度。由于工会致力于提高职业福利和工资且在这
一时期越来越强势，导致间接劳动力成本逐渐上升。政府将基于终身
雇用的僵化性劳动力市场和日益增加的劳动力成本确定为低经济增长
的主要原因，并试图出台能够方便裁员和减少间接劳动力成本的更加
灵活的劳动力市场体系。此外，政府放弃了工资控制政策，将该问题
留给雇主和工会之间通过行业谈判来解决。由于出现行业议价空间，
在国家层面出现了一个新的工会联合体，即韩国工会联合总会
（Korean Confederation of Trade Unions），其在劳动法、工作条件和工资
等方面比现有联盟机构韩国工会联合会（Federation of Korean Trade
Unions）有着更为激进的议程（Yi，2007）。为了解决这些改革中的社
会问题，政府于 1995 年开始实施失业保险并将国民养老保险的覆盖面
从私营部门工人扩大到农村居民（Yi 和 Lee，2005）。

　　由于政府从 1993 年开始，通过利率放开管制、外汇重新管制和资
本市场对外国投资者开放等措施实施金融自由化，取消政策性贷款，

并且放宽资本控制，因此私营部门的短期债务开始积累，直到达到非经合组织发展中国家平均水平的3倍。1997年东南亚金融危机席卷全球金融市场，受此影响韩国也发生金融危机，并导致包括大财团在内的许多公司走向破产。金融危机以及政府通过推动诸如韩国货币贬值等措施进行应对，导致韩国经济收缩了将近6个百分点，平均失业率从过去20年不到3%增加到1998年的8%。金融危机的社会后果甚至更为严重。不平等现象增加；基尼系数从1996年的0.291上升到1998年的0.316，而贫困发生率从1996年的9.5上升到1998年的19.2（Yang即将于2014年发布的论文）。

1997年的总统大选是展示经济和社会问题处理政策的舞台。总统金大中的新政府主要根据新自由主义药方采取了一系列经济改革措施（Mo和Moon，1998；Yang即将于2014年发表的论文）。不过，为了将这些措施产生的社会问题减至最小，新政府扩大了工伤、医疗、养老和失业四大国家主管的社会保险方案的覆盖范围和福利待遇，并且大幅改革公共救助计划。

其中涉及失业的措施尤其明显。1998年和1999年，政府将大约8.5%以上的预算花在与失业有关的紧急措施上，包括失业救济、公共工程、培训、就业补贴、贷款和学费支持，以及为失业人员的孩子提供粮食救助等。失业保险覆盖范围从1995年拥有30名以上雇员的公司的全职工人，扩大到1998年包括兼职和临时工在内的所有雇员。失业福利享受时间从2个月延长至1年，而且失业后福利领取的时间限制也从上份工作结束1年后缩短至3个月后（Yang，2000）。此外，1999年养老金的覆盖范围从农村居民扩大到城镇居民，国民养老保险成为全体人口都可以加入的单一国家养老金方案。

政府还建立了新的公共救助体系，即国民基本生活保障体系（NBLSS），其赋予穷人领取最低收入的权利，而不论他们是否有工作

能力。这表明旧有方案被彻底突破，旧方案规定至少有 1 人年龄在
18～64 岁并具工作能力的家庭不能享有该福利，即使他们的收入低于
最低生活成本。这标志着韩国社会福利历史上的一个重要变化，即臭
名昭著的"伊丽莎白济贫法"式的公共救助计划终于被以权利为基础
的现代扶贫形式所取代（Chung 即将于 2014 年发表的论文；Yang 即
将于 2014 年发表的论文）。2008 年，老年人占 NBLSS 申请人数的约
26.5%，尽管有 45.1% 的老年人的收入低于 2005 年人口中位数的一
半，为 30 个经合组织国家中的最高老年贫困率（Chung，2010）。

2008 年，政府为解决养老问题，特别是老年贫困问题，出台了两
项重要政策。首先于 2008 年根据 2007 年的《基本养老保险津贴法》
实施了补充基本养老保险津贴，以解决老年贫困问题。这是对国民养
老保险影响较低的一个策略应对，由于这项保险时机不成熟、参保会
员少，因此参保老人比例偏低，例如 2008 年只有老人总数的 25% 实
际上领到了福利。根据当地政府的财政状况，中央政府提供的预算支
持占到 40%～90% 不等。中央政府提供国民养老金的三年平均收益的
5%，2008 年国民养老金将 65 岁及以上老人中相对较穷的 60% 纳入保
险，2009 年又扩大到覆盖相对较穷的 70% 人口。申请人数量从 2008
年的 61.0% 增加到 2009 年的 68.6%（Chung，2010）。2010 年，独居
老人每月福利约为 83 美元，与配偶一起生活的老人每月福利为 133 美
元。在 2010 年平均最低工资为 874 美元的情况下，这笔钱因为太少而
无法解决贫困问题，已经是 2010 年经合组织国家中最低工资与中位数
工资之比的最低之一了。政府于 2001 年宣布其长期护理保险计划，经
过一系列论证和项目试点，2008 年终于制定了老年长期护理保险
（ELCI），以满足 65 岁及以上老人的长期护理需要以及 65 岁以下人口
的所有与年龄有关的居家或机构性长期护理服务需求。在现有医疗保
险缴费的基础上增加工资的 4.7% 作为保险费，政府花在长期护理保

险上的支出估计为总支出的 25.4%。虽然有长期护理需求的 65 岁以上老人仅占 12.5%，但是政府设定的 ELCI 覆盖率才刚好超过 3%，这说明了政府的财政忧虑。国民健康保险的工作人员在最终如何决定福利方面起到把关的作用，2009 年有超过 4% 的老年福利来自 ECLI。由于用户有义务支付家庭护理费用的 15% 和机构护理服务的 20% 作为使用费，因此低收入老人大多数为独居状态，倾向选择机构护理，但又因无力支付这笔费用而无法做到。而富裕老人大多数与他们的家属一起居住，往往倾向自己的家庭成员提供护理，而不是来自 ECLI 的社工，因为他们信不过其服务质量（Yoon, Park et al., 2010）。

尽管保险方案（特别是养老保险）和公共救助方案在发展，但还是有许多问题需要解决。自 20 世纪 80 年代末，韩国迅速扩大了保险方案的覆盖范围，但是对保险福利的缴费义务也有了严格的规定，并且一直不愿意制定补贴低收入群体的政策。因此，处在非正规部门和边缘行业的无法缴纳会费的很大一部分低收入群体被继续排除在福利体系之外（Chung 即将于 2014 年发表的论文）。对低收入群体的排斥，尤以农村居民最为严重。例如，2007 年根据 Choi 和 Hwang（2007）的调查显示，只有 53.2% 的农村居民加入国民养老保险，而全国的平均水平是 75.6%（Choi 和 Hwang，2007；Chun 和 Lee，2010）。因此，真正有效的覆盖率非常低，而且除了医疗保险以外的大多数保险方案实际上只保障了一半人口享有加入保险方案的合法权利（见附表 11）（Chung 即将于 2014 年发表的论文）。自 NBLSS 成立以来，虽然引入 NBLSS 以及增加受益人数及预算等工作都在快速推进，可以说是了不起的成就，但是仍然存在严格的资格条件审查和申请人子女或父母应符合一定收入门槛等"家庭责任规则"。据估计，由于这种"家庭责任"的标准，2008 年约有 60 万个家庭或 100 万贫困人口无法得到这种社会福利救助，其中大部分为老人。NBLSS 的资格条件审查估计会

排除掉 NBLSS 方案中低于政府划定的官方贫困线以下人口的 70.1%
（参与式人民民主团结，2009）。

朴正熙总统关于不论收入如何都要扩大基本养老保险津贴（Gicho
Noryeong Yeongeum）的福利和覆盖面的选举承诺，后因预算紧张而大
打折扣。只有 70% 的老人能够领到基本养老津贴（Gicho Yeongeum），
但也没有达到选举期间承诺的数额。这种养老津贴的要点之一是，养
老福利津贴将根据受益人获得国民养老保险的金额而减少。政府认为
养老津贴是国民养老保险基础养老金的替代物，而不是国民养老保险
的福利补充（Cho，2013；Choi 和 Hunny，2013）。

（三）中国台湾的社保体系

1. 初级卫生保健和医疗保险——逐渐拓展的过程

中国台湾的"国民医疗保险"（NHI）成立于 1995 年，2010 年覆
盖约 99% 的人口（23074487 人）。由于各种缴费标准具体取决于职业
和收入状况，因此对于低收入失业人员，政府 100% 为其全额支付，
而参保的高收入个体劳动者则要自己负担 100% 的保费（Lee，Huang
et al.，2010）。"国民医疗保险"取代了覆盖 60% 人口（大部分是劳动
年龄人口）的 13 个基于职业的保险基金；覆盖人口分别包括 20 岁以
下人口的 14%、20 ~ 64 岁人口的 77%，以及 65 岁及以上人口的
57%。这 13 个基于职业的保险方案中，有包括劳工保险（1950）、政
府雇员保险（1958）、农保（1985），以及低收入家庭保险（1990）等
在内的 10 个不同的公共保险方案，覆盖了不同的人口群体。它们覆盖
了台湾 2140 万人口的 59%（Cheng，2003）。

公共保险方案的庞大规模可以追溯到这样一个事实，即包括公务

员在内的政府雇员、军人和"国有"企业雇员是第一批被纳入各类社会保险的，包括 20 世纪 50 年代的医疗保险。这对了解医疗保险制度的发展特别重要。这些政府雇员占大陆近 150 万移民中的大多数人口（Cheng，2001；Wong，2005）。为解决由于撤退到台湾所导致的合法性危机，国民党进行了大规模的政治清洗运动，并且建立各种机制以加强权力。20 世纪 50 年代成立的各种医疗保险方案作为社会保险体系的一部分，是其中众多措施之一，此外还包括诸如成立政府控制的职业工会和农民协会等其他措施。1958 年"中央政府"正式通过《劳工保险（LI）法案》和《政府雇员保险（GEI）法案》。劳工保险涵盖 10 人及以上公司中的非国家工作人员，是主要方案之一（Lee，1992；Gong，1998；Lin，1998；Lin，2002）。

从那时起，政府通过扩大 LI 以及为渔民、蔗农和政府雇员（包括在岗和退休人员）等建立保险，将医疗保险覆盖范围扩大到公共和私营两类部门。这些社会保险方案提供"捆绑福利"包，其中卫生保健占保险支出的主要部分（Wong，2005）。因此，大公司的大多数工人，以及一部分个体劳动者和农业劳动者被纳入医疗保险。尽管增加了覆盖范围，但是保险福利的规模很小，提供的医疗服务质量较差。大多数保险没有覆盖到会员家属，或者没有覆盖门诊治疗，而且只指定了少数几家公立医院为参保人提供卫生保健服务。虽然工人的缴纳比例不高，而且政府和雇主的缴纳比例分别高达 20%～40% 和 80%，但是设计的员工福利包在住院服务比较昂贵的情况下仅能覆盖灾难性的医疗支出（Wong，2004）。医疗机构必须针对每个方案分别签订合同，例如 LI 的会员只能从与 LI 签订合同的医疗服务机构那里获得投保的医疗服务。医疗服务的费用是直接由 LI 和 GEI 来支付的，不要求参保患者共同支付费用。向医疗服务机构进行支付的体系是带有有限投保服务清单的付费服务体系。医院和诊所向无医疗保险人士提供的服务收费通常不受市场价格监管。由于其价格高于付费服务收费标准所规定的价格，因此在 80 年代有约 80% 的人口受到这种支付体系的不利影响。

LI 和 GEI 两种方案的社会保险缴费比例不同。LI 方案中会员的社会保险缴费等于其月收入的 7%。雇主支付缴费额的 80%，余下的 20% 由会员支付。参加了志愿性 LI 方案的个体劳动者支付缴费额的 70%，其余 30% 由政府支付。政府雇员也支付了月收入 7% 的保费，政府为雇员支付的占 65%，其余部分由雇员自己支付。1977 年，政府雇员的月缴费比例增加到雇员月收入的 9%（Wong，2005）。

直到 60 年代后期，保险仅覆盖 5% 的人口。即使将家属和配偶包括进来，也不会超过 20%。其结果是，被认为是社会和劳动者控制工具的医疗保险并没有花费政府和雇主多少钱。

随着经济的快速增长和生活水平的提高，对医疗服务和医疗保健的需求急剧增加。20 世纪 70 年代除了这个日益增长的需求以外，为应对外交挫折和合法性危机，政府进一步扩大医疗保险覆盖面，以纳入白领阶层及其配偶和家属。医疗保险福利包中还包括有门诊（Wong，2004）。在小公司（5 人及以上雇员的公司）就业的劳动者被纳入以非自愿为基础的 LI 方案。以自愿为基础参加该方案的个体劳动者的缴费比例从 70% 减少到 60%，政府支付其余的 40%（Wong，2005）。20 世纪 70 年代，住院费支出超过了门诊费，而且覆盖率从 1970 年占总人口的 19.8% 上升到 1980 年的 38.7%，到 1985 年达到 40% 以上（Chow，2001：32；Lin，1997：115）。但是对家属和个体劳动者的持续排斥阻碍着覆盖面的进一步扩大。虽然医疗保险的覆盖范围有限，但是台湾社会保险的组织结构与合并前的韩国体系相比，或多或少是由少数几家保险公司组成的一体化体系。虽然社会保险方案的保费是由工会等分散化的保险单位来收取，但是各个社会保险方案之下的资金是汇集到一起的。工薪阶层资金池和职业风险池就这样大大增强了。不过，诸如 LI 和 GEI 等方案之间的不平等现象较突出。首先，LI 方案不包括儿童和老人，没有覆盖到会员的家属，尽管事实上最经常使用医疗服务的用户往往是特定年龄组的用户。相反，从 1982 年开始，GEI 开始为家属提供社会保险福利。其次，LI 的养老福利是由会员一次性打包领取的，申领养老福利将使他们失去医疗保险的覆盖，这意味着他们不得不要么选择养老福利，要么选择医疗保险。在 1965 年对 GEI 方案做了修订以后，GEI 的会员在退休后可以同时享受养老福利和医疗保险。此外，GEI 方案下的养老支付金额是 LI 方案下养老福利金的两倍（Wong，2005）。

20 世纪 80 年代的另一个政策重点是增加医疗资源供给，例如扩大医学教育，以实现每千人拥有 1 名医生和 4 张医院病床的目标。政府于 1983 年发起了合作医疗中心计划，通过该计划将获得医学奖学金的医生分派到农村地区进行医疗服务，解决了因增加的医生都集中到城市所带来的区域不均衡问题（Chiang，1997）。不过，公立医院也像私立医院那样按照市场价格收费，而且融资壁垒仍然很高（Chiang，1997）。

随着门诊被逐渐纳入医疗保险以及覆盖范围的扩大，管理负担也增加了。为了降低管理成本，政府制定了一个规则，叫作"无审核支付"，它能让保险机构支付服务费用达到最高限价，从而产生意想不到的后果，即私营部门为追求更多利润而过度投资于昂贵的医疗设施。20 世纪 60 年代开始，通过公共补贴和行政引导所营造的良好投资环境更加剧了医疗设施方面的投资（Rodrik，Grossman et al.，1995）。城市地区由于人力资源汇聚和基础设施集中，导致医院之间的竞争日益激烈，这也是过度投资的一个原因。特别是来自私营部门的投资力度加大，造成了医疗服务交付体系的两个后果：一是私营部门比公共部门更占主导；二是医院规模扩大了（见附表 2）。80 年代，私立医院病床所占比重开始超过公共部门。许多早就在城市和农村地区提供初级卫生保健的小诊所由于与大型私立医院的激烈竞争而关门。这些诊所所占比例从 1963 年的 83% 直线下降到 1982 年的 54.6%（Chow，2001；Lee，2007，63）。1987 年政府通过调节例如最低人员配备水平等来控制医疗质量的政策措施，也有助于医疗资本向大医院集中的趋势，因为最低人员配备的要求对小诊所来说成本太高，而对于大医院则成本相对较低（Cheng，2003）。

80 年代的政治自由化扩大了非国民党势力从地方到"国家"层面的政治参与。随着卫生基础设施的扩大，政治自由化对扩大医疗保险覆盖面起到了重要作用。为回应反对派政党关于建立更好的社会政策方案的强烈诉求，政府于 1988 年实施了覆盖所有农民的农民保险（FI）。包括医疗保险在内的社会保险的扩大过程可以被描述为"危机和补偿"（Caldor，1988），其含义是，在威权统治的台湾，政策创新总是为了应对执政党的政治危机。执政党的政治危机一般是在选举期间或在即将到来的选举中因其对执政党或对维护权力过程中的不确定性造成立即可见的威胁而引发（Wong，2005）。政治危机的政策应对在诸如土地改革、农业政策和社会福利供应等再分配政策上尤为突出。特别是在大陆来台人员和台湾本土族群之间存在的社会经济上的极端不平等，被国民党领导层理解为政治冲突以及危机的潜在根源。然而，对社会福利供应尤其是医疗保险方面存在的政治危机的政策应对，就其目标而言是有策略性选择的，并且一直存在零打碎敲的情况，直到 80 年代初期，即 1987 年开始的民主化之前才结束（Wong，2005）。

从 1987 年解除戒严法开始的民主化进程，为国民党和在野党提供了彻底改革再分配政策的强烈政治动因，尤其是 LI 和 GEI 两种医疗保险体系之间的不平等已经日益引起公众的不满，蒋经国的国民党政府于 20 世纪 80 年代末宣布了全民医疗保险体系计划，并且于 1994 年通过相关法律。

除了政治上的原因以外，医疗保健的改善性需求日益增加，大规模投资导致医疗费用日益增长，以及医疗保险覆盖面的日益扩大都导致了 LI 和 GEI 的财务危机，以上情况共同形成了 NHI 的三大目标：一是让所有公民都能平等享有足够的卫生保健服务，以提高人民的健康水平；二是医疗费用控制在合理（或社会可承受）水平；三是促进医疗资源的有效利用（经济规划与发展委员会，1990）。各种体制机制被拿来用于实现 NHI 的三大目标。首先，选择工资税而不是一般性税收来资助 NHI。由于只有 17% 的个人收入用于缴费，因此征收工资税更为有效，能够避免提高一般税率引发的政治风险。[①] 保费比例在精算的基础上进行设置以实现纵向公平。加之，政府直接筹资占到 NHI 总预算的 1/3 以上，不同群体之间的缴费比重变化提高了纵向公平性。特别是政府为农民支付 70% 的保费，并且为低收入家庭支付 100% 的保费。这种相对较低的保费和日益增加的医疗成本，导致"国民医疗保险"（NHI）的财务危机显著加重。为解决这种财务危机，对单一付款人体系、统一的收费标准和全面预算进行了整合。服务机构、雇主和消费者之间有必要达成广泛的共识，并且需要政府推行全面预算体系下的单一付款人制度。政府成立卫生支出协商委员会，该委员会由服务机构、雇主、消费者、专家学者和政府的代表组成（Chiang，1997）。成立的"国家医疗保险局"统一了 NHI 之下的目前所有社会医疗保险方案，并且设立 6 个区域办事处来处理报名和索赔审核等事宜，提高了行政效率。政府在 NHI 融资中作为唯一付款人的地位使得政府更热衷于控制整体医疗支出，这项工作需要在政府、医疗服务机构和消费者中间多做协调。卫生支出协商委员会在共同支付规模的共

---

① NHI 法律所述的其他融资渠道包括博彩业和烟酒税。

识达成方面起到重要作用，减少了医疗服务的滥用或浪费，并且制定
了自费支付的上限，以避免对低收入家庭产生负面影响，此外还创建
了今后的支付体系以减少过度治疗。尽管如此，NHI 在 1998 年以后还
是连续遭遇财政赤字（Lu 和 Hsiao，2003；Hung 和 Chang，2008）。
日益加重的财政困难更有可能是由人口老龄化、普遍昂贵的新药材和
新技术，以及日益增加的对更好医疗服务品质的需求所引起。造成财
政困难的另一个重要因素是私立医疗机构为追求利润采取"不合适的
管理手段"。例如，新技术的采用往往会增加医院的成本，并且导致
医院的产能过剩。医院还滥用付费服务体系搞过度治疗，例如增加住
院天数超过实际需要等（Hung 和 Chang，2008）。

　　与全民医疗保险建立过程有关的一个明显事实是，在"国民医疗
保险"（NHI）的设计和实施全过程中基本上占主导地位的是政府，而
民间社团组织和反对党派则被排除在外。一方面是国民党对 NHI 的设
计和立法具有控制的策略和能力；另一方面是反对党（民进党）、民
间社团组织和社会运动因过于分散而无法形成对政府计划的一贯性挑
战，两方面都有助于国家机器主导这一改革进程（Wong，2005）。

　　NHI 作为在财政和管理上都较集中的全民医疗保险，是在 1995 年
3 月实施的。其福利覆盖了与 NHI 签约的公立及私立医院和诊所所提
供的众多卫生和医疗护理。所有成员都享有平等而全面的福利，不包
括整容手术、长期护理、假牙、助听器和假肢。2010 年，NHI 覆盖了
总人口的约 99%。除了诸如需要长期昂贵治疗的大病患者、分娩和预
防性保健服务等某些情况以外，都引入了费用分摊要求。低收入家庭、
退伍军人及其家属，以及居住在山区或海岛的人口免除费用分摊。虽
然相对于其他国家其自付比例一般不高，而且患者的自付费用从 1993
年占医疗服务支出总额的 48% 下降到 2000 年的 30%，但还是被认为
有些倒退，因为费用固定不变，没有根据患者的收入进行调整（Lu 和

Hsiao，2003）。法律规定月缴费比例从 1995 年占雇员月收入的 4.25%提高到 2007 年的 4.55%，以及 2010 年的 5.17%。被保险人的类别不同，其缴费所占比重也不同，如表 4 所示。

表 4 不同保险类别的缴费比

被保险人分类			缴费比（%）		
			被保险人	被保险人投保单位（即雇主和协会）	政府
类别一	公务员、志愿军人、公职人员	被保险人及其家属	30	70	0
	民办学校教师	被保险人及其家属	30	35	35
	"国有"/民营企业或机构的雇员	被保险人及其家属	30	60	10
	雇主 个体经营者 独立的专业人士 技术专家	被保险人及其家属	100	0	0
类别二	职业工会会员 外国船员	被保险人及其家属	60	0	40
类别三	农民协会、渔业协会和灌溉协会的会员	被保险人及其家属	30	0	70
类别四	义务入伍军人、轮换制军人、拿奖学金的军校学生、拿养老金的病故军人寡妇、囚犯	被保险人	0	0	100
类别五	低收入家庭	家庭成员	0	0	100
类别六	退伍军人及其家属	被保险人	0	0	100
		家属	30	0	70
	其他个人	被保险人及其家属	60	0	40

资料来源："卫生和福利部国民医疗保险局"，http：//www. nhi. gov. tw/English/webdata/webdata. aspx？ menu = 11&menu_ id = 591&WD_ ID = 591&webdata_ id = 3153，访问日期：2014 年 1 月 2 日。

虽然因缺乏可用数据和可靠方法而很难对 NHI 在医疗融资公平性
方面的影响进行明确判断，但是 Lu 和 Hsia 利用世界卫生组织的财政
缴费公平性（FFC）指数进行的分析显示，自从实施了 NHI 之后，台
湾财政医疗保险的公平性有了改善（该指数 1998 年为 0.992，而 1994
年为 0.8981），而且比 1998 年的加拿大（0.974）、德国（0.978）和
日本（0.977）等国更公平（Lu 和 Hsiao，2003）。

除了例如针对一些常见疾病采用 DRG 付费制度，以及对超过合理
数量标准的门诊公布收费标准等各种成本控制措施以外，为控制医疗
成本，对医院门诊和住院服务还引入了独立的全面预算。总体而言，
建立 NHI 有助于提供更加平等地获取医疗保健的机会和防范财政风
险，有助于控制医疗费用的增长。

2. 义务教育

台湾地区于 2014 年实现 12 年义务教育，其 2012 年的 6 年制小学
和 3 年制初中几乎实现 100% 的入学率。在实现高入学率的同时，政
府开办的小学和中学在提供教育方面起到重要作用。2011 年，约
97.8% 的小学学生和 89.6% 的中学学生在政府开办的中小学校就读，
教师数量分别占到 98.4% 和 92.1%（见附表 5）。不过，2010 年政府
用于教育方面的预算仅占国内生产总值的 3.6%，低于中国香港
（4.4%）、韩国（4.6%）和日本（5.2%）。

台湾经济发展取得巨大成功要归于多种因素：土地改革、日本殖
民时留下的基础设施、美国的经济援助、生育率下降、稳定的儒家家
庭结构、自由的劳动力市场、强有力而又相对独立的统治、众多的中
小型企业，以及教育（Kuznets，1979；Amsden，1986；Liu 和 Armer，
1993）。特别是通过 1953 ~ 1985 年教育对经济增长影响的实证分析表
明，在纺织、五金制品、化工、塑料，以及食品加工业，对经济增长

贡献颇多的是 9 年小学和初中教育，而不是高中和大学教育（Liu 和 Armer，1993）。9 年小学和初中教育而非更高层次培训，满足了行业对劳动者基本教育和技能的需求。

其教育体系，特别是义务教育体系明显受到日本的影响。[①] 自从 1898 年日本殖民政府在台湾建立第一所现代 6 年制小学开始，包括公立和私立在内的所有学校在教学语言、方法、课程和组织结构上都被严重日本化。特别是，民办学校在韩国成为反日运动的基地，而在台湾民办学校中的日本老师比台湾老师还多，无法像韩国那样在培育民族主义情感方面发挥作用（Hirotani 和 Hirokawa，1973）。

从 20 世纪初期开始，包括在城市地区的公立 8 年制中小学校和农村地区的 4 年和 2 年制小学等各种类型的学校都建立起来，不过大部分费用都由家长承担。台湾的中学最早建立于 1915 年，但是这些学校重在讲授实用技能，教学质量比日本的中学要差好多。一个值得一提的例外是医学院校。由于遭受恶劣的卫生环境和热带疾病，日本殖民政府于 1900 年建立了医学学校并培养台湾本土医生，这是第一所台湾人可以就读的公立高等教育学校（Hirotani 和 Hirokawa，1973）。毕业生不仅成为医生，而且还在台湾社会形成有影响力的强大群体。自 1919 年台湾的高等教育机构开始建立以后，亲日派得以加速形成。

在日本于 20 世纪 30 年代初大规模侵略中国之后，战争对受过熟练培训的工人的需求和反日情绪都在与日俱增，小学和中学的入学率明显增加。举例来说，公立小学的入学率从 1930 年的 32.6% 上升到 1940 年的 57.6%，就读于中等工科学校的台湾学生人数从 1931 年的

---

① 日本在台湾的影响远比在韩国明显得多。不像韩国，台湾从来不是一个独立的国家，它没有自己的本土官僚和地主精英阶级。在台湾先前没有凝聚力的和合法的国家权力机关的情况下，日本有机会建立起自己的控制和引导机构（Wade, R.：《治理市场：经济理论与政府在东亚工业化中的作用》，新泽西州，1990，普林斯顿大学出版社）。在这方面教育体系也概莫能外。

197 人增加到 1941 年的 998 人（Hirotani 和 Hirokawa，1973）。台湾
（还有韩国）小学入学率的迅速提高是日本殖民政府对台湾人实行
"日本化"政策的结果，其中包括禁止汉语作为官方语言（Hirotani 和
Hirokawa，1973）。

抗战胜利以后，国民党政府从日本手中接管台湾不只意味着摆脱
日本统治，还有强加于台湾人的不同的"外来"政权，因为这时台湾
人已经被日本文化和语言同化了 50 年。诸如来台大陆人对较高政治地
位的垄断、将汉语普通话而不是当地客家话定为官方语言，以及台湾
本地人的工资低于大陆人，甚至远低于日本殖民统治下的工资等一些
大陆人歧视台湾本地人的政策，很快引起了台湾本地人的反抗，最终
导致 1947 年 2 月国民党政府和当地民众之间的暴力冲突（Shackleton，
1998）。高度集权的教育政策向台湾人灌输了"中国人"的概念，也
是国民党政府的必然之举。有两个因素促成了这一集权性教育政策的
实现。首先，台湾小学入学率几乎是韩国的两倍。其次，许多随时可
以接替日本教师职位的知识分子在国民党溃败后来到台湾。特别是估
计高达 70% 以上的高入学率，为"宪法"（第 160 条）规定的 6~12
岁儿童接受 6 年免费义务教育提供了良好的基础。

1949 年国民党政府败退台湾以后，政府主要关注点之一是防止农
村地区的共产主义暴动。建设学校和让儿童接受小学教育，与土地改
革、建立亲政府的农民组织以及实行有名无实的地方选举一样，都是
先发制人的重要政策（Wade，1990）。1950~1965 年，小学入学率接
近 97%，小学学生人数增加了一倍多，从 90 多万名增加到约 230 万
名。虽然小学学校入学人数增加很快，但是国民党政府为保证学生质
量，在每个小学学生身上投入了较多资源。

根据 1949 年的马歇尔法案，在国民党版本的中国民族主义反复灌
输的基础上，建立了专制的和中央集权的教育体系。教育管理权力的

这种集中也透过对学校课本的集中控制、对大学管理的干预，以及对各级学校的管制形成了学校的教育内容。政府对各级学校的建立具有全权控制能力，为了满足对高等教育日益增长的需求，政府增加了学校数量，同时高等教育入学竞争也日益激烈（Yamanokuchi，2008）。政府建立了严格的规章制度以确保通过国家考试制度入读高等教育的公平性。政府对这些机构的教育内容拥有完全的权力和全面的控制。

1968 年的教育改革是国民党政府"中国化"的延伸，也是对劳动密集型产业不断增长的熟练劳动力需求的回应。改革引起剧烈的变化，其所形成的教育体系一直持续到 90 年代。在顶着公众压力扩大高等教育以培养精英群体并提升其地位的同时，政府还扩大高中和大专阶段的职业教育学校并将其作为与现有高淘汰率的学术性高中和大学有所区别的一支（Liu 和 Armer，1993）[①]。台湾的国民党政府通过对课程内容和教材筛选的全面控制来加强集中化教育管理，同时也将无入学考试和学费的学习年限由 6 年延长至 9 年，这意味着小学毕业生不用交学费就可以直接升入同一学区内被分派的中学。[②]

自 1987 年通过解除戒严法以后，民主化进程和产业结构向更加技术密集型产业的转型给教育部门带来了很大变化。第一，许多从事教育的民间协会组织形成针对教育改革的强大压力集团。在 1988 年由 32 个非政府组织组织召开了第一届"非政府教育大会"之后，民间社

[①] 自 1971 年以来，对技术工人的强烈需求和政府对职业教育的重视，导致职业高中学生人数多于普通高中学生人数。到 1994 年，职业高中学生人数是普通高中学生人数的两倍，达到其顶点。不过，职业高中的主导地位自那时起开始下降，到 2002 年情况完全倒转过来。

[②] 这个"总统"令的主要变化是废除了初中入学考试和学费，从而迎合了相当数量的小学毕业生继续接受教育的动机。虽然 1968 年开始普及初中教育，但是义务教育正式扩大到初中是在 1982 年，当时以 1979 年《国民教育法》为基础，制定了"强制入学法令"，规定了初中招生的义务性质。Liu，C. 和 J. M. Armer（1993），《教育对台湾经济增长的影响》，《比较教育研究》37（3）：304~321。

会组织通过不懈的努力，最终于 1994 年成立了"410 教改联盟"。顾
名思义，这个团体是由关心教育的 410 个民间社团组织组成的
（Wang，2012）。这预示着教育政策改革的一个新的开始，因为这是基
层运动第一次针对"国家"层面的教育改革形成了强大的压力团体。
特别是他们通过缩减学校和班级规模来提高学校质量，以及在减轻中
考和高考负担方面的作用是很明显的。第二，为应对这种压力，政府
于 1994 年 11 月成立了教育改革委员会，作为包括政治、司法和教育
领域在内的广泛的改革派框架的一部分。该委员会主要由包括诺贝尔
文学奖得主 Y. Z. Lee 博士在内的独立专家组成，以提高其可信度和合
法性。委员会建议减少政府对小学、中学和高等教育的教育管理、课
程和教学方法等的控制。第三，1994 年的《师资培养法案》大大改变
了师资培养体系，从原来只允许"国立"的高等师范院校和师专培养
中小学教师，改为允许所有大学和学院建立师资培养项目，只要这些
项目符合"教育部"规定的要求。第四，原来的联合入学考试制度是
"国家"层面高中入学考试的唯一和统一的考试制度，这也是初中学
校产生激烈竞争和某些高中学校学生集中扎堆的原因之一；自 1996 年
以后，改为将推荐与高中及职业学校入学考试相结合的制度，其目的
是方便学生不经考试即可升入社区高中。第五，1996 年开始，所有小
学教育课本是市场开放的，现在任何一家图书出版公司都可以在经
"教育部"审查后向定点学校发放图书。第六，1999 年的《教育基本
法案》（第 9 条）限定了政府在规划和实施其教育政策以及监管、监
督和评价当地教育方面的作用。最后，1999 年的《地方机构法案》
（第 18 和第 19 条）明确规定，直辖市或省有权建立和管理学前教育、
各级学校教育和社会教育。这对地方政府来说既是挑战，也是机遇，
具体要结合自己的财务状况。值得注意的是，1997 年的亚洲金融危机
期间，"立法院"废止了其中保证总预算中至少有 15% 用于教育、科

学和技术的条款（Pan 和 Yu，1999）。

关于延长义务教育的讨论在继续。2003 年的教育发展会议，就逐步实现 12 年国民基础教育达成共识。教育研究中心筹备组开展的全国人口普查发现，78.4% 的被调查对象支持 12 年基础教育。

作为回应，政府于 2007 年针对 12 年义务教育公布了《十二年基础教育计划》。其目的是通过缩小城市和农村之间的教育差距以及减少公共部门和私营部门之间在职业学校和普通高中就读费用上的差别，将义务教育年限从 9 年延长至 12 年。2013 年 6 月，"立法院" 通过了《高中阶段教育法》，该法从 2014 年开始作为 12 年义务教育制度的基础（Lee，2013）。根据法律规定，复读生、非本地公民，以及民办学校的学生将不能享受免学费待遇。目前还没有对现有高中生资助方案进行修订的计划，诸如《帮助普高和职高学生支付学费的各种措施推进计划》也受到影响。[①] 鉴于从初中到高中学校的较高升学率（2011 年为 97.7%），该法律还旨在通过进一步削弱联合培训体系的作用来改变入学考试体制（"基本自满意测试"），从而提升在高考方面表现不佳的农村学校（Gao，2012）。

3. 社会救助和基本养老保险

台湾的战后社会福利政策一直是以政府发起的社会保险方案占主导。从劳工保险开始，到 1995 年，国民党政府一共推出了 16 个不同的社会保险方案。在此期间没有家庭津贴，不过低收入户有贫困救济作为收入保障。失业保险直到 1999 年才推出。

社会保障体系，特别是 1987 年之前的收入保障体系是非常局限

---

① 在民办普高和职高学校，像残疾学生、低收入家庭学生、单亲家庭学生，以及土著家庭学生等各类学生都获免收学费待遇。而且各类学生都获不同数量的政府补贴。

的。社会保障体系在很大程度上取决于与诸如公务员、教师、军人和
私营部门劳动者等特定职业状态相绑定的社会保险计划。这种基于就
业或职业的体系，其基本理念之一是减少劳动者的流动性，其中也有
社会控制的成分（Chen，2005）。[①]

　　老年收入保障体系主要基于来自保险的老年福利以及来自雇主的
养老给付。保险体系依赖于沿职业线条建立的三个主要保险，即：
1950 年在省级执行的私营企业雇员劳工保险（LI）、1953 年通过立法
的军人保险（MSI），以及 1958 年通过立法的政府雇员保险（GEI）。
LI 起初面向雇工 20 人以上公司的员工，到 1953 年扩大到雇工 10 人以
上公司、渔民以及雇工不足 10 人公司中以自愿原则加入的雇员。由于
政府于 1958 年将 LI 作为国家层面的保险与 GEI 一起立法，社会保险
的总体管理和财政责任由地方管辖转移到"中央政府"管辖。在"内
阁"中有两个主要"部委"进行保险基金的征收和各项单独方案的管
理。GEI 计划由考试部（考试院）管理，而 LI 则由"内政部"（劳工
保险局）来管理（Wong，2004）。

　　这些方案涵盖了老年收入保障以及疾病、生育、残疾和死亡等方面
的保障。雇主的缴费比例高达保费的80%，而雇员仅付20%。覆盖私营
企业员工的 LI 计划拥有的会员人数最多，但是在 2007 年也只覆盖了 880
万名劳动人口，仅相当于其当时总人口的38.2%。LI 计划的参保人如果
满足由劳动基准法或 2008 年的新养老金法案所规定的资格标准，则会
收到一次性老年福利金和企业养老金。对于参与自愿性 LI 计划的个体劳
动者们，参保人的缴费占70%，政府补贴其余的30%（Wong，2004）。

　　老年收入保障的另一个来源是由《劳动法》和《政府雇员退休

---

①　例如，公务员转入私企，他们在公共部门的工作经历不会自动纳入私营部门保险体系的
　　工作年限计算之中。

法》规定并由雇主给付的养老福利。当参保人达到退休年龄时，通常能够根据保险方案领取自己的福利；但是如果他们在退休前失去工作，则无法向雇主索要养老福利。由于雇主给付的福利规模通常大于保险给付的福利，因此与保险给付的福利相比，基于雇主给付福利的养老收入保障体系在减少劳动者流动性方面起到更为突出的作用。雇主们试图通过关闭公司并重开新公司，或者在劳动者达到退休年龄前将其解雇，从而避免向其支付养老福利（Chen，2005）。有关企业养老金权益转移接续的法规的缺失进一步使劳动者处于弱势地位，尤其对于那些跳槽相对较多的低收入劳动者而言（Shih 和 Mok，2012）。台湾的中小型公司存活时间短，这既是雇主的养老福利支付体系得以发展的原因，也是其发展的结果（Wu，1997）。虽然《1984 年劳动基准法》的颁布明显加强了劳动者保护，而且法律强制措施的执行也大大增加了解雇成本，有助于减少雇主恶意解雇劳动者的意图并且帮助劳动者从雇主那里争取到养老给付，但是与其对大中型公司劳动者的影响相比，其对小公司劳动者的影响相当有限，而且其对养老保障的影响也不突出（Kan 和 Lin，2011；Shih 和 Mok，2012）。

然而，即使劳动者可以从 LI 计划以及雇主的一次性给付中得到老龄福利，其收入替代率最多也只有33%，而政府雇员和军人则可获得高达90%甚至超过100%的退休前收入（Fu，1994；Guo，1998；Lin，2005）。

关于社会救助的第一部法律是 1943 年的《社会救济法》，其目的是帮助那些因年长、年幼、怀孕、残疾或受灾而生活贫困的群体。该体系被保留用于针对极低收入家庭，后来被 1980 年的《社会救助法》所替代，新法向低收入群体而非受贫困因素影响的群体提供福利。不过，该法没有甄选受益人的具体程式，而是将自由裁量权给了政府官员。通常情况下，政府官员设定出一条非常低的贫困线，因此社会救助计划所覆盖的人口数量逐年下降（Ku，1995）。

社会救助计划覆盖率的下降与社会保险方案的增加是并行的。由
于政府制定了不同的政策来扩大社会保险覆盖率①，因此社会救助方
案的覆盖率大幅度减少。例如，在社会保险覆盖率从 1965 年占人口的
12.0% 增加到 1997 年的 45.8% 的同时，社会救助覆盖率从 1965 年占
人口的 8.9% 降低至在 1997 年仅占人口的 0.5%（Huang 和 Ku，
2011）。台湾的"福利改革黄金期"有其阴暗的一面，特别是在社会
救助领域（Peng，2001）。

1987 年戒严法解除以后，特别是自 1992 年反对党民进党（DPP）
通过以建立全民无缴费老年津贴为竞选宣言并成功赢得选举支持以
后，政治尤其是 DDP 的全民主义福利政策以及国民党（KMT）的经济
优先政策主导了社会保障体系的发展轨迹。对于收入保障体系来说尤
为如此。90 年代，退休人口中存在的贫困问题，特别是没有强制纳入
保险方案的农民群体是一大政治热点（Chen，2005；Lin，2005）。在
1990 年的选举中，DDP 提出的全民无缴费老年津贴（汉语"老人年
金"，翻译为养老保险）获得了广泛的支持。国民党为回应这一挑战，
于 1993 年推出了面向贫困老年人口的津贴方案，并且将该方案的入会
资格条件扩大到最高达 1994 年贫困线的 250%（Huang 和 Ku，2011）。
不过，我们从 1995 年建立的老年农民无缴费福利津贴的情况可以看
到，其福利的规模是很有限的。②

虽然国民党政府建立了诸如中低收入老年人生活津贴（1994）、
老年农民福利津贴（1995）和老年人生活津贴（2002）等各种社会救

---

① 例如，20 世纪 80 年代，政府放宽了 LI 的加入标准，允许城市中产阶级工薪阶层加入该
方案。结果导致入会人数在 80 年代增加了 130%（Lin，C.，2005）。台湾的养老改革：
福利政策的旧与新。老龄化和世界各地的养老改革，G. Bonoli 和 T. Shinkawa（英国切尔
滕纳姆城），Edward Elgar（美国马萨诸塞州北汉普顿）。

② 例如农民的津贴不超过平均月收入的 1/8，同上。

助方案，但是并没有对这种社会救助效果有限且过于偏向政府雇员和军人的老年人收入保障体系进行改革。不过，养老金方案中非常慷慨的收入替换率增加了政府的财政负担，而且当1995年保险方案的医疗部分并入国民医疗保险（NHI）时，公众服务养老体系从完全由政府资助的体系转变为由政府和参与者共同缴费的"缴费制养老基金"。公共和私立学校教职工和军人分别于1996年和1997年加入了该基金。

1997年，国民党政府在福利改革方面采取了重大举措。首先，它决定推出新的两级养老保险体系，第一级是面向所有人的固定费率养老金，第二级是在2000年开展的与收入挂钩的职业年金养老体系（Shi）。然而1999年的地震推迟了计划的实施。其次，国民党修订了《社会救助法》，并且将贫困线定为上一年人均消费支出的60%。虽然学者和政府估计的潜在受益人约为总人口的5%~8%，但是由于政府对该福利所设置的严格条件，1999年实际接收救助的比例仅为0.85%。特别是对"家庭成员"的定义过于宽泛，妨碍了许多申请者享有该福利。另一个问题是福利规模小。虽然政府提高了福利水平，现金福利仅能覆盖最低支出的约50%（Huang和Ku，2011）。

从2000年开始执政的民进党政府是台湾战后历史上取得权力的第一个非国民党政府。这一时期关于老年收入保障的辩论仍在继续。DPP政府提出两个养老保险改革方案用于讨论。第一个方案由固定缴费型养老保险和现有基于职业的收入挂钩型养老保险组成，其中前者为没有被纳入现有任何养老保险体系的群体提供第一级养老保险。第二个方案由全民无缴费基本养老保险（第一级）和现有以职业为基础的养老保险组成，其中前者靠公共企业的销售所得作为财政来源而获得资金，而后者的保费和政府补贴都有所减少。这两个方案都进入"立法院"，但是由于财务不可持续性，这两个方案，特别是无缴费基本养老保险方案在DPP仍占少数的"立法院"受到了严厉抨击。在

21世纪初期的经济衰退中，这个立法瓶颈继续存在。鉴于公众希望政府着重于振兴经济而不是福利改革，因此民进党政府推迟实行新的养老保险制度，宣称他们将"优先发展经济并推迟了社会福利改革"（Ku，2003；Lin，2005）。

　　虽然政府宣称经济发展优先，但是关于养老保险改革的争论仍在继续。不过，养老保险改革问题在不同行政部门间〔例如CEPD（经济建设委员会）和劳工事务署〕寻求政策解决方案时，往往卷入党派竞争和政治争斗，进程因此陷入僵局。为避免因养老保险改革僵局而受指责，特别是来自未纳入养老保险方案的群体的指责，不同党派的政客们力求找到简单易行的方案，例如在2004年选举前增加农民的养老津贴（Shi，2010）。

　　经过从2002年到2006年几年时间的一系列公开听证以及规划会议后，劳工事务局起草了一项草案，于2008年7月在"立法院"通过，并且定于2009年1月起实施。出台的国民养老保险（NPI）将其目标定位在诸如失业人员和家庭主妇等至今尚未被其他养老保险方案所覆盖的群体，并且LI的养老金是以年金的形式给付的（Shi，2010）。

　　2008年的新国民养老保险的出台和LI养老保险的年金支付实现养老保险的全覆盖。虽然新体系最近整合了现役军人、公立学校教师和劳工的养老方案，而且还集合了个人账户和农民无缴费福利补贴，但是它仍然高度分散，大量与职业不相关的养老保险或津贴方案同时运行，提供不同程度的养老保障。新体系融合了个人储蓄账户和社会补贴的新元素，与之前以社会保险作为退休保障的主要形式和以社会救助作为退休保障的辅助形式的双轨制体系不同。不过，它在职业线条以及保险方案之间的不平等和逆向再分配等方面仍然显露出分散化的老问题（参见附表12）。

　　20世纪末期出现的全球金融危机极大地影响了台湾的经济和社会

（Chow，2009）。除了恶化的经济表现以外，失业率、收入不平等和贫困等问题因金融危机的影响而显著加大。特别是青年和大龄青年（20~29岁）的失业率增长显著。而中老年（45岁及以上）人群则是在1982~1986年及1998~2000年这两个金融危机期间受到严重影响，2000年后的这场危机中，青年和中年人（即25~44岁）群体是受到严重影响的群体，约占所有失业人口的60%（Chen和Lui，2011）[①]。"行政院预算、财会与统计管理总局"的数据显示，尽管2009年的平均失业率为5.85%，但是20~24岁年龄组的平均失业率是14.67%，25~29岁年龄组的平均失业率是8.77%（附表13）。这个脆弱的社会保障体系自21世纪初减少了福利开支所占GDP的份额，这放大了全球金融危机的社会影响（Chen和Lui，2011）。

此外，政府于2008年创制了一个购物券计划，即一种发放给所有人的全民现金福利，以应对全球金融危机。不过，政府仅提供了一次购物券，而且一次性支付金额相对较低，才3600新台币，只有年度贫困线的8%。尽管领取率接近100%，不过也发现购物券因福利额度太小而没有对收入不平等问题产生任何影响（Huang和Ku，2011）。

养老保险体系的财政可持续性已成为马英九政府的主要政策关注之一，马英九宣布将在2013年初对台湾养老保险体系进行修改。目前，最近新的政府养老保险改革法案正在等待"立法院"的批准，该法案旨在重新调整私营部门劳动者、军人和公立学校教师的退休计划。该法案对福利、收入替代率和退休年龄提出了修改建议，并且将增加缴费，推动延迟退休，以及减少福利。这些改革法案已经引起抗议，并且削弱了马英九和国民党执政的支持率（Bowie，2013）。

[①] 2008年和2009年1月的青年和中年（25~44岁）失业人员分别占失业总人口的55.78%和57.44%。Chen，I.和J. Lui（2011）。《经济危机下台湾社会保障体系的发展和改革》（韩文版。*Asia Yeongu* 54（1）：72~275.

结　语

三个案例关于医疗和养老方案的发展轨迹显示，扩大保险覆盖率
有多种路径，为减少分散化成本，需要涉及各类参与角色、制度安排
以及流程等。关于分散化问题，虽然日本有一套体系，可以对不同保
险社团的医疗和养老保险计划，在部门内和方案间进行协调，也可以
实现医疗和养老保险在不同体系间的转移衔接，但是整个体系仍然很
分散。相比之下，韩国和中国台湾开始时医疗方案很分散，但是通过
国家对不同保险社团的强力协调作用，实现了单一保险付费者方案。
这两个案例中，政府对财力雄厚的保险社团和资金不足的保险社团之
间的重新再分配起到至关重要的作用。问题是为何在韩国和中国台
湾，分散的医疗保险方案最终得到统一，而日本的医疗体系即便有着
不菲的卫生财政补贴，以及具有实现经济快速增长能力的强大而高效
的政府，但是从它没有一个单一付费者这个意义上说，它仍旧处于分
散化的状况。日本、韩国和中国台湾都是实现快速经济增长的发展型
的正面典范，考虑到它们均由分散的体系开始发展其医疗保险体系，
并且沿着相似的轨迹扩展，直至韩国和中国台湾将它们分散的体系整
合为单个统一付费者体系为止，这一点更有意义。韩国和中国台湾采
取与日本不同的道路，将分散的体系整合为单一付费者体系，通过对
其中的原因进行解释，我们可以得出以下两个因素。首先，民主化政
治为推动建立医疗保险单一付费者体系起到了显著作用。选举制度的
出台为通过政治竞争来解决分散化医疗保险体系问题提供了空间。与
威权统治时期对已有体系进行零星和渐进式扩展相比，在民主化进程
中两个国家（或地区）的执政党发起的变革要大很多，这是因为执政
党面临政权维护的不确定性，政治支持不能再依赖于选择性的分配联

盟，不得不寻求广泛的民众支持。其次，政策反对者们的反抗都很微弱，其中台湾还存在反对党内部分裂的情况，韩国也存在大公司的雇主和工会针对政策重点进行策略选择的问题，这些都减少了保险体系改革的成本。

相比之下，日本缺少这些因素。首先，20世纪40年代和50年代期间由独裁政府向民主政府的过渡主要由外国力量操控和引导，未能给政策变革创造政治空间。政治家们为获取选票所需要做的是维持现状而不是变革。其次，部分是由于党内派系政治，导致首相的行政权力被削弱，而且国家和地方政府中的官僚体制根深蒂固，彻底变革非常艰难。频繁的部门改组导致部门领导力薄弱，与财政部门相比，社会和劳工事务部门尤其严重，这种官僚主导的决策体系，是经济成功的主要因素之一，但却不是社会福利政策改革的驱动力（Oyama和Takeda，2010）。"政治家统治和官僚统治"的体系至少有效运作至70年代中期（Johnson，1978）。尽管政客和官僚们没有整合分散性保险社团的举措，但是官僚们对于诸如医疗保险方案整合等任何激进改革的阻力仍然很大，我们可以在小泉政权领导下的邮政私有化进程一案中看到这一点。最后，日本官僚体制的无能也是分散性保险社团得以延续的一个因素。自70年代中期以来，政治家们获得了更多权力，官僚们在制定社会政策方面再也不能全盘掌控，不得不频繁地商议撤换政治上任命的部长。这种政治家和官僚们在政策热点上必须竞争并达成妥协的"双重政府"，未能为彻底的政策变革创造出有利的环境。90年代初期，经过了10年的经济停滞，社会需要更强有力的政治领导，导致了选举制度变革等一些激进的改革，消灭了党内派系竞争和腐败，并且通过减少部委数量来简化管理并加强首相及其内阁的领导力和执行力。这些改革使一些经济和公共政策改革获得有限的成功，例如邮政私有化，但其中不包括社会福利政策改革。

在日本、韩国和中国台湾，无论是否完成了整合，福利供给在扩大覆盖率方面的发展提供了几条重要的政策信息。第一，它企图挑战关于福利国家是一种奢望，只能在经济发展到一定程度后才能建立的假设。所有三个案例都是在工业化之前或工业化进程中，由于诸如国家建设、加强合法性、社会整合，以及为实现工业化而调动资源等方面原因而计划或着手建设面向大多数人员的社会福利和服务体系。第二，不同服务和收入转移（例如医疗、教育和养老）的制度性基础条件发展不平衡，显著地影响了公共部门提供不同服务和收入转移方案的体系的内容、性质和出台时间。三个案例中的义务教育基础条件，在二战以后大规模工业化开始之前已经发展得很好，并且在其他福利供给体系实现同样覆盖之前实现了全民覆盖。第三，每一个福利和服务供给体系都有自己的发展路径，这也与第二个教训有关。第四，由于每一个福利和服务供给体系扩大了覆盖范围，因此体系之间的相互作用产生了结构同构现象，为了便于政府协调，大多数体系由一个特定的原则支配。在日本，医疗保险和养老保险有着同样分散的体系。医疗保险和养老保险方案由同样的保险社团处理，这是产生这种结构同构现象的关键机制。韩国的医疗保险方案选择了单一付费者体系。除了政府雇员和私立学校教师的养老基金，仅有一个单一付费者覆盖了所有人口，即国民养老服务（NPS）。而且所有的养老保险方案都是固定福利资助型养老保险方案。同一种服务的不同方案之间存在的不平等很容易成为一种政策议题，而且针对所有受益人的统一体系成为吸引支持的政治策略的一个重要内容。中国台湾在这种融合的趋势中比较特殊，因为台湾的养老保险方案在受益人和福利方面的规章制度仍然比较分散，虽然它们同在国民养老保险的覆盖之下。不过，随着医疗保险的统一，台湾当局为了提高协调效率，计划建立一个更为统一的养老保险方案。最近当局试图改革养老保险体系就是其所做政策努力的证明之一。第五，分散的福利供给体系未必会妨碍针对所有人口的覆盖。有着充足的政府资助和组织良好的协调体系来覆盖目标群体并为其安排足够的预算，就可以实现全民覆盖。不过，这需要一个真正组织良好的体系，包括将资源从富裕的地区转移到贫穷的地区的再分配政策以及民间团体的大量参与，正如日本案例中所看到的。第六，对于被保险人必须支付一定保费的缴费型保险方案，虽然全民享有加入该方案的权利，但是不太可能保证福利和服务达到实际上的全民覆盖，因为正如韩国案例中所看到的，低收入群体不太愿意支付保费。第七，韩国和日本的医疗体系（中国台湾也如此，虽然程度较低）显示，私营部门能够在提高医疗体系的普及率方面起到显著作用。不过应当注意的是，在这两个国家的认证、控制保险服务报销、监督服务质量，以及随后对保险体系的管理中，起到至关重要作用的是国家而不是市场。第八，我们观察的三个案例，虽然在分散体系的全民化或一体化推进方面很难总结出经验教训，但是我们可以从韩国和中国台湾实现整合的经验中发现，方案中存在着的财务不稳定和方案间不平等问题的福利服务或收入转移体系是首先需要整合的。在确定应当优先考虑哪个福利供给体系方面，关注这些问题的群体所施加的政治压力起到了关键作用。第九，如前所述，在所有三个案例中，民间团体组织在塑造福利供给体系改革方面起了显著作用。民主制度提供的各种空间，包括公众相对容易获得的司法服务，公众听证和协商，以及公开、透明的选举体制等，给民众将自己的诉求转化为政策提供了充足的机会。再次说明，政府扮演好不同利益群体间的调解员和协调员的角色是改革的关键所在。没有足够能力在多个参与者中间实施领导力的政府，更有可能使体系复杂化或导致更多问题，而不是建成协调整合的体系。本报告中，我们回顾的福利和服务供给体系是多样化的，有着独特的问题和挑战，但是同样都是通过国家强力协调各方利益群体而建立的。

附　表

附表 1　韩国医疗保险合作社历年数量

年　份 项　目		1977	1981	1985	1989	1993	1996	1997	1998	1999
总　　计		521	196	169	408	419	372	372	372	142
以公司为基础 的合作社	小　计	513	185	144	154	153	145	145	145	142
	基于一家公司 的合作社	494	114	70	71	70	63	63	63	60
	基于多家公司 的合作社	19	71	74	83	83	82	82	82	82
以居住地为基 础的合作社	小　计	8	10	13	254	266	227	227	227	0
	农村地区	n. a.	n. a.	n. a.	137	136	94	92	92	0
	城市地区	n. a.	n. a.	n. a.	117	130	133	135	135	0
以贸易为基础的合作社		n. a.	1	12	0	0	0	0	0	0
国有机构管理的针对政府雇员 和教师的医疗保险		0	1	1	1	1	1	1	1	1

资料来源：作者根据参考文献（Kim，2002）所做的修订。

附表 2　基本指标和医疗指标：中国台湾，1960～1994 年（Chiang，1997）

年　份 项　目	1960	1970	1980	1990	1994
基本指标					
人口（百万）	10. 7	14. 7	17. 8	20. 2	21. 0
人均 GDP（美元）	154	389	2344	7954	11604
粗死亡率（1/1000）	6. 8	4. 9	4. 8	5. 2	5. 4
人均寿命（岁）					
男性	61. 8	66. 1	69. 6	71. 3	71. 8
女性	67. 1	71. 2	74. 5	76. 8	77. 7
65 岁及以上老人占总人口比例（%）	2. 5	3. 0	2. 3	6. 2	7. 2
医疗资源					
每千人医生数（人）	0. 5	0. 4	0. 7	1. 0	1. 1
每千人医院病床数（张）	0. 7[a]	2. 4[b]	3. 2[c]	4. 1	4. 5

续表

年 份 项 目	1960	1970	1980	1990	1994
公立医院病床占比（%）	71.3[a]	60.8[b]	53.3[c]	42.7	39.9
医疗筹资					
人均医疗支出（美元）	NA	NA	78	330	599
医疗支出占 GDP 比重（%）	NA	NA	3.3	4.2	5.1
参保人口占总人口比例（%）	6.3	7.9	16.0	47.3	57.0

资料来源：《台湾统计数据年鉴》，经济规划与发展委员会，1995 年；《卫生与生命统计第一卷：一般卫生统计》，"行政院"卫生署，1994 年；Chiang, T. L., 台湾的医院政策（1945～1994）（编写中）；Wu, K. S., 台湾社会养老保险综述；C. L. Yaung（ed.），医疗保险（第二版），初六图书有限公司，台北，1995 年（汉语）。

[a]1961

[b]1971

[c]1982

附表3 日本历年分部门学校和学生数量

小学学校情况									
项目	学校数量（所）				学生数量（人）				
年份	总计	中央政府管理	地方政府管理	私立学校	私立学校所占份额（%）	总计	中央政府管理	地方政府管理	私立学校	私立学校所占份额（%）
1948	25237	91	25050	96	0.4	10774652	44469	10706599	23584	0.2
1949	25638	86	25329	223	0.9	10991927	42232	10905837	43858	0.4
1950	25878	81	25702	95	0.4	11191401	42887	11123449	25065	0.2
1951	26056	77	25874	105	0.4	11422992	43847	11351453	27692	0.2
1952	26377	78	26184	115	0.4	11148325	44358	11073690	30277	0.3
1953	26555	76	26352	127	0.5	11225469	44939	11148176	32354	0.3
1954	26804	76	26590	138	0.5	11750925	44864	11669345	36716	0.3
1955	26880	76	26659	145	0.5	12266952	45691	12181255	40006	0.3
1956	26957	76	26730	151	0.6	12616311	46050	12529459	40802	0.3
1957	26988	76	26755	157	0.6	12956285	46239	12866071	43975	0.3
1958	26964	75	26731	158	0.6	13492087	46618	13398465	47004	0.3
1959	26916	76	26681	159	0.6	13374700	46490	13279428	48782	0.4

续表

项目	小学学校情况									
	学校数量（所）					学生数量（人）				
年份	总计	中央政府管理	地方政府管理	私立学校	私立学校所占份额（%）	总计	中央政府管理	地方政府管理	私立学校	私立学校所占份额（%）
1960	26858	76	26620	162	0.6	12590680	45968	12495514	49198	0.4
1961	26741	75	26505	161	0.6	11810874	45911	11716706	48257	0.4
1962	26615	75	26379	161	0.6	11056915	45674	10962450	48791	0.4
1963	26423	74	26189	160	0.6	10471383	45644	10376601	49138	0.5
1964	26210	73	25976	161	0.6	10030990	45460	9935044	50486	0.5
1965	25977	72	25745	160	0.6	9775532	45389	9678329	51814	0.5
1966	25687	70	25457	160	0.6	9584061	45467	9486011	52583	0.5
1967	25487	70	25257	160	0.6	9452071	45983	9353035	53053	0.6
1968	25262	71	25029	162	0.6	9383182	46409	9283028	53745	0.6
1969	25013	71	24781	161	0.6	9403193	46778	9301825	54590	0.6
1970	24790	71	24558	161	0.6	9493485	47215	9391425	54845	0.6
1971	24540	71	24308	161	0.7	9595021	47468	9491804	55749	0.6
1972	24325	71	24092	162	0.7	9696233	47480	9592677	56076	0.6
1973	24592	71	24358	163	0.7	9816536	47354	9712707	56475	0.6
1974	24606	71	24373	162	0.7	10088776	47036	9984363	57377	0.6
1975	24650	71	24419	160	0.6	10364846	46868	10259848	58130	0.6
1976	24717	71	24486	160	0.6	10609985	46762	10504577	58646	0.6
1977	24777	71	24544	162	0.7	10819651	46596	10714312	58743	0.5
1978	24828	71	24591	166	0.7	11146874	46301	11041244	59329	0.5
1979	24899	71	24662	166	0.7	11629110	46204	11522896	60010	0.5
1980	24945	72	24707	166	0.7	11826573	46144	11720694	59735	0.5
1981	25005	73	24766	166	0.7	11924653	46355	11819002	59296	0.5
1982	25043	73	24802	168	0.7	11901520	46689	11795275	59556	0.5
1983	25045	73	24804	168	0.7	11739452	47149	11632497	59806	0.5
1984	25064	73	24822	169	0.7	11464221	47300	11357064	59857	0.5
1985	25040	73	24799	168	0.7	11095372	47400	10988104	59868	0.5
1986	24982	73	24739	170	0.7	10665404	47513	10557749	60142	0.6
1987	24933	73	24692	168	0.7	10226323	47541	10118229	60553	0.6

项目 年份	学校数量（所）					学生数量（人）				
	总计	中央政府管理	地方政府管理	私立学校	私立学校所占份额（%）	总计	中央政府管理	地方政府管理	私立学校	私立学校所占份额（%）
1988	24901	73	24658	170	0.7	9872520	47527	9763547	61446	0.6
1989	24851	73	24608	170	0.7	9606627	47400	9496553	62674	0.7
1990	24827	73	24586	168	0.7	9373295	47304	9262201	63790	0.7
1991	24798	73	24557	168	0.7	9157429	47234	9045154	65041	0.7
1992	24730	73	24487	170	0.7	8947226	47231	8834049	65946	0.7
1993	24676	73	24432	171	0.7	8768881	47226	8654680	66975	0.8
1994	24635	73	24390	172	0.7	8582871	47248	8468014	67609	0.8
1995	24548	73	24302	173	0.7	8370246	47318	8254741	68187	0.8
1996	24482	73	24235	174	0.7	8105629	47248	7990020	68361	0.8
1997	24376	73	24132	171	0.7	7855387	47294	7739957	68136	0.9
1998	24295	73	24051	171	0.7	7663533	47334	7548163	68036	0.9
1999	24188	73	23944	171	0.7	7500317	47351	7385068	67898	0.9
2000	24106	73	23861	172	0.7	7366079	47288	7251265	67526	0.9
2001	23964	73	23719	172	0.7	7296920	47260	7182433	67227	0.9
2002	23808	73	23560	175	0.7	7239327	47238	7124712	67377	0.9
2003	23633	73	23381	179	0.8	7226910	47152	7111695	68063	0.9
2004	23420	73	23160	187	0.8	7200933	46958	7084675	69300	1.0
2005	23123	73	22856	194	0.8	7197458	46720	7079788	70950	1.0
2006	22878	73	22607	198	0.9	7187417	46484	7067863	73070	1.0
2007	22693	73	22420	200	0.9	7132874	46202	7011876	74796	1.0
2008	22476	73	22197	206	0.9	7121781	45871	6999006	76904	1.1
2009	22258	74	21974	210	0.9	7063606	45507	6939922	78177	1.1
2010	22000	74	21713	213	1.0	6993376	45016	6869318	79042	1.1
2011	21721	74	21431	216	1.0	6887292	44580	6763713	78999	1.1
2012	21460	74	21166	220	1.0	6764619	43257	6642721	78641	1.2
2013	21132	74	20837	221	1.0	6676948	42111	6556537	78300	1.2

小学学校情况

续表

中学学校情况									
项目	学校数量（所）				学生数量（人）				
年份	总计	中央政府管理	地方政府管理	私立学校	私立学校所占份额（%）	总计	中央政府管理	地方政府管理	私立学校	私立学校所占份额（%）
1948	16285	98	15326	861	5.3	4792504	24568	4429423	338513	7.1
1949	14200	95	13317	788	5.5	5186188	30371	4864066	291751	5.6
1950	14165	92	13302	771	5.4	5332515	31435	5031862	269218	5.0
1951	13836	86	13004	746	5.4	5129482	31933	4870055	227494	4.4
1952	13748	84	12952	712	5.2	5076495	31948	4853144	191403	3.8
1953	13685	82	12920	683	5.0	5187378	32813	4978878	175687	3.4
1954	13773	81	13008	684	5.0	5664066	33475	5449008	181583	3.2
1955	13767	81	13022	664	4.8	5883692	34062	5667651	181979	3.1
1956	13724	81	13001	642	4.7	5962449	34400	5745727	182322	3.1
1957	13622	81	12913	628	4.6	5718182	34510	5504428	179244	3.1
1958	13392	80	12694	618	4.6	5209951	34573	5004476	170902	3.3
1959	13135	80	12460	595	4.5	5180319	34598	4969327	176394	3.4
1960	12986	79	12304	603	4.6	5899973	34819	5657251	207903	3.5
1961	12849	79	12159	611	4.8	6924693	35674	6642691	246328	3.6
1962	12647	79	11951	617	4.9	7328344	36032	7031096	261216	3.6
1963	12502	78	11804	620	5.0	6963975	36075	6690651	237249	3.4
1964	12310	78	11611	621	5.0	6475693	35914	6232155	207624	3.2
1965	12079	76	11384	619	5.1	5956630	36018	5739621	180991	3.0
1966	11851	75	11159	617	5.2	5555762	36595	5356434	162733	2.9
1967	11684	75	11004	605	5.2	5270854	37392	5082108	151354	2.9
1968	11463	75	10787	601	5.2	5043069	37981	4860214	144874	2.9
1969	11278	76	10610	592	5.2	4865196	38253	4685073	141870	2.9
1970	11040	76	10380	584	5.3	4716833	38097	4536538	142198	3.0
1971	10839	76	10195	568	5.2	4694250	37900	4511771	144579	3.1
1972	10686	76	10042	568	5.3	4688444	37517	4503756	147171	3.1
1973	10836	76	10195	565	5.2	4779593	37253	4592736	149604	3.1
1974	10802	76	10165	561	5.2	4735705	36909	4548102	150694	3.2
1975	10751	76	10120	555	5.2	4762442	36685	4573225	152532	3.2
1976	10719	76	10092	551	5.1	4833902	36501	4643594	153807	3.2
1977	10723	76	10100	547	5.1	4977119	36445	4785410	155264	3.1
1978	10778	76	10151	551	5.1	5048296	36328	4857562	154406	3.1
1979	10746	76	10118	552	5.1	4966972	36159	4779920	150893	3.0
1980	10780	76	10156	548	5.1	5094402	35997	4908665	149740	2.9

项目 \ 年份	学校数量（所）					学生数量（人）				
	总计	中央政府管理	地方政府管理	私立学校	私立学校所占份额（%）	总计	中央政府管理	地方政府管理	私立学校	私立学校所占份额（%）
1981	10810	77	10183	550	5.1	5299282	35975	5111854	151453	2.9
1982	10879	77	10252	550	5.1	5623975	36137	5429701	158137	2.8
1983	10950	77	10314	559	5.1	5706810	36261	5506783	163766	2.9
1984	11047	78	10402	567	5.1	5828867	36408	5622895	169564	2.9
1985	11131	78	10472	581	5.2	5990183	36674	5777753	175756	2.9
1986	11190	78	10517	595	5.3	6105749	36917	5885843	182989	3.0
1987	11230	78	10555	597	5.3	6081330	37067	5855407	188856	3.1
1988	11266	78	10585	603	5.4	5896080	37008	5665968	193104	3.3
1989	11264	78	10578	608	5.4	5619297	36502	5386134	196661	3.5
1990	11275	78	10588	609	5.4	5369162	35851	5130708	202603	3.8
1991	11290	78	10595	617	5.5	5188314	35170	4942223	210921	4.1
1992	11300	78	10596	626	5.5	5036840	34811	4782499	219530	4.4
1993	11292	78	10578	636	5.6	4850137	34678	4588523	226936	4.7
1994	11289	78	10568	643	5.7	4681166	34575	4415185	231406	4.9
1995	11274	78	10551	645	5.7	4570390	34500	4300507	235383	5.2
1996	11269	78	10537	654	5.8	4527400	34423	4255168	237809	5.3
1997	11257	78	10518	661	5.9	4481480	34382	4207655	239443	5.3
1998	11236	78	10497	661	5.9	4380604	34415	4107590	238599	5.4
1999	11220	78	10473	669	6.0	4243762	34479	3972115	237168	5.6
2000	11209	76	10453	680	6.1	4103717	33732	3835338	234647	5.7
2001	11191	76	10429	686	6.1	3991911	33647	3724711	233553	5.9
2002	11159	76	10392	691	6.2	3862849	33544	3597997	231308	6.0
2003	11134	76	10358	700	6.3	3748319	33504	3482087	232728	6.2
2004	11102	76	10317	709	6.4	3663513	33453	3394055	236005	6.4
2005	11035	76	10238	721	6.5	3626415	33402	3350507	242506	6.7
2006	10992	76	10190	726	6.6	3601527	33407	3320772	247348	6.9
2007	10955	76	10150	729	6.7	3614552	33228	3327531	253793	7.0
2008	10915	76	10104	735	6.7	3592378	33069	3302207	257102	7.2
2009	10864	75	10044	745	6.9	3600323	32460	3308105	259758	7.2
2010	10815	75	9982	758	7.0	3558166	32077	3270582	255507	7.2
2011	10751	73	9915	763	7.1	3573821	31681	3287437	254703	7.1
2012	10699	73	9860	766	7.2	3552663	31580	3269759	251324	7.1
2013	10628	73	9784	771	7.3	3536201	31456	3255326	249419	7.1

中学学校情况

资料来源：e-Stat 日本政府统计门户。

http：//www. e-stat. go. jp/SG1/estat/GL02020101. do？ method ＝ extendTclass&refTarget ＝ toukeihyo&listFormat ＝ hierarchy&statCode ＝ 00400001&tstatCode ＝ 000001011528&tclass1 ＝ 000001021812&tclass2 ＝ &tclass3 ＝ &tclass4 ＝ &tclass5 ＝

附表4　日本政府在中小学教育方面的历年支出情况

1960 年	1965 年	1970 年	1975 年	1980 年	1985 年	1990 年	1991 年	1992 年
79. 6	74. 8	75. 0	75. 2	74. 8	72. 5	71. 6	71. 6	71. 5
1993 年	1994 年	1995 年	1996 年	1997 年	1998 年	1999 年	2000 年	2001 年
70. 7	70. 4	70. 3	69. 9	69. 7	69. 7	69. 8	69. 6	69. 8
2002 年	2003 年	2004 年	2005 年	2006 年	2007 年	2008 年	2009 年	2010 年
69. 8	70. 0	70. 1	70. 3	70. 3	70. 3	70. 7	71. 2	71. 3

资料来源：e-Stat 日本政府统计门户。

http：//www. e-stat. go. jp/SG1/estat/GL02020101. do？ method ＝ extendTclass&refTarget ＝
toukeihyo& listFormat ＝ hierarchy&statCode ＝ 00400202&tstatCode ＝ 000001011660&tclass1 ＝
000001021291&tclass2 ＝ 000001056466&tclass3 ＝ 000001056467&tclass4 ＝ &tclass5 ＝

附表5　中国台湾各学龄的学生数量

单位：人，岁

年龄		总计	小学	初中	高中
		5007273	1373375	844884	402688
	男	2593976	718473	440711	202025
	女	2413297	654902	404173	200663
3	男	58263	0	0	0
	女	50237	0	0	0
4	男	83801	0	0	0
	女	75701	0	0	0
5	男	100024	98	0	0
	女	91720	98	0	0
6	男	105808	105527	0	0
	女	95840	95720	0	0
7	男	108815	108751	0	0
	女	100049	100006	0	0
8	男	113067	113001	0	0
	女	101658	101617	0	0
9	男	120483	120409	0	0
	女	109582	109527	0	0
10	男	126813	126729	0	0
	女	115807	115754	0	0

续表

		总计	小学	初中	高中
11	男	143823	143227	514	0
	女	132192	131660	476	0
12	男	143288	650	148427	0
	女	136073	454	135491	0
13	男	141353	64	141073	3
	女	130052	49	129840	2
14	男	150357	14	149165	599
	女	138256	9	137223	562
15	男	158290	3	1372	67530
	女	146829	8	1022	66578
16	男	156645	0	134	66104
	女	148077	0	100	66548
17	男	151939	0	22	64149
	女	144887	0	15	64458
18	男	113356	0	2	3165
	女	116224	0	3	2262
19	男	122268	0	2	375
	女	125561	0	3	216
20	男	116299	0	0	74
	女	117556	0	0	21
21	男	110811	0	0	18
	女	112219	0	0	11
22	男	70416	0	0	8
	女	68710	0	0	5
23	男	39269	0	0	0
	女	25494	0	0	0
24	男	25052	0	0	0
	女	15724	0	0	0
25	男	15129	0	0	0
	女	10181	0	0	0
26	男	10520	0	0	0
	女	7421	0	0	0
27	男	9252	0	0	0
	女	6839	0	0	0

续表

		总计	小学	初中	高中
28	男	8106	0	0	0
	女	6186	0	0	0
29	男	7601	0	0	0
	女	5765	0	0	0
30 及以上	男	77128	0	0	0
	女	78457	0	0	0

资料来源：http：//www. edu. tw/pages/detail. aspx？Node＝4075&Page＝20046&Index＝5&WID＝31d75a44-efff-4c44-a075-15a9eb7aecdf

附表 6　中国台湾中小学校情况

		小学学校	中学学校
学校数量（所）	公　立	2623	726
	私　立	36	16
班级数量（个）	公　立	57057	25471
	私　立	951	2174
学生数量（人）	公　立	1425102	782606
	私　立	31902	90614

资料来源：http：//www. edu. tw/userfiles/url/20121224161932/%e5%9c%8b%e6%b0%91%e6%95%99%e8%82%b2. pdf。

附表 7　殖民时期的韩国学校和学生数量[*]

教育类型	学校类型	学校数量和学生数量	年　份			
			1915	1920	1930	1940
小学教育	传统私立村校	学校数量（所）	23441	25482	15036	4105
		学生数量（人）	229556	292625	150892	158320
	现代小学[a]	学校数量（所）	1519（429）	1342（681）	2240（1727）	4700（4483）
		学生数量（人）	112384（60660）	158293（107285）	514110（459457）	1543507（1385187）

教育类型	学校类型	学校数量和学生数量	年份			
			1915	1920	1930	1940
职业教育[b]	职业中专	学校数量（所）	70	46	83	139
		学生数量（人）	1540	788	3520	8261
	职业高中	学校数量（所）	20	31	52	90
		学生数量（人）	1422	1951	8757	22855
中学教育	第一类公立中学[c]	学校数量（所）	2	5	15	121[d]
		学生数量（人）	882	1346	6198	32753[d]
	第一类私立中学[c]	学校数量（所）	2	9	9	—
		学生数量（人）	278	1672	4776	
	第二类公立中学[c]	学校数量（所）	—	5	11	
		学生数量（人）	—	2045	5792	
	第二类私立中学[c]	学校数量（所）	—	0	0	
		学生数量（人）	—	0	0	
	第一类公立女子中学[c]	学校数量（所）	2	2	6	—
		学生数量（人）	250	268	1556	—
	第一类私立女子中学[c]	学校数量（所）	2	5	10	
		学生数量（人）	128	441	2866	
	第二类公立女子中学[c]	学校数量（所）	—	12	24	51
		学生数量（人）	—	2276	7546	12443
	第二类私立女子中学[c]	学校数量（所）	—	—	1	13
		学生数量（人）	—	—	162	5035
高等教育	公立专科学院	学校数量（所）	0	4	5	—
		学生数量（人）	0	613 (265)[f]	1192 (835)[f]	5225[e] (—)[f]
	私立专科学院	学校数量（所）	1	3	8	—
		学生数量（人）	14 (14)[f]	201 (137)[f]	1410 (332)[f]	—

续表

教育类型	学校类型	学校数量和学生数量	年　份			
			1915	1920	1930	1940
高等教育	公立师范学院	学校数量（所）	—	1	3	10
		学生数量（人）	—	29（29）[f]	437（181）[f]	2643（—）[f]
	公立Kyungseong帝国大学	日本学生数量（人）		124（in 1924）	599	720
		韩国学生数量（人）	—	44（in 1924）	276	455

说明：

*1910 年韩国的总人口估计为 13128780 人，学校适龄儿童数量约为 260 万人。

[a]数字包括小学教育各种形式的私立和公立学校，不包括传统村校。（）中的数字是公立学校的数量。

[b]职业学校的数字包括农业、渔业、商业和工程等领域的公立和私立学校。1943 年，这些学校在校学生人数分别为：14150（农业）；968（渔业）；10545（商业）；2802（工程）。

[c]"第一类"是指韩国学生，"第二类"是指日本学生。

[d]包括第一类公立和私立男子/女子中学。

[e]公立和私立学校的统计数据。

[f]（）中的数据是日本学生人数。

—表示没有数据。

资料来源：日本殖民总督府（不同日期），参考 Hirotani 和 Hirokawa，1973 和 Lee 等人，1997。

附表 8　韩国学校、班级和学生分部门数量（2013）

	学校数量（所）	占比（%）	班级数量（个）	占比（%）	学生数量（人）	占比（%）
小　学						
中央政府管理	17	0.3	387	0.3	9798	0.4
地方政府管理	5820	98.4	118082	98.5	2733287	98.2
私　立	76	1.3	1427	1.2	40915	1.5
总　计	5913	100.0	119896	100.0	2784000	100.0
初　中						
中央政府管理	9	0.3	186	0.3	5764	0.3
地方政府管理	2520	79.4	46688	82.1	1479595	82.0
私　立	644	20.3	9969	17.5	318830	17.7

续表

	学校数量 （所）	占比 （%）	班级数量 （个）	占比 （%）	学生数量 （人）	占比 （%）
总　计	3173	100.0	56843	100.0	1804189	100.0
高　中						
中央政府管理	19	0.8	515	0.9	14737	0.8
地方政府管理	1355	58.4	33622	56.6	1053424	55.6
私　立	948	40.8	25268	42.5	825542	43.6
总　计	2322	100.0	59405	100.0	1893703	100.0

资料来源：韩国教育开发研究所，2013。

附表 9　日本的主要政府安全网方案（现金和实物）

符合条件人士	现金福利	实物福利
患病老人	对照顾自家老人的救助（有限的），长期护理保险制度（LTCIS）	医疗服务，以家庭为基础的服务，机构服务
残疾人	残疾抚恤金	机构服务
儿　童	单亲家庭的育儿津贴，儿童津贴	特殊儿童服务机构
穷　人	公共救助（民生、教育、住房、长期护理等）	医疗卫生服务
失业人员	失业救济金	个人支持性示范项目（试点项目）

附表 10　单位 GDP 社会福利支出的国际比较（2009 财年）

国家	养老	遗属	无自理	医疗	家庭	积极劳动力市场计划	失业	住房	其他政策领域	总计
日本	10.99	1.45	1.15	7.19	0.96	0.43	0.39	0.16	0.25	22.97
美国	6.08	0.77	1.7	8.47	0.7	0.15	0.88		0.74	19.49
英国	7.34	0.1	3.03	8.08	3.83	0.33	0.65	1.45	0.22	25.03
德国	9.12	2.16	3.46	8.65	2.11	1.01	1.68	0.65	0.18	29.02
法国	12.33	1.94	2.12	8.97	3.21	0.99	1.53	0.85	0.44	32.37
瑞典	10.24	0.55	5.42	7.33	3.76	1.13	0.73	0.48	0.71	30.35

资料来源：国家人口与社会保障研究所，2013 年，第 10 页。

附表 11 韩国主要社会保险的实际覆盖情况，1985～2010 年

年份	雇员总数（千人）	非农业雇员（千人）	实际覆盖率				
			总计占比（%）	公共养老金[a]	医疗保险[b]	工伤保险[c]	失业保险[d]
1985	14970	11165	74.6	5.5	44.1（51.1）	40.3	—
1990	18085	14629	80.9	31.2	—	51.6	—
1995	20414	17729	86.8	41.1	—	44.5	23.7
1996	20853	18237	87.5	42.2	—	44.7	23.7
1997	21214	18644	87.9	40.3	—	44.2	23.0
1998	19938	17330	88.9	38.8	—	42.8	29.7
1999	20291	17765	87.6	58.5（85.7）	—	41.9	34.1
2000	21156	18650	88.2	60.8（81.9）	—	50.9	35.2
2001	21572	19125	88.7	59.9（80.70）	—	55.3	36.1
2002	22169	19771	89.2	60.4（79.6）	—	52.9	36.2
2003	22139	20189	91.2	62.2（82.9）	—	51.8	35.6
2004	22557	20732	91.9	60.0（80.8）	—	50.0	36.4
2005	22856	21041	92.1	60.0（80.3）	—	56.8	38.2
2006	23151	21366	92.3	60.7（82.0）	—	54.2	39.8
2007	23433	21707	92.6	61.6（83.4）	—	58.4	42.2
2008	23577	21629	91.7	61.9（83.2）	—	62.3	43.6
2009	23506	21541	91.6	63.3（84.8）	—	64.4	45.3
2010	23829	21904	91.9	64.8（86.2）	—	64.8	46.2

说明：

[a] 数字包括向国民养老金、公务员养老金和学校教师养老金缴纳保费的人数。括号中的数字包括根据法律规定标准应当缴费，但是因其除了实际领取到的养老金以外的其他收入较低而被政府正式免缴的人数。

[b] 健康保险从 1989 年开始覆盖全部人口，但是由于不需要缴费，因此无法估计未申领保险的人数。粗略估计，健康保险的实际申领率是 90% 以上。1985 年，51.1% 的人群当中包括被医疗救助计划所保障的人口。

[c] 非农业部门所有雇员的实际覆盖率计算公式为：（工伤保险计划所覆盖的雇员人数/非农业部门的所有雇员人数）×100%。

[d] 非农业部门所有雇员的实际覆盖率计算公式为：（就业保险计划所覆盖的员工人数/非农业部门的所有雇员人数）×100%。

[c,d] 工伤保险计划和就业保险计划的实际覆盖率包括了应当被纳入但是因其特殊的工作特点而被法律上排除的职工（例如重型卡车司机、高尔夫俱乐部球童和家庭作业辅导老师等）。

—表示不适用。

资料来源：1985～2007 年的数据来自 Wook（2010：72）；2008～2010 年的数据来自卫生和福利部（2012 年）。（Chung 即将于 2014 年发表的论文）

附表 12　中国台湾的三大支柱型养老体系

第三支柱	个人储蓄和商业保险						
第二支柱				劳动者养老法案（个人账户）		针对公务员和教师的社会保险	针对军人的社会保险
第一支柱	农民补贴	国民年金保险	劳工保险				
职业群体分类	农民	其他（家庭主妇、失业人员等）	自雇人士	雇工	"国企"工人	公务员	军人
					"国有"企业	公民服务	军队
					就业人士		
	私营部门				公共部门		

资料来源：Shi 和 Mok，2012。

附表 13　中国台湾历年分年龄失业率，1978～2013 年

单位：%，全年平均

年份	总计	15～19 岁	20～24 岁	25～29 岁	30～34 岁	35～39 岁	40～44 岁	45～49 岁	50～54 岁	55～59 岁	60～64 岁	65 岁及以上
1978	1.67	3.95	3.77	1.54	0.64	0.38	0.43	0.43	0.82	0.76	0.43	0.17
1979	1.27	3.12	3.36	1.02	0.42	0.23	0.24	0.32	0.48	0.47	0.41	0.00
1980	1.23	3.21	3.13	1.09	0.44	0.31	0.19	0.29	0.43	0.44	0.29	0.00
1981	1.36	3.75	3.50	1.12	0.50	0.40	0.35	0.34	0.44	0.38	0.17	0.04
1982	2.14	5.18	5.45	2.02	0.98	0.88	0.64	0.56	0.88	0.71	0.59	0.00
1983	2.71	6.60	6.49	2.65	1.44	1.18	0.90	0.99	1.26	1.22	0.57	0.00
1983	2.73	5.80	6.98	2.25	1.25	1.26	1.09	1.35	1.12	1.76	0.93	0.00
1984	2.45	5.85	6.24	2.65	1.30	1.00	0.71	0.72	0.98	1.02	0.69	0.12
1985	2.91	7.53	7.12	3.05	1.76	1.21	1.13	0.91	1.25	1.20	0.79	0.20
1986	2.66	6.76	6.79	2.95	1.50	1.22	1.05	1.01	0.95	0.82	0.89	0.24
1987	1.97	5.57	5.39	2.13	1.04	0.84	0.62	0.65	0.66	0.62	0.44	0.12
1988	1.69	5.02	4.78	1.95	0.94	0.70	0.56	0.57	0.43	0.40	0.55	0.12
1989	1.57	5.03	4.39	1.88	0.89	0.68	0.50	0.55	0.47	0.42	0.25	0.22

续表

年份	总计	15 ~ 19 岁	20 ~ 24 岁	25 ~ 29 岁	30 ~ 34 岁	35 ~ 39 岁	40 ~ 44 岁	45 ~ 49 岁	50 ~ 54 岁	55 ~ 59 岁	60 ~ 64 岁	65 岁 及以上
1990	1.67	5.68	4.79	1.92	0.99	0.84	0.64	0.64	0.52	0.36	0.22	0.03
1991	1.51	4.93	4.41	1.91	0.91	0.76	0.62	0.49	0.55	0.41	0.23	0.11
1992	1.51	4.98	4.70	2.00	1.00	0.64	0.53	0.52	0.48	0.35	0.31	0.08
1993	1.45	4.78	4.60	1.94	0.96	0.68	0.53	0.48	0.45	0.40	0.25	0.10
1994	1.56	4.96	4.67	2.19	1.19	0.74	0.65	0.60	0.45	0.43	0.29	0.13
1995	1.79	5.59	5.16	2.55	1.36	1.00	0.82	0.78	0.70	0.42	0.31	0.12
1996	2.60	7.47	6.72	3.65	2.08	1.65	1.49	1.37	1.20	1.05	0.65	0.15
1997	2.72	7.35	6.76	3.68	2.15	1.84	1.63	1.61	1.76	1.31	0.80	0.28
1998	2.69	8.26	7.01	3.61	2.06	1.76	1.60	1.64	1.60	1.20	0.68	0.19
1999	2.92	9.03	6.83	3.82	2.42	2.08	1.87	1.89	1.79	1.35	0.87	0.29
2000	2.99	9.04	6.89	3.77	2.59	2.24	1.98	1.93	1.85	1.61	0.92	0.24
2001	4.57	13.64	9.65	5.46	4.19	3.72	3.36	3.34	3.08	2.41	1.33	0.06
2002	5.17	14.59	11.31	6.46	4.64	3.87	4.00	3.84	3.60	2.78	1.45	0.13
2003	4.99	13.84	10.95	6.26	4.16	3.61	3.85	3.97	3.77	3.77	2.69	0.14
2004	4.44	13.00	10.44	5.69	3.86	3.12	3.18	3.22	3.56	3.01	2.19	0.07
2005	4.13	11.97	10.33	5.75	3.63	2.84	2.81	2.89	2.91	2.63	2.08	0.43
2006	3.91	11.46	10.10	5.92	3.80	2.86	2.40	2.31	2.50	2.25	1.60	0.28
2007	3.91	11.13	10.56	5.87	3.87	2.76	2.81	2.47	2.33	1.95	1.29	0.16
2008	4.14	11.42	11.89	6.38	3.89	2.97	2.63	2.76	2.65	2.33	1.38	0.17
2009	5.85	13.55	14.67	8.77	5.82	4.64	4.23	4.27	4.14	3.54	2.00	0.13
2010	5.21	10.93	13.51	8.15	5.19	4.10	3.77	3.89	3.50	3.06	1.50	0.19
2011	4.39	11.22	12.71	7.11	4.32	3.32	3.02	2.99	2.66	2.44	1.57	0.15
2012	4.24	9.80	13.17	7.08	4.34	3.37	2.76	2.55	2.35	2.14	1.69	0.17
2013	4.16	10.40	14.08	7.21	4.24	3.22	2.44	2.57	2.19	2.02	1.07	0.03

　　资料来源：台湾"统计署"的"时间序列"数据，2013 年 12 月 30 日，访问网址 http：//
eng. stat. gov. tw/ct. asp？xItem = 15761&ctNode = 1609&mp = 5。

附表 14 日本各类保险公司比较

单位：日元

	市政控制的 国民医疗保险	国民医疗 保险协会	公共机构管理的 医疗保险
保险公司数量 （2011 年 3 月末）	1723	165	1
会员数量 （2011 年 3 月末）	35.49 百万 （20.37 百万户）	3.27 百万	34.85 百万 （被保险人 19.58 百万 家属 15.27 百万）
会员平均年龄 （2010 财年）	49.7	39.0	36.3
平均收入 （总补偿金） （2010 财年）（＊1）	￥910000 ￥1580000 每户 （FY2009）	￥3470000 ￥7430000 每户（＊2） （FY2008）	￥1370000 ￥2420000 每户（＊3）
用于计算每个成员 保费的金额 （2010 财年）	￥740000（＊4） ￥1290000 每户 （FY2009）	－（＊5）	￥2090000（＊6） ￥3700000 每户（＊3）
每个成员的医疗支出 （2010 财年）（＊7）	￥299000	￥176000	￥156000
每个成员平均保费 （2010 财年）（＊8） （包含雇主缴费 在内的金额）	￥81000 ￥142000 每户	￥126000	97000 日元（193000 日元） 172000 日元（344000 日元） 每个被保险人 医疗保险保费比例： 10.0%（FY2012）
政府补贴 （固定比例部分）	福利金的 50%	福利金的 42%（＊9）	福利金的 16.4%（＊10）
政府补贴金额（＊11） （根据 2012 财年 预算的平均值）	3445.9（10 亿日元）	284.2（10 亿日元）	1182.2（10 亿日元）

	协会管理的以就业 为基础的医疗保险	互助协会	针对 75 岁及以上高龄 老人的医疗体系
保险公司数量 （2011 年 3 月末）	1458	85	47
会员数量 （2011 年 3 月末）	29.61 百万 （被保险人 15.57 百万 家属 4.03 百万）	9.20 百万 （被保险人 4.53 百万 家属 4.67 百万）	14.34 百万

续表

	协会管理的以就业为基础的医疗保险	互助协会	针对75岁及以上高龄老人的医疗体系
会员平均年龄 （2010 财年）	34.0	33.4	81.9
平均收入 （总补偿金） （2010 财年）（＊1）	￥1960000 ￥3720000 每户（＊3）	￥2290000 ￥4670000 每户（＊3）	￥800000 （FY2010）
用于计算每个成员保险的金额 （2010 财年）	￥2810000（＊6） ￥5300000 每户（＊3）	￥3190000（＊6） ￥6510000 每户（＊3）	￥670000（＊4） （FY2010）
每个成员的医疗支出 （2010 财年）（＊7）	￥138000	￥140000	￥905000
每个成员平均保费 （2010 财年）（＊8） （包含雇主缴费在内的金额）	93000 日元（207000 日元） 177000 日元（394000 日元） 每个被保险人 医疗保险保费比例： 7.67%（FY2010 审计估算）	112000 日元（224000 日元） 227000 日元（455000 日元） 每个被保险人 医疗保险保费比例： 8.03%（FY2010 审计估算）	￥63000
政府补贴 （固定比例部分）	向资金困难的协会提供固定比例的缴费	无	福利金的约50%
政府补贴金额（＊11） （根据 2012 财年预算的平均值）	1.6（10 亿日元）		6177.4（10 亿日元）

（＊1）是指"总收入，等"（即从总盈利中减去与上班有关的花费、工薪人员扣减、公共养老扣减等等之后计算出来的金额）。在市政管理的国民医疗保险方案和老年人后期医疗体系下，这是指"总收入和林业收入"加上"与杂项收入有关的前向扣减"以及"单独转移输入金额"。该数字的计算依据，在市政管理的国民健康保险方案的情况下是"国民医疗保险调查"，在老年人后期医疗体系的情况下是"老年人后期医疗体系被保险人调查"。国民医疗保险协会的这些数字是供您参考的数据，它是通过增加了作为当地市政税的标准应税收入（在进行诸如基本扣减和包括家属扣减和配偶扣减等在内的收入扣减等类的扣减之后，得到的总收入）、基本扣减，以及"除基本扣减（诸如家属扣减、配偶扣减等）之外的收入扣减"后计算出来的［"2009 财年当前税收状况与本地市政税调查"是由内务和交通部进行的。通过调查计算得出的"针对工资性收入和经营性收入等群体的标准应税收入等"，适用于每一个支架。将每一个支架的收入扣减量（不包括基本扣减）除以纳税人数得到的数字，可用于计算上述估计值］。Kyokai Kenpo 是协会管理的医疗保险和互助协会，这个数字是一个参考值，它是通过从"用于得出每位用户保险费的金额"（通过将标准补偿金总量除以用户数得到的额金额）。

（＊2）每户金额的计算是每位用户的金额乘以平均每人人数。

（＊3）是指每位被保险人的金额。

（＊4）这是通过临时的老方法计算得到的标准应税金额（保费计算的基数）。这种临时的老方法将总收入金额（等于总盈利金额减去与上班有关的花费、工薪人员扣减和公共养老扣减等）减去基本扣减得到基数，并用此基数计算出老人后期医疗保险体系和大多数市政管理的国民医疗保险方案的保险费。

（＊5）没有列入的原始数，根据国民医疗保险协会方案，这些保险公司的收入和保费的计算方法都各不相同。根据 2009 年收入研究的数据，国民医疗保险协会医疗从业者的市政税收标准贸易-贸易应税收入为 641 万日元，国民医疗保险协会牙科医生为 221 万日元，国民医疗保险协会药剂师为 218 万日元，国民医疗保险协会一般贸易商为 125 万日元，国民医疗保险协会有关的行业建设为 70 万日元。根据每个协会的被保险人计算得到的整个部门平均金额为 215 万日元（2010 年没有进行收入研究）。

（＊6）该金额等于标准补偿金的总金额除以用户数。

（＊7）Kyokai Kenpo 和协会管理的医疗保险方案的每位会员医疗花费基本上都是一个数字。另外，互助协会的数字是由评估机构或支付机构所估计的医疗支出。

（＊8）协会管理的医疗保险方案或老年人后期医疗体系的每一位会员的保险费是根据该年度安排或设定的保险费来估计的；而且，雇员保险的保费是根据最终支出和收入账户中所引用的保险费来估计的。

（＊9）基于 2012 财年预算的平均值。

（＊10）2010 财年预算中政府在 2010 年 6 月份之前对 Kyokai Kenpo 的补贴比例是 13.0%，不包括向老年人后期医疗体系的缴费。

（＊11）是指政府针对长期护理保险收费的补贴和奖励，不包括特殊医疗检查或特殊医疗指导。

资料来源：《日本医疗体系介绍》，卫生、劳动和福利部，2013 年 12 月 30 日访问网址 http://www.mhlw.go.jp/stf/seisakunitsuite/bunya/kenkou_ iryou/iryouhoken/iryouhoken01/index.html。

附表15　韩国 2000 年新的（统一）缴费标准对产业工人
医疗保险缴费的影响（模拟结果）

标准月收入：缴费基数 （单位：10000 韩元）	缴费增减比例 （%）	月缴费平均增减情况 （单位：韩元）
0 ~ 52	-41.0	-7934
52 ~ 75	-24.2	-5588
75 ~ 100	-17.6	-5082
100 ~ 126	-11.5	-3999
126 ~ 154	-6.1	-2492
154 ~ 199	3.0	1371
199 ~ 249	9.6	5311
249 ~ 303	15.9	10232
303 ~	33.9	29455

资料来源：NHIC，2000，参考 Kwon，2003。

参考文献

Amable, B. (2003). *The Diversity of Modern Capitalism.* Oxford, Oxford University Press.

Amsden, A. H. (1986). "The State and Taiwan's Economic Development." *Bring the State Back In.* P. Evans, D. Rueschemeyer and T. Skocpol. Cambridge, Cambridge University Press.

Aoki, M. (1984). *Compilation of Court Rulings on Education Issues After the War (in Japanese).* Tokyo, Syunposha.

Aoki, M. (1994). "The Contingent Governance of Teams: Analysis of Institutional Complementarity." *International Economic Review* 35 (657–76).

Bambra, C. (2005). "Cash versus Services: 'Worlds of Welfare' and the Decommodification of Cash Benefits and Health Care Services." *Journal of Social Policy* 34 (2): 195–213.

Beauchamp, E. R. (1987). "The Development of Japanese Education Policy: 1945–85." *History of Education Quarterly* 27 (3): 299–324.

Bowie, O. (2013). "Taiwan Moves Closer to Pension Reform." *Investment and Pensions Asia*, Volume, DOI.

Caldor, K. (1988). *Crisis and Compesation: Public Policy and Stability in Japan.* Princeton, Princeton University Press.

Champion, C. and G. Bonoli (2011). "Institutional Fragmentation and Coordination Initiatives in Western European Welfare States." *Journal of European Social Policy* 21 (4): 323–334.

Chang, H. (2012). "Taiwan's Unfair Tax System: Helping the Rich Get Richer." *Common Wealth Magazine*.

Chen, F. (2005). "Unemployment and Policy Responses in Taiwan: Gender and Family Implications." *Transforming the Developmental Welfare State in East Asia*. H. Kwon. New York, Palgrave Macmillan.

Chen, I. and J. Lui (2011). "Develoment and Reform of Taiwanese Social Security System under the Economic Crisis (in Korean)." *Asia Yeongu* 54 (1): 72-275.

Cheng, T. (2001). "Transforming Taiwan's Economic Structure in the 20th Century." *The China Quarterly* 165: 19-36.

Cheng, T. (2003). "Taiwan's New National Helath Insurnce Programme: Genesis and Experience So Far." *Health Affairs* 22 (3): 61-76.

Chiang, T. (1997). "Taiwan's 1995 Health Care Reform." *Health Policy* 39: 225-239.

Cho, B. (1990). "State's Regulation on Medical Services and Specialization of Medical Treatment: Historical Background of Conflictual Structure (Guggaui Uiryotongjewa Uiryoui Keonmunhaw: Hangug Uiryo Chegyeui Galdeung Gujo)." *Korean Journal of Sociology* 24 (1): 131-152.

Cho, C. (2013). "Welfare Row Spreads to Assembly Audit." *The Korea Herald*. Seoul.

Choi, H. and J. Hunny (2013). Park Names Audit and Health Chiefs. *The Korea Herald*. Seoul.

Choi, K. and E. Hwang (2007). *Research on Old Age Income Seucirty of Agricultural Workers* (in Korean). Korea Rural Economic

Institute. Seoul.

Chow, P. (2001). *Social Expenditure in Taiwan (China)*. Washington D. C., The World Bank.

Chun, B. and E. Lee (2010). "Prospect of Social Insurance Finance and Policy Task (in Korean)." *Research Paper*. Korea Institute of Public Finance. Seoul.

Chung, M. (Forthcoming in 2014). "Development of Transformative Social Policy in South Korea: Lessons from the Korean Experience." *Learning from the South Korean Developmental Success Effective Developmental Cooperation and Synergistic Institutions and Policies*. I. Yi and T. Mkandawire. London, Macmillan Palgrave.

Chung, W. (2010). "Social Protection in Korea-Current State and Challenges." *Social Protection in East Asia-Current State and Challenges. ERIA Research Project Report 2009－9*. M. G. Asher, S. Oum and F. Parulian. Jakarta, ERIA: 55-89.

Cummings, B. (1981). "The Origins of The Korean War: Liberation and the Emergence of Separate Regimes 1945－1947."

Donaldson, M. S., K. D. Yordy, et al. (1996). *Primary Care: America's Health in a New Era*. Washington D. C., National Academcy Press.

Douglas, M. (Forthcoming in 2014). "The Saemaul Undong in Historical Perspective and in the Contemporary World." *Learning from the South Korean Developmental Success* Easterlin, R. A. (1981). "Why isn't the whole world developed?" *The Journal of Economic History* 41 (1): 1-19.

Editorial Committe for Korean Education 10 Year History (1960). *Ten*

Years History of Education in Korea (*in Korean*). Seoul, Pungmunsa.

Esping-Anderesen, G. (1990). *The Three Worlds of Welfare Capitalism*. Oxford, Polity Press.

Esping-Andersen, G. (1992). "The Making of a Social Democratic Welfare State. " *Creating Social Democracy*. K. Misgeld, K. Molin and K. Aamark. University Park, PA., Pennsylvania State University Press.

Esping-Andersen, G. (1999). *Social Foundations of Postindustrial Economies*. Oxford, Oxford University Press.

Estevez-Abe, M. (2009). "Voters (Finally) in Command: The Changing Japanese Welfare State. " *Global Asia* 4 (1).

Fu, L. (1994). "A Preliminary Study on the Stratification Effect of Welfare Institutinos of Taiwan (in Chinese). " *Popular Opinions of Taiwanese Society-A Social Sciecne Analysis*. Q. Yi. Taiwan, Taipei, Academia Sinica.

Gao, P. (2012). "Learning Free and Fair. " *Taiwan Review*.

GfK Bridgehead (2013). *Taiwanese Healthcare Budgetary Constraints are a Threat for the Pharmaceutical Industry*, GFK Bridgehead.

Gong, Y. (1998). "*Wailai-zhengquan*" *yu bentu-shehui*: *gaizao-hou guomindang-zhengquan shehui-jichu de xingcheng* (*1950 – 1969*) *Foreign Regime and Native Society*: *The Formation of the KMT regime's social foundation after the KMT's internal reforms* (*1950 – 1969*). Taipei, Daoxiang.

Goodman, R. (1998). The "Japanese-style welfare state" and the delivery of peronal social services. *The East Asian Welfare Model*. R. Goodman, G. White and H. Kwon. London and New York, Routledge.

Gough, I. (2001). "Globalization and Regional Welfare Regimes:

the East Asian case." *Global Social Policy* 1 (1): 163–89.

Green, A. (1990). *Ecuation and State Formation: The Rise of Education Systems in England, France and the USA*. New York, St. Martin's Press.

Gregorio, J. D. and J. Lee (2002). "Education and Income Inequality: New Evidence From Cross-country Data." *Review of Income and Wealth* 48 (3): 395–416.

Guo, M. (1998). A study of combining national basic pension, government employees and teachers pension, and labour pension (in Chinese). *Compilation of Commissioned Reports on the Instittuions of National Pension*. Council of Economic Planning and Development. Taipei, Taiwan, Council of Economic Planning and Development.

Hart-Landsberg, M. (1993). *The Rush to Development: Economic Change and Political Struggle in South Korea*. New York, Monthly Review Press.

Hirotani, T. and Y. Hirokawa (1973). "Nihon Touchikano Taiwan Tyousenniokeru Syokuminti Kyouiku Seisakuno Hikakusiteki Kenkyuu (Comparative Historical Analysis on Taiwan and Korea under the Japanese Colonial Rule)." *The Annual Reports on Educaional Science* 22: 19–92.

Holliday, I. (2000). "Productivist welfare capitalism: social policy in East Asia." *Political Studies* 48: 706–723.

Hood, C. P. (2001). *Japanese Education Reform*. London and New York, Routledge. http://www. med. or. jp/insura/medical/02. html.

Huang, C. and Y. Ku (2011). "Effectiveness of Social Welfare Programmes in East Asia: A Case Study of Taiwan." *Social Policy and Administration* 45 (7): 733–751.

Hung, J. and L. Chang (2008). "Has cost containment after the National Health Insurance system been successful? Determinants of Taiwan hospital costs." *Health Policy* 85: 321–335.

Inaba, M. (2011). "Increasing Poverty in Japan: Social Policy and Public Assistance Program." *Asian Social Work and Policy Review* 5: 79–91.

Inoue. H. (1994). Entitlement to Public Assistance—From Charity to Human Rights Protection (in Japanese). *Poverty in the midst of prosperity*. Y. Kawai. Tokyo, Hourits Bunkashya.

Ito, H. (1968). *Ideas of Compulsory Education*. Tokyo, Dai 1 Houkisha.

Jacobs, D. (2000). Low inequality with low redistribution? An Analysis of income distribution in Japan, South Korea and Taiwan compared to Britain. *CASE Paper*. Centre for Analysis of Social Exclusion LSE. London, London School of Economics.

Japan Medical Association (2013). Understanding of Health Insurance Accessed December 30, 2013,

Johnson, C. (1978). *MITI and the Japanese Miracle: The Growth of Industrial Policy*, 1925–1975. Stanford, Stanford University Press.

Jones, R. S. (2007). Income Inequality, Poverty and Social Spending in Japan. *OECD Economics Department Working Papers*. OECD. Paris, OECD.

Kan, K. and Y. Lin (2011). "The Effects of Employment Protection on Labor Turnover: Empirical Evidence from Taiwan." *Economic Inquiry* 49 (2): 398–433.

Kanai, T. (2011). "The Estimation of the Post-war Educational

Reform by then Reformers." *Touhoku Daigaku Daigakuin Kyouikugakuken-
kyuukanenbo* 60 (1): 131-141.

Kang, J. (1997). "Syokuminti Tyousenniokeru Tihouseidoto Syotou
Kyouiku (Local Authorities and Elementary Education in the Colonial Days
of Korea)." *Gunma Daigaku Syakai Jyouhougakufu Kenkyuu Ronsyuu* 4:
191-214.

Kangas, O. and J. Palme (2005). "Coming Late-Catching Up: The
Formation of a 'Nordic Model'." *Social Policy and Economic Development
in the Nordic Countries.*

Kasza, G. (2002). "The illusion of welfare regimes." *Journal of
Social Policy* 31 (2): 271-287.

Kautto, M. (2002). "Investing in services in West European welfare
states." *Journal of European Social Policy* 12 (1): 53-65.

Kim, B. (2005). *Education and Gender in Colonial Korea (in
Japanese).* Yokohama, Seori-Shobo.

Kim, J. (1979). *Research on Korean Higher Education (in
Korean).* Seoul, Baeyoungsa.

Kim, M. (2002). "A Note on the History of Medical Insurance Ad-
ministration (in Korean)." *Hanguk Haenjeongsahakhoeji* 11: 261-291.

Kim, S. (1968). "The Night Before the Reform of Entrance Test
System (in Korean)." *Gyoyuk Pyeongron.*

Korea Institute of Curriculum and Evaluation (2009). "60 Years of
Korea's Education (Hangug Gyeoyuk 60Nyeon)."

Korea Women's Association United (1998). *Open Hope: 10 Years
History of Women's Associations (in Korean).* Seoul, Korea Women's
Association United.

Korean Educational Development Institute (2013). *Korean Educational Statistics Service*, Korean Educational Development Institute.

Krueger, A. O. (1982). "The Developmental Role of the Foreign Sector and Aid."

Ku, Y. (1995). "The Development of State Welfare in the Asian NICs with Special Reference to Taiwan." *Social Policy and Administration* 29 (4): 345–364.

Ku, Y. (1997). *Welfare Capitalism in Taiwan State: State, Economy and Social Policy*. London, Macmillan Press.

Ku, Y. (2003). Social Security. *Welfare Capitalism in East Asia: Social Policy in the Tiger Economies*. I. Holiday and P. Wilding. New York, Palgrave Macmillan.

Kuznets, S. (1979). Growth and Structural Shifts. *Economic Growth and Structural Change in Taiwan*. W. Gallenson. Ithaca, N. Y. and London, Cornell University Press.

Kwon, H. (1999). *The Welfare State in Korea*. London and New York, Macmillan Press Ltd.

Kwon, H. (2005). "Transforming the Developmental Welfare State in East Asia." *Development and Change* 36 (3): 477–497.

Kwon, S. (2003). "Healthcare Financing Reform and the New Single Payer System in the Republic of Korea: Social Solidarity or Efficiency." *International Social Security Review* 56.

Kwon, S. (2009). "Thirty years of national health insurance in South Korea: lessons for achieving unviersal health coverage." *Health Policy and Planning* 24: 63–71.

Lee, H., K. Choi, et al. (1998). Research on 100 Years of Korean

Modern School Education. vol. 3 (in Korean). Seoul, KEDI.

Lee, J. (2006). Welfare Politics in the Integration of National Health Insurance in Korea and Taiwan. *Graduate School of Social Welfare*. Seoul, Chung-Ang University. Masters Degree: 88.

Lee, J. (2013). "12-Year Compulsory Education Law Passed." *The China Post*. Taipei.

Lee, J. (Forthcoming in 2014). Institutional Linkages between Social Protection Measures and Industrialization in South Korea. *Learning from the South Korean Developmental Success Effective Developmental Cooperation and Synergistic Institutions and Policies*. I. Yi and T. Mkandawire. London, Macmillan Palgrave.

Lee, R. (2007). Kankokuto Taiwanno Koutekiiryohokensesakuno Hikakukenkyuu (Comparative Analysis on the Public Health Insurance Policy in South Korea and Taiwan). Tokyo, Waseda University. Ph. D.

Lee, W. (1969). "Medical Education and Medical Practice in Korea'." *Yonsei Medical Journal* 10 (1): 92-100.

Lee, Y. (1992). *Taiwan Gonghui Zhence de Zhengzhi jingji Fenxi* (*The Political Economy of Labor Union Policies in Taiwan*). Taipei, Juliu Publishing.

Lee, Y. and Y. Ku (2007). "East Asian Welfare Regimes: Testing the Hypothesis of the Developmental Welfare State." *Social Policy and Administration* 41 (2): 197-212.

Lee, Y., Y. Huang, et al. (2010). "The Impact of Universal National Heatlh Insurance on Population Health: The Experience of Taiwan." *BMC Health Services Research* 10 (225): 1-8.

Lin, C. (1998). Paths to Democracy: Taiwan in Comparative

Perspective. Boston, Yale University. Ph. D.

Lin, C. (2002). Syakaihousyoseido Kaikakuwo Meguru Seiji Katei: Taiwanto Kankokuno Hikaku Bunseki (Political Process of Social Security Reform: Comparative Studies on Taiwan and Korea). Tokyo, Tokyo University. Ph. D.

Lin, C. (2005). "Pension Reform in Taiwan: The old and new politics of welfare." *Ageing and Pension Reform Around the World*. G. Bonoli and T. Shinkawa. Cheltenham, UK and Northhampton, MA, USA, Edward Elgar.

Lin, K. (1997). *From Authoritarianism to Statism: The Politics of National Health Insurance in Taiwa*. New Heaven, Yale University. PhD Thesis.

Lindert, P. H. (2004). *Growing Public: Social Spending and Economic Growth Since the Eighteenth Century*. New York, Cambridge University Press.

Liu, C. and J. M. Armer (1993). "Education's Effect on Economic Growth in Taiwan." *Comparative Education Review* 37 (3): 304-321.

Lu, J. R. and W. C. Hsiao (2003). "Does universal health insurance make healthcare unaffordable lessons from Taiwan?" *Health Affairs* 22 (3): 77-86.

Macpherson, W. J. (1987). *The Economic Development of Japan 1868-1941*. New York, the Press Syndicate of the University of Cambridge.

Manow, P. (2001). "Welfare State Building and Coordinated Capitalism in Japan and Germany." *The Origins of Nonliberal Capitalism Germany and Japan in Comparison*. W. Streeck and K. Yamamura. Ithaca,

New York, Cornell University.

Matsuda, R. (2012). "The Japanese Health Care Systemm, 2012."
Internatioanl Profiles of Health Care Systems, 2012. S. Thomson, R.
Osoborn, D. Squire and M. Jun. New York and Washington D. C., The
Commond Wealth Fund.

Meade, E. G. (1951). *American Military Government in Korea.* New
York, King's Crown Press.

Melton, J. V. H. (1988). *Absolutism and the Eighteenth-Century
Origins of Compulsory Schooling in Prussia and Austria.* Cambridge, UK,
Cambridge University Press.

MEXT (2013). Japan's Modern Educational System, Ministry of
Education, Culture, Sports, Science and Technologies, Japan.

MEXT (2013). Questions and Answers on the Clauses of the Basic Act
of Education at the Imperial Parliament (in Japanese), MEXT.

Milly, D. J. (1999). *Poverty, Equality, and Growth: The politics
of economic need in postwar Japan.* Cambridge, MA and London, Harvard
University Asia Center.

Mo, J. and C. Moon (1998). "Democracy and the Origin of the
1997 Korean Econoimc Crisis." *Democracy and the Korean Economy.* J. Mo
and C. Moon. Stanford, Hoover Institution Press.

Munhwa. com (2013). Monthly Costs for Private Cram School, 270
USD per month for Junior high, and 220 USD per month for Senior High
School Student. Munhwa. com, Munhwa. com.

Myrdal, G. (1968). "Asian Drama: An Inquiry into the Poverty of
Nations." 3.

National Archives of Korea (2006). Compulsory Education of Junior

High School (in Korean), National Archives of Korea.

National Institute of Population and Social Security Research (2013). The Financial Statistics of Social Security in Japan. Tokyo, National Institute of Population and Social Security Research.

NHIC (2000). Internal Reports (in Korean). Seoul, National Health Insurance Corporation.

Nihon Kindai Kyouiku Jiten Hensyuu Iinkai (1971). Gimukyouiku Syuugakuritsu. *Dictionary of Modern Japanese Education* (*in Japanese*). Editorial Committee for History of Modern Japanese Education, Heibonshya.

Nihon Kindai Kyouikusiryou Kenkyuukai (1995). *Education Reform Committee*, *Education Reform Council Mintutes* Tokyo, Iwanami.

OECD (2006). OECD Economic Surveys Japan. Paris, OECD.

OECDiLibrary (2013). Taxation: Key Tables from OECD, OECD.

Okano, K. and M. Tsuchiya (1999). *Education in Contemporary Japan*. Cambridge, UK, Cambridge University Press.

Oyama, R. and T. Takeda (2010). "Weakness in Japan's Postwar Politics." Discussion Paper. London, The Suntory and Toyota Internatioanl Centre for Economics and Related Disciplines, London School of Economics and Political Science.

Pan, H. L. and C. Yu (1999). "Educational Reforms and Their Impacts on School Effectiveness and Improvement in Taiwan." *School Effectiveness and Improvement* 10 (1): 72-85.

Passin, H. (1965). *Society and Education in Japan*. New York, Teachers College Press.

Peng, I. (2001). "The East Asian Welfare States and the New Challenge: Japan, South Korea, and Taiwan (in Japanese)."

Fukushikokka no Shitei. Shakaiseisakugakai. Kyoto, Minerba Shobo.

Peng, I. (2005). "The New Politics of the Welfare State in a Developmental Context: Explaining the 1990s Social Care Expansion in Japan." *Transforming the Developmental Welfare State in East Asia.* H. Kwon. New York, Palgrave Macmillan.

People's Solidarity for Participatory Democracy (2009). Again! We voice up for National Minimum (in Korean). Seoul.

Rauch, D. and S. I. Vabo (2008). *Multi-level governance in Europe-Exploring the relationship between universalism and the governance of care services for older people.* Transforming elderly care at local, natinoal and transnational levels, Copenhagen, the Danish National Centre for Social Research.

Ringen, S. , H. Kwon, et al. (2011). *The Korean State and Social Policy.* New York, Oxford Univrsity Press.

ROC Council for Economic Planning and Development (1990). The Report of National Health Insurance Plan (The CEPD Report). Taipei, ROC Council for Economic Planning and Development.

Rodrik, D. , M. Grossman, et al. (1995). "Getting Intervensions Right: How South Korean and Taiwan Grew Rich." *Economic Policy* 10 (20): 53−107.

Saito, Y. (2011) Education in Japan: Past and Present. Volume, DOI.

Sano, M. (2006). *Devevelopment of Japanese Colonial Education and Korean People's Response (in Japanese).* Tokyo, Syakai Hyouronsya.

Sawyer, M. (1976). *Income Distribution in OECD Countries.* Paris, OECD.

Seitz, R. , H. Koenig, et al. (1998). *Managed Care: An option for the German health care system?* London, Office of Health Economics.

Shackleton, A. J. (1998). Formosa Calling: An Eyewitness Account of the Feburary 28th, 1947 Incident, The Taiwan Library Online.

Shi, S. (2010). "The Fragmentation of the Old-Age Security System: The Politics of Pension Reform in Taiwan." *Social Cohesion in Greater China*. K. Mok and Y. Ku. Singapore, World Scientific Publishing Co. Pte. Ltd.

Shi, S. and K. Mok (2012). "Pension Privatisation in Greater China: Institutional patterns and policy outcomes." *International Journal of Social Welfare* 21: 30-45.

Shih, S. and K. Mok (2012). "Pension Privatisation in Greater China: Institutional patterns and policy outcomes." *International Journal of Social Welfare* 21: 30-45.

Shin, K. and H. Seo (2002). "Hanguk Geundae Sari0pbyeongwonui Baljeongwajeong 1885 – 1960 (The Development of Private Hospital in Modern Korea, 1885 – 1960)." *Uihaksa (Korean Journal of Medical History)* 11 (1): 850-910.

Sinkovec, B. (2012). "The Japanese Education System." *Weekly Brief*. KEN. Brussels, KEN.

Soares, S. (2012). "Bolsa Famila, Its Design, Its Impacts and Possibilities for the Future." *Working Paper*. IPCIG. Brasilia, IPCIG.

Sorensen, C. W. (1994). "Successs and Education in South Korea." *Comparative Education Review* 38 (1): 10-35.

Tanaka, K. (1984). "Ideas and Institutions of Compulsory Education (in Japanese)." *Lectures on History of Education in Japan*. M. Ishikawa.

Tokyo, Dai 1 Houki. 3.

Tatara, K. and E. Okamoto （2009）. "Japan Health System Review." *Health Systems in Transition*. S. Allin and R. Matsuda. Copenhagen, WHO.

The Ministry of Edcuation, T. （2013）. The Intelligent Taiwan-Manpower Cultivation Project（Forming Parto of the i-Taiwan 12 Projects）, The Ministry of Education, Taiwan.

The Natioanl Assembly of the Republic of Korea （1968）. Bill for Revision of Fiscal Grant for Compulsory Education（in Korean）, The Natioanl Assembly of the Republic of Korea.

UNESCO （1954）. "Rebuilding Education in the Republic of Korea: Report of the UNESCO-UNKRA Education Planning Mission to Korea."

UNESCO （1955）. "World Education Survey."

Uzuhashi, T. （2009）. The Political and Social Economy of Care. *Japan Research Report*. UNRISD. Geneva, UNRISD.

van Berkel, R. and V. Borghi （2008）. "Introduction: The Governance of Activation." *Social Policy and Society* 7 （3）: 331–340.

Vere, J. P. （2005）. "Education, Development, and Wage Inequality: the Case of Taiwan." *Economic Development and Cultural Change* 53 （3）: 711–735.

Vogel, E. （1980）. *Japan as Number One: Lessons for America*. Tokyo, Tuttle.

Voice of People （2012）. Violation of Constittuion, Constitutional Court: Collection of Contribuition to School Management（in Korean）.

Wade, R. （1990）. *Governing the Market: Economic Theory and the Role of Government in East Asian Industrialization*. Princeton, New Jersey,

Princeton University Press.

Wang, H. (2012). "Cultivating 'Postmodern Citizens'? Reflections on the New Trends of Edcuation in Taiwan." *Multicultural Education Review* 4 (1): 51–89.

WHO (1978). Alma-Ata 1978: Primary Health Care. *Report of the International Conference on Primary Health Care*. Alma-Ata, Union of Soviet Socialist Republics, WHO.

WHO and Ministry of Health, L. a. W., Japan, (2012). Health Service Deliverty Profile, WHO.

Wong, J. (2004). *Healthy Demoracies*. Ithaca and London, Cornell University Press.

Wong, J. (2005). Democracy, Development and Health in Taiwan. *Transforming the Development Welfare State in East Asia*. H. Kwon. London and New York, Palgrave Macmillan.

World Bank (1993). The East Asian Miracle: Economic Growth and Public Policy. The World Bank. Washington, D. C., The World Bank.

Wu, M. (1997). "Analysis of future reforms on occupational pension instituions in Taiwan." *Social Policy and Social Work* 1 (2): 137–186.

Yamanokuchi, T. (2008). "Reconstruction on the Grade 1 – 9 Curriculum Guidelines in Taiwan: The Transition from Standards to Guidelines with Seven Learning Areas (in Japanese)." *Kokurits Kyouiku Seisaku Kenkyuushyo Kiyo* 137 (261–270).

Yang, J. (2000). "The Rise of the Korean Welfare State amid Economic Crisis, 1997–1999: Implications for the Globalization Debate." *Development Policy Review* 18 (3).

Yang, J. (Forthcoming in 2014). Change and Continuity in Social

Policy Responses to Economic Crises in South Korea: 1979 – 1981 versus
1997 – 98 *Learning from the South Korean Developmental Success Effective Developmental Cooperation and Synergistic Institutions and Policies*. I. Yi and
T. Mkandawire. London, Macmillan Palgrave.

Yi, I. (2007). *The Politics of Occupational Welfare in Korea*.
Fukuoka, Hanasyoin.

Yi, I. (2009). " History in Action: The Japanese Textbook
Controversy in Northeast Asia. " *Japan Studies Association Journal* 7:
79 – 96.

Yi, I. (Forthcoming in 2014). How Could Enhancement of Education
and Health Contribute to Economic Growth in South Korea? . *Learning from
the South Korean Developmental Success: Effective Developmental Cooperation
and Synergistic Institutions and Policies*. I. Yi and T. Mkandawire. London,
Macmillan Palgrave.

Yi, I. and Mkandawire, T. (forthcoming 2014) Effective
Developmental Cooperation and Synergistic Institutions and Policies.
London, Macmillan Palgrave.

Yi, I. and B. Lee (2005). Development Strategies and
Unemployment Policies in Korea. *Transforming the Developmental Welfare
State in East Asia*. H. Kwon. New York, Palgrave Macmillan.

Yoon, H. , N. Park, et al. (2010). Problems of the Elderly Long-
term Care Insurance and Policy Recommendations for Improvement (in
Korean) *KDI Focus*. KDI. Seoul, Korea Development Institute. 3.

图书在版编目(CIP)数据

建立公平可持续的社会福利体系研究/贡森等编著.—北京：
社会科学文献出版社，2015.10
ISBN 978-7-5097-7860-9

Ⅰ.①建… Ⅱ.①贡… Ⅲ.①社会福利-研究-中国
Ⅳ.①D632.1

中国版本图书馆 CIP 数据核字（2015）第 173370 号

建立公平可持续的社会福利体系研究

编　著／贡　森　葛延风　王雄军 等

出 版 人／谢寿光
项目统筹／宋月华　杨春花
责任编辑／孙以年

出　　　版　社会科学文献出版社·人文分社（010）59367215
　　　　　　　地址：北京市北三环中路甲 29 号院华龙大厦　邮编：100029
　　　　　　　网址：www.ssap.com.cn
发　　　行／市场营销中心（010）59367081　59367090
　　　　　　　读者服务中心（010）59367028
印　　　装／三河市尚艺印装有限公司

规　　　格／开　本：787mm×1092mm　1/16
　　　　　　　印　张：18　字　数：233 千字
版　　　次／2015 年 10 月第 1 版　2015 年 10 月第 1 次印刷
书　　　号／ISBN 978-7-5097-7860-9
定　　　价／79.00 元